삐딱한 이방인,
불편한 시선

삐딱한 이방인, 불편한 시선

김희민 지음

아마존의나비

삐딱한 이방인, 불편한 시선

'어쩌다' 이방인 정치학자의 한국 사회 변화의 모색

발행일 2024년 12월 10일 초판 1쇄
지은이 김희민
발행인 오성준
발행처 아마존의나비

편집 기획 김재관
본문 디자인 김재석
표지 디자인 디자인 꼼마
인쇄 대성프로세스

등록번호 제2020-000073호
주소 서울시 은평구 통일로73길 31
전화 02-3144-8755, 8756
팩스 02-3144-8757

웹사이트 www.chaosbook.co.kr
ISBN 979-11-90263-29-0 03320

정가 17,000원

김희민

1958년 서울 생. 1983년 미네소타대학교에서 정치학 학사, 1990년에 워싱턴대학교에서 정치학 박사 학위를 받았다. 1989년에 플로리다 주립대학교 정치학과에 조교수로 임용되었다. 같은 대학에서 종신 보장을 받고 정교수로 승진하여 22년 동안 재직하였다. 2011년 귀국, 서울대학교 사회교육학과에서 정치 교육을 가르쳤다. 플로리다 주립대학교에서는 명예교수직을 수여받아 계속 연을 이어 가고 있다. 2015년에는 중국 길림대학교에서 객좌교수로 임명받아 정기적으로 방문하여 강의하고 있다. 방학 혹은 연구년을 이용하여 독일의 Berlin Free University, 러시아의 Higher School of Economics, National Research University, 그리고 한국의 연세대학교, 고려대학교, 성균관대학교, 한국외국어대학교에서 초빙교수를 지냈다. 네 권의 영문 저서와 네 권의 한글 저서가 있으며, 더 중요하게는 50여 편의 해외 학술지 논문이 있다. 동양인 중 세계적으로 가장 인용이 많이 되는 몇 명의 정치학자 중 한 명으로 알려져 있으며, 특히 민주주의 성취도 연구 부분에서는 국제적 첨단 연구를 이끌고 있다. 2000년대 초반에는 북미한국정치연구회의 최연소 회장을 지냈으며, 국위 선양으로 김대중 대통령으로부터 대통령 훈포장을 받았다. 2014년 세월호 사건 이후 우리 사회의 의식 전환 운동의 필요를 절감하여 뜻이 맞는 사람들과 비영리 민간 단체 '정치교육연구원'을 설립, 원장직을 맡고 있다. ExpertNet, The Dictionary of International Biography, Marquis Who's Who 등 7개 국제 인명 사전에 등재되었다. Fulbright senior research scholar와 Korea Foundation fellow를 역임하였다. 2019년에 시작된 유전성 망막 질환의 급격한 발현으로 2021년에 서울대학교를 조기 퇴직하였다.

책의 구성

책은 총 3부 12장으로 구성되었다. 1부는 한국 정치와 민주주의의 기본을 톺아본다. 세계 어느 나라보다 격동적인 한국 정치이지만, 이제는 민주주의와 시민의식이라는 측면에서 기본을 다시 돌아봐야 할 때이다. 2부는 내가 경험했던 바, 한국 사회에서 가장 첨예한 문제로서 지금 당장 사회적 논의에 나서야 할 만한 교육, 종교와 이념, 남북 문제와 더불어 존엄사에 대한 생각을 옮겼다. 3부는 지난 10여 년간 한국에서 경험하거나 느꼈던 이방인의 생각을 그날 그날의 짧은 글로 담았다. 이 글들은 또한 본문 읽기의 지루함을 달래기 위해 아래와 같이 두 개의 꼭지로 구성해 해당 주제의 본문 중간 중간에 배치했다.

이방인 10년 일기 2012년과 2022년 사이 10년간 한국에서 이방인으로 살며 특정 일자에 떠올랐던 특정의 생각들을 그때그때 짧은 글로 정리하여 모아 놓았다. 그중 일부는 SNS에 게시되었거나 일부는 매체를 통해 소개되기도 했다. 상당수는 이 책을 통해 처음 소개하는 글이다. 재미에 더해 유익함을 공유할 수 있다면 바랄 나위가 없다.

이방인 표류기 특정 일자에 상관없이 미국에서 한국인으로, 한국에서 미국인으로 살았던 이방인 입장에서 바라본 현상 비교를 중심으로 서술한 글이다. 때로는 강의나 강연에서 대중들과 호흡하며 했던 이야기도 정리했다.

머리말

"나는 영원한 이방인"

1981년 9월, 나는 만 23세의 나이로 미국 유학을 떠났다. 당시 불법적으로 권력을 장악한 전두환 군부가 학생들에 대한 회유책의 일환으로 해외 유학의 문을 열었고, 나는 그 첫 수혜자가 되었다. 당시 연애하던 여인과 만 23세에 결혼을 하고 우리는 미국의 미네소타 주로 갔다. 2년 동안 학부 과정을 이수하여 정치학사 학위를 받은 후 미네소타대학에서 석사 학위 과정에 입학했지만 1년 만에 5년간 장학금과 생활비까지 보장받고 세인트루이스에 있는 워싱턴대학교로 옮겼다. 워싱턴대학 당국의 승인하에 나는 석사 과정을 건너뛰고 박사 과정에 등록할 수 있었다. 하여 지금도 내 이력서에는 석사 학위 기간이 없다. 박사 과정 5년 차에 미국인 동기들이 그러하기에 얼떨결에 나도 미국 대학 교수 채용에 지원했는데 플로리다 주립대학교 정치학과에 임용되었다. 그때가 1989년 여름이다.

교수 2년차 때 대학 측에서 취업 비자로 나의 영주권을 신청해 주었다. 미국에서 합법적으로 일을 하려면 영주권이 필요하므로 미국 대학들은 외국인 교수를 채용하면 이처럼 영주권 신청을 대행해 준다. 대한민국 국적에 미국 영주권자인 김희민은 그렇게 미국에서 교수로 살아남기 위해 정신없이 일에 몰두했다. 영주권 획득 후 5년이 지나면 미국 시민권을 신청할 자격이 생긴다. 나는 정서적 이유와 더불어 나이 들어 언젠가는 한국으로 돌아가 봉사하며 살고 싶다는 이유로 대한민국 국적을 유지했다.

사실 미국에서 외국 국적으로 사는 삶은 불편하다. 그럼에도 나는 미국에서의 삶을 외국인으로, 외부인으로, 이방인으로 버텼다. 그렇게 열심히 연구와 해당 연구의 결과물을 출판한 결과, 1996년에 테뉴어 심사를 통과하여 부교수가 되었다. 그리고 몇 년 후 정교수로 승진하면서 미국에서 대학 교수로서의 모든 승진 과정을 이루어냈다.

2000년도 들어 어머니의 칠순 잔치를 위해 한국을 방문했다. 그해는 아버지께서 돌아가신 지 11년 되는 해로 그 11년을 어머니는 혼자의 삶을 꾸려 오셨다. 연로하신 어머니를 위해 이제는 편안하게 모실 수 있는 길을 모색하던 차에 맞이한 칠순 잔치 후 나는 어머니를 미국으로 모셔 함께 살기로 했다. 관광 비자로 한국과 미국을 왕래하시던 어머니는 2000년대 중반 어느 날, 더 이상 장거리 여행이 힘드니 영주권을 얻어 달라 하셨다. 그러자면 미국법상 가족 관계에 따른 이민 비자를 신청할 수밖에 없었는데, 문제는 영주권만 있는 상황에서는 부모라 하더라도 이민을 위한 초청 자격이 안 된다는 데 있었다. 어머니에게 영주권을 안겨 드리기 위해서는 내가 먼저 시민권을 얻을 수밖에 없었다. 고민에 빠졌다. 하지만 어쩌랴. 30년 가까이 외부인으로, 이방인으로 살던 미국에서 나는 결국 미국인이 되는 길을 선택했다. 그렇게 나는 대부분의 인생을 외국인으로 지낸 후에야 뒤늦게 미국인이 되었고, 어머니에게 영주권을 안겨 드릴 수 있었다.

하지만 고민과 쉽지 않은 과정을 거쳐 세워 놓은 평형점은 오래가지 않았다. 영주권을 얻고 미국에 계속 거주하시게 된 어머니가 현지 소통과 이동의 어려움 탓에 대부분의 시간을 혼자 지내셔야 하는 등, 미국 생활의 단조로움과 불편함을 견디지 못하고 2010년 한국으로의 영구 귀국을 선언하시고 결행에 옮긴 것이다. 그런데 여기서 또 다른 문제가 나를 고민하게 만들었다. 연로하신 어머니가 한국에서 홀로 살아갈 만한 기반이 전혀 없다는 것이다. 세 분의 누나들도 어머니와 함께 산다는 심리적 준비는 되어 있지 않았다. 고민 끝에 나는 결국 한국행을 결심했다. 마침 서울대학교 사회교육학과에서 정치학및 정치교육학 담당 교수를 찾고 있어 한국행에 따른 고민을 그나마 덜 수 있었다. 그해가 2011년이니 내가 미국인이 된 지 불과 몇 년 지나지 않은 시점이었다. 그리하여 나는 또 '모국' 미국을 떠나 한국에서 '외국인'으로의 삶을살게 되었다. 그러니 내 성인 시기를 되돌아보면 나는 늘 외국인, 외부자였다.

나의 한국 생활 적응기는 그리 순탄할 수 없었다. 어린 나이에 한국을 떠나 생활하면서 한국인들과 더불어 이른바 '사회 생활'이라는 걸 해보지 않았기 때문이었다. 30년 간의 미국 생활 동안 경험했던 나의 사회 생활은 다 미국에서 이루어졌다. 그리고 두 사회는 많이 달랐다. 당연시했던 것들이 한국에서는 당연하지 않았고, 한국 사회에서 당연시하는 것들이 나에게는 당연하지 않았다. 그리고, 그 생각의 괴리들이 결국 이 책을 쓰게 된 계기가 되었다.

한국에서 12년을 살았다. 그동안 내 눈에 비친 한국 사회를 나의 시각에서 가감 없이 기록해 보려 한다. 이 책의 몇 장들은 내가 한국에 살면서 느낀 점에 대해 강연한 내용을 글로 옮긴 것이다. 나의 기록은 그리 학술적이지도 않을 뿐더러 개인의 관찰과 의견에 대한 단순 기록이다. 그러므로 나의 이야기는 독자 한 사람 한 사람이 받아들이기 나름이다.

이전부터 유전적 가능성은 알고 있었지만 아직 증세로 나타나지는 않고 있던 망막 질환이 2019년 연말에 발현하면서 나는 급격히 시력과 시야를 잃어 2020년 여름에 중증 시각 장애인 판정을 받았다. 2020년 후반부는 관악구 소재 실로암 시각 장애인 복지관에서 기초 재활 훈련 과정을 이수하며 잃어버린 시각을 보충할 수 있는 기술들을 하나하나 익혔다. 2021년에는 몸담고 있던 서울대를 2년 일찍 퇴직하고, 내가 있고 싶은 곳에서 하고 싶었던 일들을 하면서 시간을 보내고 있다. 이 원고를 정리하는 현재 나의 모습은 과거와 너무도 다르다.

이 책은 생애 처음으로 눈으로 보며 기록하는 책이 아니라 귀로 들으며 기록한 책이다. 그럼에도 이미 생각해 둔 이슈들을 이렇게 정리할 수 있는 기회가 감사하다. 시각 장애로 인해 생애 처음으로 대중과 소통하는 책을 펴내게 되었다. 원고의 편집과 수정을 전반적으로 도와준 서울대 김지훈 군과 원고 일부를 읽어 준 한국형사·법무정책 연구원 김대근 박사께 감사 드린다.

2024년 겨울의 초입에서

김희민

차례

제1부

나는 이방인 정치학자

 이방인 10년 일기

영원한 이방인

2012. 3. 17.

　　교수 아파트 내 조금 큰 아파트로 이사하였다. 외국인이라 하여 목동에 있는 출입국관리사무소에 들러 체류 연장하고, 생각지도 않은 차가 생겨 미국 면허를 한국 면허로 변경하고, 차량 등록에 보험 가입까지 처리했다. 그리고 그저께 드디어 아내가 귀국해 살림살이를 다시 장만했다. 다시 아파트에서 생활하게 되니 학생 시절 부부 아파트에서 살던 기억이 떠오른다. 그때는 아기도 한 명 함께였는데…. 허허.

　　미국에 유학 가 외국인 학생으로 시작하여 외국인으로 직장을 구하고 열심히 살아 왔다고 생각했는데, 이제 다시 한국에서 외국인으로 생활하자니 나는 영원한 이방인이라는 궁상맞은 생각이다.

정치, 어떻게 할 것인가?

대한민국은 1987년을 전환점으로 비로소 '민주화'가 '시작'되었다고 말한다. 하지만 그 이후 지금까지 민주주의의 기본 원칙을 정작 이해하지 못했거나 이해했다 하더라도 그 원칙을 지키는 데 소홀했거나 무시했다. 그 세월, 우리들 삶 속에서 깊이 생각하지 못했던 민주주의의 기본 원칙들을 다시 새겨보고자 한다. 나의 이야기를 통해 "맞아, 그랬었지" 또는 "왜 그걸 잊고 살았지?" 하는 공감을 불러일으킬 수 있다면 소소하더라도 한국 사회에 반드시 필요한 변화를 함께 만들어낼 수도 있지 않을까 하는 기대이다.

사람의 행위를 다루는 학문에 '정답'은 없다. 각기 다른 이념이나 성격, 문화, 전통 등에 따라 형성되는 '의견'들이 있을 뿐이다. 누구나 알고 있다고 생각하는 기본 원칙을 이야기의 서두에 꺼내 자칫 지루하게 느낄 수도 있겠으나, 오히려 학술적 부담 같은 것 없이 내 이야기를 읽으며 우리 사회의 관행들을 한번 되짚어 볼 수 있지 않을까 기대한다.

❧ 민주주의와 이기주의

　다시 이방인으로 한국에서의 삶을 영위하면서 한동안 한국의 시민들과 함께 '우리는 누구이며, 사회를 위해 우리가 함께해야 할 노력은 무엇인지'를 공유하고자 했다.

　세월호 침몰 다음 날, 멍한 정신으로 수업에 들어간 내가 학생들에게 던진 첫 마디는 이것이었다.

　"얘들아, 나 어제 빨간 신호등에 길을 건넜어…."

　그렇다. 세월호 참사 조사에 대한 결론은 아직도 주변부를 맴돌고, 대다수 국민들은 참사의 근본 원인을 명확히 밝히지 못한 채 세월은 지나갈 것이라 생각한다. 어떤 면에서 세월호 참사는 일상의 법들을 아무렇지 않게 어기며 살아온 우리 모두의 책임이다. 세월호 참사는 그렇게 한국 사회가 소위 '관행'대로 살며 법치주의, 민주주의, 모두가 함께하는 진정한 행복에 대해 생각할 겨를 없이 달려온 결과는 아닌가? 이야기 중에 나는 시민들과 지도자 모두에게 거듭 강조할 것이다.

　"공부 좀 하자!"

　"법 좀 지키자!"

　돌이켜 보면 내가 강조하고자 하는 이러한 주문들이 세월호 참사가 휩쓸고 나서야 떠올랐다는 사실 자체가 어쩌면 한국 사회의 비극을 상징하는 건 아니었을까. 그리하여 내가 처음으로 독자 여러분들과 나누고자 하는 이야기는 다음과 같다.

　우선, 민주화 이후 한국 시민들에게 민주주의를 어떻게 이해하는지 묻는다. 어떤 이들은 민주주의를 이타주의와 동일시한다. 하지만 이는 틀린 시각이다. 민주주의는 철저한 이기주의(the pursuit of self-interest)에 기초한다.

모든 개인들은 자신이 원하는 정책이 채택되고, 자신이 원하는 사회를 만들기 위해 말하고 행동하고 투표한다. 그러므로 제일의 목표는 자신의 효용을 극대화하는 데 있다. 내가 원하는 정책이나 지지하는 정당보다 다른 정책을 원하거나 다른 정당을 지지하는 사람이 더 많을 때, 개인은 당분간 자신이 원하는 정책이나 지지하는 정당의 집권 기대를 미뤄야 한다. 민주주의는 일정한 룰에 따라 행동하는 양식이지 개인의 욕심을 탓하고 배제하는 체제가 아니라는 말이다. 민주주의가 이기주의에 근거한다는 사실을 이해한다면, 개인은 당연히 자신의 이익을 위해 정치적 행동에 나서야 한다.

이 지점에서 같이 되돌아봐야 할 문제가 있다. 지난 수년간 한국인들의 투표 행태를 눈여겨본 결과, 상당수 한국인들이 자신의 이익이 무엇인지 모르거나 심각하게 생각하지도 않는다는 것이다. 예컨대, 일정 연령대에서 당연히 A 정당에 투표해야 합당할 사회적 조건에 해당하는 상당수 사람들이 B 정당에 일관되게 투표한다. 또 어떤 정권이 임기 중 성취도가 현격히 낮거나 스캔들에 연루되었다면, 선거에서 당연히 정권 심판 경향이 드러날 텐데 정작 투표에 나서서는 정권의 부패나 무능을 까맣게 잊는다. 대다수 정치 평론가들이 2024년 제22대 국회의원 총선을 민주화 이후 국민이 여당과 대통령을 가장 크게 심판한 선거로 꼽는다.

22대 총선에서 여당은 국회 300석 의석 중 108석을 얻는 데 그쳤다. 그럼에도 정작 당선 지역구를 들여다보면 대한민국 지도의 동쪽 절반은 빨간색, 서쪽 절반은 파란색이다. 몹시 '선택적'인 혹은 '반쪽짜리' 심판이었다. 따라서 지금이라도 우리는 개인의 이익과 민주주의 원리에 대한 기본을 이해할 필요가 있다. 시민들에게 '공부'를 하자는 이유이다.

"The buck stops here."

2022. 8. 17.

정치 관계 글을 쓰면 바로 무슨 색깔인지 따지는 세상이 되어 버려서 정치에 관한 글을 쓸 때는 항상 나의 입장을 먼저 밝히게 된다. 그러므로 미리 밝히면, 나는 이재명의 지지자도, 민주당 지지자도 아니다. 더더욱 윤석열 대통령이나 국민의힘 지지자도 아니다. 뭔가 아니다 싶으면 그게 누구건 상관없이 글을 써 댈 뿐이다.

벌써 윤석열 대통령 취임 100일이 되었다. 헌데, 아직도 보건복지부 장관과 교육부 장관 자리가 공석이다. 검찰총장도 이제야 후보자들이 거론되는 상황이다. 전 정권에서 검찰총장을 지낸 윤 대통령은 그 직을 가지고 조국, 추미애, 박범계 세 명의 전직 법무부 장관과 힘겨루기 끝에 현재의 자리에 섰다. 그런데 한동훈 검사가 법무부 장관인 현 정부에서 검찰총장 인선은 그리 주요한 일이 아닌 모양이다. 임명 전부터 이미 많은 비판을 받았던 교육부 장관은 윤 대통령에 대한 업무 보고와 기자들과의 대화 중 만 5세 초등학교 입학을 추진하겠다고 말했다가 사회 거의 모든 구성원들로부터 비난받은 끝에 결국 사퇴했다. 이날 용산에서 진행된 교육부 장관의 업무 보고는 대통령과의 독대로 이루어졌다. 관계 공무원의 배석도 없었다고 한다. 왜 대통령이 이런 형태의 보고를 받는지도 이해할 수 없지만, 내게는 또 따른 의구심이 있다. 과연 대통령으로부터 "한번 추진해 보세요" 정도의 언질도 없이 교육부 장관 스스로 그 정책이 마치 정부 정책인 양 기자들에게 밝힐 수 있었을까?

갑작스런 강우로 서울 시내 홍수가 났을 때 많은 이들이 대통령의 정상 퇴근을 문제 삼았다. 그들에게 대통령 지지 인사들이 TV에 나와 "홍수는 지역적 사안"이어서 지자체장의 책임이라고 했다. 모든 세밀한 영역에 대통령이 다 관심을 가지는 게 불가능하니 대통령에 대한 지나친 공격을 중단하라는 이야기였다.

1950년대 미국 트루먼 대통령은 기자와의 인터뷰에서 그 유명한 말을 남겼다.

"The buck stops here."

여기서 here는 아마도 백악관, 혹은 백악관 내 대통령 집무실인 오벌 오피스(Oval office)를 말하는 것일 테다. 이 말이 관용구라 딱 꼬집어 설명하기엔 어색하지만, 말하자면 "대통령 책임제하에서 정부의 모든 결정은 대통령이 책임진다"는 뜻이다. 그후 모든 대통령 선거에서 후보들은 트루먼 대통령의 이 말을 인용했다. 대통령이 되면 정부 결정의 최종 책임을 지겠다는 의미이다.

대통령제 국가와 내각책임제 국가 간에 차이가 있을까? 많은 내각책임제 국가들이 정부 수반과 국가 수반을 따로 둔다. 대부분 내각책임제하의 정부 수반은 총리이고, 국가 수반은 (명목상)대통령이나 국왕이 맡는다. 미국과 한국이 선택한 대통령제 국가에서 국가 수반과 정부 수반은 같은 사람이다. 윤석열 대통령은 자신이 당선된 자리가 얼마나 막중한 책임을 지는 자리인지 빨리 인식해야 한다.

현대 민주주의 국가 원칙으로서 삼권분립에 대해서는 잘 알고 있을 테지만 행정·입법·사법부 간에는 한 가지 큰 차이점이 있다. 먼저 입법부와 사법부의 결정은 'non-weighted voting(비가중적 결정)'에 근거한다. 즉 모든 참가자들의 투표의 가치가 1인 1표로 동일하다. 의회에서 법을 통과시킬 때도 1인 1표, 대법원 결정 시에도 1인 1표다. 반면 행정부는 전혀 다르다. 'hierarchical voting(위계적 결정)'이라 하여 하부 의견은 상부의 참고 사항에 지나지 않고, 모든 결정은 상부에서 한다. 그러니 중앙정부 결정의 최고 책임자는 대통령이다. 예컨대 9·11사태 이후 미국은 이라크 침공이라는 명예롭지 못한 결정을 했다. 당시 정권 핵심부에 있던 네오콘들은 이라크가 핵무기를 포함한 대량 살상 무기를 숨겨 놓고 있다는 명분하에 대규모 전쟁을 일으켰다. 이라크 점령 후 전국을 뒤졌지만 대량 살상 무기는 발견할 수 없었다. 네오콘들에 떠밀려 전쟁을 결정했다 하더라도 역사는 미국의 이라크 침공을 '조지 W. 부시의 전쟁'이라 기록한다. 대통령으로서 정부와 국가 수반인 부시가 책임진 전쟁이라는 뜻이다.

나는 한국 정치인들에 제발 공부를 권한다. 못난 리더는 어려운 일이 생기면 아랫사람이나 상대의 잘못이라 항변한다. 훌륭한 리더는 헌법적으로 자신의 책임이 무엇인지 파악하고 책임지는 자세를 취한다. 내 이야기는 정치학 개론만 읽어도 충분히 이해할 수 있는 기본적인 내용이다. 제발 현실 정치에 가장 기본적인 정치 이론을 갖춘 리더를 원한다.

❦ 민주주의와 리더

두 번째 문제로 민주주의와 리더의 관계를 이해해야 한다. 정치 지도자가 되고자 한다면 "정치란 무엇이며, 정책은 어떻게 만들어지고 실행되어야 하는지"에 대한 '정치와 정책' 문제를 깊이 공부하고 이해해야 한다.

일반적으로 한국 사회에서 괜찮게 인식되는 직업군은 예컨대 판·검사, 변호사를 포함하는 법조인, 관료, 의사, 교수, 기업가 등이 포함된다. 한국 사회에서 이러한 직업군의 사람들은 어떻게 만들어지는가? 아마도 상당수가 초중등 과정에서의 사교육을 포함, 학업 성적 및 목표에 이르기 위한 모든 방법을 동원해 원하는 대학 및 학과에 진학하였을 것이다. 그러고 나면 다시 국가고시 등 어렵다는 관문을 통과하기 위해 몇 해를 매진한다. 사법고시만 해도 몇 해 전 로스쿨 제도로 바뀌긴 했지만, 로스쿨 입학의 문은 낙타가 바늘 구멍 들어가기나 마찬가지다. 의대 또한 공부의 양이 엄청나기도 하거니와 대학병원에라도 남아 있고자 한다면 대단한 노력이 필요하다.

대학 교수의 경우 대부분 해외 유학을 거쳐 박사 학위를 취득하고서도 시간 강사로 출발해 오랜 경력을 쌓아야 한다. 요즘은 대기업 입사 역시 낙타가 바늘 구멍 통과하기라 온갖 열정을 쏟아도 쉽지 않다. 여기서 내 이야기의 주안점은 한국 사회에서 좋은 직군에 진출하기 위해서는 공히 엄청난 양의 준비, 특히 공부를 해야 한다는 데 있다.

그런데 정치인은 어떤가? 정치인의 자격에 관한 한 한국 사회에는 이상한 이해가 존재한다. (대통령 당선자를 따라 정치권에 입문하는 길 외에)한국 정치에 입문하는 대표적인 방법으로는 정당의 비례대표 의원을 거치는 길이 있다. 물론 애초부터 지역구 출마에 도전하는 사람도 있다. 최근의 경험에서 보듯, 정치권을 거치지 않고 공직에서 바로 대통령에 당선되는 사례도 있다. 한국에서는 선거 때마다 새 인물을 강조하며, 높은 비율의 정치권 물갈이를 강조한다. 그런데 이렇게 정치권으로 수혈되는 사람들의 전력을 보자. 대부분은 앞서 말한 바와 같이 한국에서 인정받는 직업군에서 이미 성공하여 이름을 떨친 사람들이다. 좋은 정치인이 되기 위해 치열하게 정치와 정책을 공부하여 준비한 사람은 거의 안 보인다는 말이다.

한국 사회에 깔린 의식의 저변에 정치는 따로 공부하거나 준비해야 할 영역이라는 인식은 없어 보인다. 그리하여 각자의 분야에서 어떤 방식으로건 이름을 날리던 '참신한 얼굴들'이 공천을 위해 당 지도부에 줄을 대고, 지도부가 원하는 일에 몸을 바쳐 헌신하는 현상이 벌어진다. 현실이 이러니 정치인이 자기 결정이나 투표 행태의 결과, 어떤 정책이나 법이 만들어졌을 때 그 결과가 사회에 미칠 영향을 얼마나 이해하여 고민하는지 확실하지 않다. 사회의 큰 리더가 되고자 하는 정치인이라면, 머릿속에 이미 정책의 큰 그림이 그려져 있어야 한다. 지도자가 되고 나서 정책에 대한 준비나 이해가 더 필요한 자는 애초에 리더가 되어서는 안 된다. 지도자는 이미 웬만한 준비와 이해가 갖춰져 있어야 한다. 정치 영역에서는 특히 미리 공부해야 전문가, 즉 좋은 정치인이 될 수 있다는 의식이 사회 깊숙이 깔려 있어야 한다. 시민들뿐 아니라 리더가 되고자 하는 사람들에게도 공부를 권하는 이유이다.

❀ 관행과 법

우리 사회를 움직이는 법과 관행에 대해 이야기해 보자. [그림 1.1]에서 라틴어 *De Jure Rule*은 사람들이 지키기로 한 '공식 룰'로서 사회 정치에 대입하면 성문화된 '법'으로 이해할 수 있다. 반면 *De Facto Rule*은 성문화된

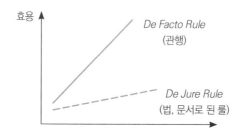

그림 1.1　우리 사회에서 법대로 사는 것과 관행대로 사는 것의 효용의 차이

© 2014 김희민

룰에 관계없이 실제로 시민들이 지키며 살아가는 룰로서 '관행'에 가깝다. 둘 사이 괴리가 클수록 비법치적 국가라 정의할 수 있다. [그림 1.1]에서 성문화된 룰대로 살아가는 사람들의 효용 그래프가 상대적으로 낮은 곳에 위치하는 것은 법을 지키는 사람들이 그리 이익을 얻지 못한다는 의미이고, 관행대로 살아가는 사람들의 효용이 상대적으로 위에 자리하는 것은 법보다는 사회적 관행에 맞춰 사는 사람들이 이익을 본다는 의미이다.

　왼쪽 출발선에서의 두 그래프 간 효용의 차이는 크지 않다. 일상에서 좁은 길에서 빨간 신호등에 뛰어 건너는 행위처럼 관행대로 행해도 법을 지키는 일보다 그리 큰 이득이 없는 소소한 행위의 경우이다. 관행대로 행해도 타인에게 끼칠 해가 그리 크지는 않다. 오른쪽으로 움직일수록 두 그래프 사이 효용의 차이는 훨씬 커진다. 권력과 부를 가진 사람이 법을 크게 어기면 본인은 엄청난 효용을 얻지만, 그 결과로 치러야 할 사회적 대가는 인명의 손상 등을 포함하여 엄청날 수 있다.

　어느 정권에서나 장관을 임명할 때마다 중계되는 청문회는 관행과 법 사이에서 줄타기하는 인사들의 사례를 극명하게 보여 준다. 과거의 불법적 행동이 드러날 때마다 청문받는 당사자는 흔히 "당시는 관행이었다"고 이야기한다. 법대로 살지 않았음을 자인하는 대답에 다름 아니다.

관행 중심 사회에서 법 중심 사회로 서둘러 돌아가야 한다. 명문화된 법에 허점이 있거나 법이 사회 정의를 제대로 구현하지 못한다는 주장도 있으나, 실행 과정에서 고쳐 가며 해결할 일이지, 법치 자체를 부인할 근거가 되지는 않는다. [그림 1.1]에서 법을 잘 지키는 사람들의 효용 그래프가 위로 이동하거나, 관행대로 사는 사람들의 효용 그래프가 아래로 이동하게 만들어야 한다. 이를 위해서는 제도적 장치와 시민 의식의 변화가 필요하다. 궁극적으로 우리 사회의 목표는 제도와 인식의 변화를 통해 *De Facto Rule*과 *De Jure Rule*대로 사는 사람들의 효용이 점점 맞닿아 가다 궁극적으로 역전되게 만드는 것이다.

✤ 죄수의 딜레마

그러면 모든 사람들이 관행대로 사는 사회에서 소수에 의한 사회적 변화는 가능할까? 이를 이해하기 위해 이미 1981년에 미국 정치학자 로버트 엑셀로드가 발표한 논문 〈이기주의자들 사이에 협조의 출현〉을 살펴 볼 필요가 있다. 정치학자들 사이에 고전이 된 엑셀로드의 이 논문은 잘 알려진 실험에 근거한다. [그림 1.2]에 보인 그림과 엑셀로드의 실험 구조가 정확히 일치하지는 않지만 앞서 말한 사회 변화에 적용 가능한 교훈을 얻기에는 충분한 근거로 삼을 수 있다.

이제는 많은 사람들이 들어 알고 있는 '죄수의 딜레마' 게임은 일상의 대화에서도 흔히 쓰인다. 그럼에도 짧게 설명하고자 한다. 두 사람 사이에 협조와 비협조라는 선택지가 있다고 가정하면 다음 경우의 수가 있다.

❖ 경우 1. 나는 **비협조**적인데 상대방이 내게 협조하는 경우: 나에게 최선의 시나리오

❖ 경우 2. 상호 협조하는 경우: 쌍방 차선의 시나리오

❖ 경우 3. 상호 **비협조**하는 경우: 쌍방 차악의 시나리오

❖ 경우 4. 나는 협조하는데 상대가 **비협조**하는 경우: 나에게 최악의 시나리오

이 게임의 '아이러니'는 상대방이 협조할 경우, 나는 **비협조**적으로 임하는 게 유리하다는 데 있다. 상대방이 **비협조**적으로 나오는 경우, 나 역시 **비협조**로 나서는 게 나에게 유리하다. 즉 상대방의 선택에 상관없이 나의 선택이 **비협조**적일 때 늘 유리하다. 결국 이 게임의 결과는 두 사람 다 **비협조**로 나오게 되는데, 사실 두 사람 다 서로 협조했다면 모두에게 나은 결과를 도출할 수 있다. 하지만 게임 상황에서 이런 결과는 불가능하고 두 사람 다 **비협조**를 선택하는 '비효율적' 결과를 피할 수 없다. 하여 이 게임을 '죄수의 딜레마'라 이름 붙였다.

엑셀로드는 실험에서 두 사람 간 게임 대신 사회 구성원 전체가 게임에 참여하는 구조를 조성하였다. 엑셀로드의 연구는 비협조적 시민들로 가득한 사회에서 몇 사람이 협조적 사회 분위기를 유도할 수 있는가에 대한 연구였다. 연구를 위해 엑셀로드는 [그림 1.2]와 같은 실험을 진행하였다. 그림에서 큰 원은 사회 전체이다. 사회 구성원 전체가 그림과 같이 흰 점으로 차 있는데, 이들은 관행대로 살며 구성원 간 협조에 잘 나서지 않는 사람들이다. 이 경우 법치가 제대로 적용되지 않고, 구성원 간 협조가 부족한 사회일 것이다. 이 사회에 적극적으로 협조하는 한 사람을 들여보낸다(원 상단의 파란 점 하나). 이 사람은 아무도 협조에 나서지 않는 기존 사회 속에서 이른바 '왕따'가 되어 그

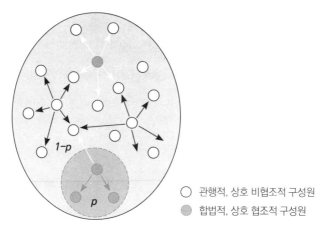

관행적, 상호 비협조적 구성원
합법적, 상호 협조적 구성원

그림 1.2 　서로 협조하고 신뢰하는 사회로 가는 시나리오

자신 또한 협조에 나서지 않는 편이 효용이 크다는 것을 확인하고 기존 질서에 급격히 적응하게 된다. 결과적으로 한 명의 협조적 구성원은 사회에 어떠한 영향도 미치지 못한다.

엑셀로드의 실험은 여기서 끝나지 않았다. 이번에는 이 사회 속에 매우 협조적인 사람들 여럿을 그룹으로 묶어 들여보냈다. 큰 원 하단부의 작은 원을 구성하는 파란 점들이 이 그룹이다. 이 그룹은 자신들 사이에는 법을 지키며 협조하고, 기존 사회 구성원들과는 그들이 하는 대로 비협조적으로 행동하였다. 충분한 수의 새로운 사회 구성원이 투입되어 어느 정도 시간이 흘렀을 때의 결과는 처음과 달랐다. 협조에 나서지 않던 기존 사회 구성원들이 새로 진입한 그룹의 일상을 지켜보며 상호 협조하는 그룹 구성원들의 삶의 질이 더 높은 것을 관찰한 것이다. 이제 기존 구성원에게 있어 최선은 협조에 나서기 시작함으로써 작은 원의 협조적 그룹 구성원에 들어가는 것이다. 이렇게 하여 기존 구성원들이 협조적 그룹에 포함되어 작은 원이 점점 커지면서 큰 원 전체를 점령한다(엑셀로드는 이러한 현상을 invasion이라 표현했다). 결국 사회 전체가 법을 지키며 서로 협조하는 사회로 변화된 것이다.

엑셀로드 실험의 결과가 우리에게 주는 교훈은 자명하다. 정치와 정책에 대한 공부와 이해가 충분히 이루어져 준비된 사람들이 그룹으로 사회에 진출해야 한다. 이들 그룹이 뭉쳐 협조에 나서기 시작할 때 사회의 변화를 이끌어 낼 수 있다.

물론 변화는 하루아침에 일어나지는 않는다. 추구해야 할 목표가 순간적 '개조'일 수는 없다. 씨를 뿌리는 마음으로 시작해야 한다. 썩 좋지 않은 지금의 상태까지 오는 데 얼마나 오랜 시간이 걸렸을까? 어제오늘 만들어진 상황이 아니라 수백 년에 걸친 역사의 산물이다. 트렌드를 뒤집어 관행을 타파하고 협조적 사회로 변화시켜 나가는 데 또 그만큼의 세월이 걸릴 수 있다. 그렇다고 포기할 것인가. 지금 당장의 결실을 보지 못한다 하더라도 현재 사회가 가진 불합리한 제도와 잘못된 인식을 고쳐 나가야 한다. 그렇게 천천히 세상을 변화시켜 나가야 한다. 또 다른 세월호가 없는 살 만한 사회로 변화시킬 수 있다면, 오늘 시작하는 노력은 결코 헛되지 않을 것이다.

통 큰 리더십?

2014. 8. 14.

세월호 특별법과 관련하여 여야가 다 의총을 열어 상대를 비난했다고 한다. 새누리당은 세월호 특별법과 관련해 야당의 말 바꾸기로 수많은 민생 법안이 좌절되고 있다며 비판했다. 여당은 안정적 과반수에 지지율도 현재로선 비교적 높다. 야당은 지리멸렬에 스스로 위기 의식을 느끼는 듯싶다. 이럴 때 박 대통령이나 김무성 당 대표가 통 큰 리더십을 발휘하여 아이들을 애통하게 잃은 엄마, 아빠들이 원하는 세월호 특별법을 그대로 받겠다고 선언하면 국민들이 어떻게 반응할까? 대다수 국민이 박수 쳐 주지 않을까.

약간의 발상의 전환으로 전략적 성공과 국민의 지지를 받을 수도 있을 텐데. 힘 빠진 야당과의 기싸움에서 밀릴 수 없다는 사고는 크게 얻을 것 없는, 해묵은 대결적 사고의 연장선 아닌가. 만약에 내 의견을 결행한다면, 교황이 한국에 도착하는 날이나 광복절이 정말 호기가 아닐까 생각하게 되는 오늘이다.

제1부 ✳ 나는 이방인 정치학자

신뢰의 정치, 불신의 정치*

우리의 행위는 우리가 가진 가치관에 영향을 받는다. 정치적 행위 또한 그러하다. 그러므로 어떤 국가의 정치적 행위를 이해하기 위해서는 해당 국가의 정치적 가치관, 즉 정치 문화를 이해해야 한다. 일상에서 흔히 쓰는 '문화'라는 단어에는 그 자체로 굉장히 많은 의미를 포함한다. 그렇다면 정치 문화는 어떤 의미로 정의해야 할까? 여기서는 이야기의 흐름과 편의를 위해 정치 문화를 '정치와 정치 체제에 대한 대중의 태도와 가치관'이라 정의한다. 간단해 보이는 정의이지만 정치와 정치 체제에 대한 대중의 태도와 가치관은 또한 수많은 상황을 포함할 수 있다. 여기서는 그중 몇 가지만 골라 다루어 보기로 한다.

---

* 이 장의 내용은 정치교육연구원에서 매년 1월에 진행한 강의를 바탕으로 서술하였다.

사람을 미워한다는 것

2013. 9. 18.

　2013년 9월 17일자 동아일보 최영해 논설위원의 칼럼 '채동욱 아버지 전 상서'가 이미 인구에 회자될 정도로 논란이다. 누군가가 만든 '최영해 아버지 전 상서'라는 패러디마저 인터넷에 떠돈다. 칼럼에 대한 주된 논란은 주로 미성년자의 인권 문제에 맞춰졌고, 논설위원의 자질이 도마 위에 올랐다.

　놀라운 것은 이 칼럼이 어느 한 사람에게 상처를 주기 위한 글이라는 점이다. 백 번 양보해 과거 검사 시절 채동욱 검사가 최 논설위원 개인에게 못할 짓을 했다면 미운 마음에 이런 글을 썼음직하다고도 생각할 수 있다. 아니면 검사와 기자로 아는 사이에 기자가 어떤 모욕이라도 받은 적 있다면 차라리 이해해 보려 노력할 수도 있겠다. 그런데 현재까지 인터넷에서의 논란들을 두루 살펴보면 두 사람의 관계가 그런 건 아닌 듯하다.

　이념이 다르다는 이유로, 혹은 행동이 마음에 안 든다는 이유로, 지지하는 정권이 다르다는 이유로, 누군가를 이렇게 온 국민에게 드러내 상처를 주려고 할 만큼 미워할 수 있다는 사실이 나를 두렵게 한다. 그런 상처를 주면서도 글쓴이는 "아이의 입장에서 쓴 창작물입니다"라는 문장 뒤에 비겁하게 숨었다. 언제부터 동아일보가 창작물을 발표하는 지면이 되었나. 내 상식에 신문에 싣는 창작물은 연재 소설뿐이어야 한다. 내 기억 속 동아일보의 '고바우 만화'도 시사성을 드러내는 고발성 기사였다. 신문을 만드는 사람들은 진실을 찾아 보도하는 일이 주업무이고, 100% 확인이 안 될지라도 진실을 찾으려는 최대한의 노력을 기울이는 일이 그들의 사명이어야 한다. 언제부터 논설위원이 창작물을 쓰는 사람이 되었나.

　돌이켜보면 동아일보의 역사는 자랑스러운 역사였다. 엄혹한 독재 시절, 권력에 반기를 들어 광고가 끊긴 상황에서 시민들이 십시일반 한 줄 광고를 실어 줬던 역사를 가진 언론이었다. 중학생이었던 시절로 기억하는데, 어렸던 나도 분기탱천한 마음에 쌈짓돈 털어 한 줄 광고를 샀던 기억이 있다. "○○은 과일과 같아서 익으면 떨어지기 마련이다"라는 한 줄 문구에 아마 몇 천 원쯤 들었을 것이다.

물론 이 칼럼의 논란을 신문 전체의 문제로 일반화할 생각은 전혀 없다. 모두가 이 문제를 동아일보 전체의 문제로 생각할 필요는 없고, 한 명의 기자가 쓴 하나의 칼럼이 일으킨 문제로 보아야 할 것이다. 그럼에도 정치학자의 입장에서 걱정스러운 지점이 있다. 정치 문화와 이익의 표출을 가르치면서 시민들이 이념적으로 자리한 지점을 향해 정당은 표를 따라가고, 언론은 독자를 따라 움직인다고 가정한다. 물론 그 역방향성이 없는 것은 아니나 앞서 말한 방향성이 더 크게 작용한다. 작금의 대한민국 상황은 정당과 언론이 국민을 극한 위치로 몰아가는 듯 보인다. 세계 정치사를 돌아보면 정당이나 언론이 시민에 이끌려 중간으로 수렴하는 사회에서 민주주의가 꽃피었다. 네덜란드나 오스트리아는 그런 사회를 만들기 위해 이념을 달리하는 정치인들이 실제로 노력했다. 민의에 역방향으로 끌고 가는 사회, 소수가 국민을 양극점으로 이끌고 간 사회의 결과는 불행으로 이어졌다. 프랑스 제4공화국과 이탈리아의 역사는 그러한 사례를 잘 보여 주었다.

본래의 논지로 돌아가, 내가 목사가 아니며, 이 글이 설교가 아닌 바에야 "우리 모두 사랑하자"는 말은 낯 간지러워 못 하겠다. 사실 나는 TV 연예 프로그램에서조차 "사랑해요"란 말이 남발된다고 생각하는 사람이다. 그러니 사랑까지는 아니더라도, 나와 다르다고 미워하고 상처 주는 일은 피하자. 최영해 논설위원은 본인의 칼럼에 대한 사람들의 반향을 진보 나부랑이들의 반응이라 치부하지 말고, 왜 이런 반응으로 돌아오는지, 그리고 어쩌다 그런 글을 쓰게 되었는지 다시 한번 돌아보기 바란다. 생각이 다르면 토론하고 이해하자. 미워하거나 상처를 주는 일이 승리의 길은 아니다.

✤ 불신의 후폭풍

정치 문화는 한 사회 내 다른 집단 사람들에 대해 가지는 사회 구성원들의 생각의 문제를 포함한다. 시민들끼리 서로 신뢰하는가, 계층·지역·인종·종교 등으로 갈라져 있는가, 타집단에 대해 어떤 태도를 가지는가 하는 문제는 한 사회의 장래와 매우 밀접하게 연계된다. 타집단 구성원들과 상호 신뢰하는 사회 구성원들은 당연히 자신들의 공동의 정치적 목표를 위해 서로 협조할 것이다. 규모가 큰 사회일수록 더 많은 사람들이 서로 협조해야 공동의 목표를 이룰 수 있다. 그러기 위해서는 당연히 많은 사람들 사이에 신뢰 관계가 전제되어야 한다. 신뢰의 반대 개념은 불신이다. 불신은 개인 간 혹은 집단 간 관계를 파괴한다. 불신이라 하면, 단순히 개인이나 이웃 간 믿지 못하는 정도로 가볍게 생각할 수도 있다. 그러나 인종, 종교 등으로 첨예하게 분리되어 있는 사회에서 자라나는 불신은 누구도 예상 못할 불행으로 이어지기도 한다.

[그림 2.1]은 한 사회 내의 불신이 불러온 폭력의 결과가 집단 학살로 이어진 역사를 보여 준다. 네 장의 사진은 왼쪽 위에서 시계 방향으로 르완다, 레바논, 북아일랜드, 체첸에서 벌어진 불신의 결과이다.

르완다는 아프리카 대륙 여러 나라들에서 벌어진 비극의 기원처럼 영국과 프랑스가 식민 통치를 종료하고 철수하며 만들어낸 통치 행위의 결과에 기인한다. 영국과 프랑스는 아프리카에서 철수하면서 인종 및 부족, 종교적 요소를 고려하지 않은 채 작위적으로 국경선을 그어 당신들끼리 잘 살아 보라는 식으로 무책임하게 철수했다. 그렇게 그어진 국경선에 따라 역사적·문화적 갈등 관계에 있는 부족들이 한 국가를 이루게 된 경우가 허다했다. 르완다의 경우, 후투족과 투치족이 그러한 갈등적 관계로 단일 국가를 이루었다. 두 종족은 끝내 서로 간 불신을 극복하지 못해 1994년에 후투족에 의해 80만 명의 투

그림 2.1　사회 내 집단 간 불신이 불러온 폭력의 결과
(왼쪽 위부터 시계방향으로 르완다, 레바논, 북아일랜드, 체첸)

치족이 학살당하는 사태가 벌어졌다.

　레바논의 경우, 기독교도들과 이슬람교도들 간 불신으로 폭력이 난무하였고, 북아일랜드의 경우 신교를 믿는 영국인들과 가톨릭을 신봉하는 아일랜드인 간 불신에 따라 벌어진 수많은 테러로 대규모 인명이 희생되었다. 19세기 중후반에 러시아에 합병된 체첸은 러시아 정부의 민족 분열 정책으로 거주지에서 강제 추방당하는 등 소수 민족으로서 러시아로부터 많은 박해를 받았다. 소련 붕괴로 여러 국가가 분리 독립되는 상황에서 체첸 또한 독립을 원하였으나 러시아가 허용하지 않았고, 결국 다른 두 민족 간 극단적 폭력 사태로 이어졌다.

　냉전 시대를 거치며 사람들은 인간 사회를 가르는 가장 큰 이슈를 이념이라고 생각해 왔다. 하지만 이념 전쟁은 백 년을 넘기지 못했다. 생각건대 역사를 통틀어 인간 대 인간을 가르는 가장 무서운 이슈는 인종이나 민족, 그리고 종교였다. 사람들은 자신과 다른 외모의 사람에 대한 편견에서 쉽게 벗어나지 못했다. 더군다나 상당수 종교는 이분법적 태도를 취한다. 신의 편이 아니면 악마의 편이다. 중간 지대를 허용하지 않는다. 악마의 편이니 당연히 제거의 대상이라 낙인찍는다. 이슬람국가(Islamic State, IS: 이슬람 수니파 중심의 급진 무장 세력)가 종교적 신념을 같이하지 않는 사람들을 쉽게 죽일 수 있었던 것은 그 한 예이다. 중동 및 아랍 지역에서 일상적으로 벌어지는 상호 폭력과 테러는 인종적 편견과 종교적 신념이 만들어낸 불신의 결과를 너무도 비극적으로 보여 주는 사례이다.

✤ 사실과 견해

정치 문화는 크게 합의적 문화(consensual political culture)와 갈등적 문화(conflictual political culture)로 나눌 수 있다. 합의적 정치 문화가 자리잡은 사회에서는 당면한 가장 큰 문제가 무엇이고, 그 문제를 어떻게 풀어 나가야 할 것인지에 대해 대부분의 사람들이 동의한다. 예컨대, 대부분의 시민들이 한국 사회가 당면한 문제가 경제, 통일, 저출생, 교육 등이라는 데 동의하고 각각의 문제에 접근하는 방식에 대해 어느 정도 합의가 이루어지는 경우라면 합의적 사회일 것이다.

갈등적 정치 문화가 일상인 사회에서 시민들은 정권의 합법성에 동의하지 못하며, 사회가 당면한 문제와 문제 해결 방법의 합의에 이르지 못한다. 결국 탄핵에 이른 박근혜 정권을 예를 들어 돌이켜 보자. 박근혜 정부를 탄생시켰던 2012년 대선 당시 불거진 국정원 댓글 사건에 따른 정권의 합법성 문제,

세월호 사건 해결 과정에서의 갈등, 비선에 의한 국정 농단의 문제 등을 우선 파헤쳐야 하는지, 아니면 경제 회복을 정책의 최우선 과제로 삼아야 하는지 등에 대해 정권 차원에서 시민들의 동의를 이끌어 내지 못했고, 결과적으로 정권 탄핵이라는 결과로 이어졌다.

갈등적 정치 문화가 갖는 심각한 폐해는 한 국가 내에서 서로 다른 집단 간 정치적 사고와 태도가 뿌리 깊이 나뉘고, 이런 현상이 오래 지속되면 두 개의 상이한 하위 문화(sub-culture)가 생겨난다는 데 있다. 한 사회 내에 두 개의 상이한 정치 문화가 깊숙이 자리잡게 되는 것이다. 두 개 혹은 그 이상의 집단들이 현 정부의 성격(합법성)에 대해 전혀 다른 견해를 가지고, 사회가 유지해야 할 바람직한 이념에 대해 전혀 다른 입장을 취한다. 다른 하위 문화에 속하는 집단들은 서로 다른 정당을 지지하고, 서로 다른 언론 매체를 접하며 전혀 다른 정보를 취득한다. 서로 다른 정치 문화 집단 구성원들끼리 한데 어울리는 게 불편하니 모임조차 따로 이루어진다. 사회적 구조 역시 같은 하위 문화 집단 구성원끼리 모이게 하는 방향으로 진화한다. 예컨대, 한때 대학 사회에 유행하던 그 많은 'CEO 과정'들은 간접적으로 특정 문화 집단의 결성을 지원하는 경향이 있었다. 이들은 정치적으로 무엇이 옳고 그른지에 대한 가치 판단마저 달리 익힌다. 각각이 상대하는 관계, 언론 매체가 다르니 집단 구성원들끼리 믿는 '사실'이 달라진다.

상식적으로 사실은 하나일 수밖에 없다. 하지만 사실에 대한 '의견'은 둘 혹은 그 이상일 수 있다. 그러나 하위 집단들이 함께하는 관계나 의지하는 매체에 따른 영향으로 자신들의 '의견'이 유일한 '사실'이라 믿게(착각하게) 된다. 하위 문화에 대한 나의 이야기가 당신이 알고 있는 어느 나라의 현실과 상당히 맞아 떨어진다는 생각이 들지 않는가? 맞다. 현재 한국 사회는 하나의 독창적 정치 문화를 유지하기보다 하위 문화에 의해 시민들이 쪼개지는 사회로 고착되어 가고 있다.

하위 문화 집단에 따라 달리 접하고 의지하는 매체의 사례를 하나만 들어 보자. 세월호 사고 후 여야 간 희생자 보상 및 향후 수사 과정에 대한 합의에 시간을 보내고 사건 자체의 수사가 미진하면서 세월호 희생자 가족들과 그들을 지지하던 시민들은 광화문에서 큰 시위를 벌였다. 이를 보도한 2015년 4월 20일자 조선일보 기사는 "국기 태우고 경찰차 71대 파손 … 선 넘은 세월호 집회"라는 제목을 달았다. 반면 같은 시위를 보도한 한겨레신문은 경찰의 대응에 포커스를 맞춰 "세월호 슬퍼할 자유마저 막는 나라"라는 제하의 기사를 게재했다. 익히 알다시피 대부분의 시민들은 조·중·동 대 경향·한겨레 중 어느 한쪽을 구독하며 양쪽을 다 구독하는 경우는 흔치 않다. 그리고 자신이 읽은 매체의 내용에 따라 사실을 규정한다. 인터넷 시대에 이르러 이제 포털에서 모든 정보의 이용이 자유롭게 되었다. 그럼에도 대부분의 사람들은 자신의 이념과 확신을 확증하는 매체나 정보를 골라 보는 성향이 있으며 심지어 상대 매체가 제공하는 정보를 가짜 정보로 취급하는 성향마저 있다.

❧ 경쟁과 평형

약간은 엉뚱해 보이는 사례 하나를 소개한다. 대학생인 A와 B 군 모두 방학 동안 아르바이트를 해 다음 학기 등록금을 벌어야 한다. 여름방학을 맞아 A와 B 군은 해운대 해수욕장에서 아이스크림 장사를 하여 등록금을 마련하기로 결정했다. A와 B 군은 서로 모르는 사이다.

먼저 해운대 해수욕장의 면적은 [그림 2.3]과 같이 직사각형이라 가정하자. 그리고 해수욕장을 찾는 인파의 밀도가 해수욕장 전체에 똑같이 퍼져 있

그림 2.2 해운대 백사장

그림 2.3 해수욕장을 양분하는 초기 판매 영역

다고 가정하자. 해수욕장 피서객들은 합리적 소비자로 가정한다. 아이스크림이 먹고 싶다면 자신에게 더 가까이 위치한 판매소를 찾는다. 두 학생이 파는 아이스크림의 종류와 가격은 같고, 등록금을 만들어야 했으므로 가능한 한 아이스크림을 많이 파는 게 목적이다.

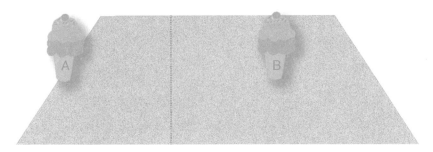

그림 2.4　판매원 B의 이동에 따른 판매 영역 변화

　　먼저 [그림 2.3]과 같이 두 학생이 해운대 해수욕장 양 끝에 위치했다고 하자. 그러면 아이스크림 시장은 반반으로 나뉜다. 해수욕장을 반으로 나누는 선을 그으면 선의 왼편 구역 사람들은 A, 오른편 구역 사람들은 B에게 아이스크림을 구매할 것이다.

　　그런데 현재의 판매 수입이 양에 차지 않는 B가 아이스크림을 더 많이 팔 수 있는 방법이 있을까? 있다. 만약 B가 [그림 2.4]와 같이 자신의 위치를 왼쪽으로 이동하면, 이제 A와 B 사이의 중간점이 새로운 선이 되고, 새롭게 만들어진 선의 왼쪽에 위치한 고객들은 A에게, 오른쪽에 위치한 사람들은 B에게 아이스크림을 구매하게 되므로 B가 A보다 더 많이 팔수 있게 된다.

　　상황이 이렇게 변했는데 A는 당하고만 있을까? 그렇지 않다. 이번엔 A가 더 오른편으로 움직인다. A가 [그림 2.5]의 위치로 옮기면, A와 B의 중간점은 또 바뀌고 이번에는 A가 더 많은 아이스크림을 팔게 된다.

　　서로 더 많은 아이스크림을 팔기 위해 중앙으로 이동하던 A와 B는 결국

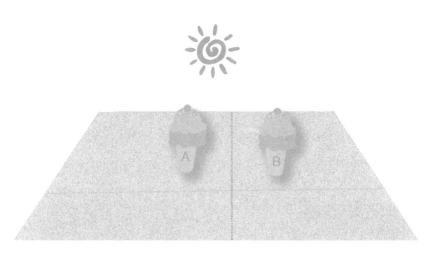

그림 2.5　판매원 A의 이동에 따른 판매 영역 변화

해운대 해수욕장의 정확히 중간 지점에서 만나게 된다. 이렇게 가운데 지점에서 만난 후 둘의 움직임은 어떻게 변할까? 확률적으로 두 학생이 아이스크림 시장을 반반씩 나눈다고 하자. 중간 지점에서 만난 A와 B가 다시 각자의 위치

그림 2.6　평형점에 도달한 판매 영역

를 이동할 동기가 있을까? 없다. 이 상황에서는 어느 쪽이건 먼저 움직이는 학생의 수입이 줄게 된다. 왜 그렇게 되는지에 대한 판단은 독자들에게 맡긴다. 결국 두 학생은 해수욕장 면적을 정확히 양분하는 중앙에 나란히 서서 아이스크림을 팔게 된다. 비로소 경제학에서 말하는 평형점(equilibrium)에 도달한 것이다.

✤ 이념과 합리성

왜 실없어 보이는 아이스크림 장사 사례를 들었을까? 이제 앞서의 사례에서 사용했던 용어들을 정치와 정당에 관계되는 용어로 대입해 보자. 먼저 해운대 해수욕장이라는 공간에 아이스크림을 파는 아르바이트생은 오로지 두 명밖에 없다. 이 둘을 국가와 정당제에 대입하면 양당제를 의미한다. 해수욕장에 골고루 분포된 피서객들은 좌-우 이념 선상에 골고루 분포된 유권자들이다. 자신에게 더 가까운 아이스크림 장사에게 아이스크림을 구매하는 합리성은 두 정당 중 이념적으로 자신에게 더 가까운 정당에 투표한다는 것을 의미한다. 더 많은 아이스크림을 팔아 더 많은 돈을 벌고자 하는 행위는 정당이 선거에서 더 많은 표의 획득을 목표로 하는 행위와 동일하다.

이제 정치 및 선거와 관련하여 좀 더 현실적인 그림을 그려 보자. 이념 선상에서 시민들이 앞서 든 해운대의 예처럼 골고루 분포될 가능성은 없다. 우선 생각해 볼 수 있는 분포로서 정규분포(normal distribution)를 가정할 수 있다. [그림 2.7]은 이념 스펙트럼상의 정규분포를 묘사한다. 그림의 가로 축은 이념 스펙트럼을 나타내며 왼쪽 끝은 극좌, 오른쪽 끝은 극우를 대변한다. 그림의 세로 축은 빈도, 즉 얼마나 많은 시민들이 해당 위치에 있는지를 표현한

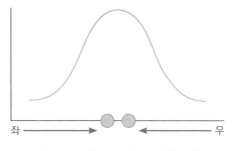

그림 2.7 　정규분포된 시민과 정당의 위치

다. [그림 2.7]의 정규분포 곡선에서는 이념 스펙트럼의 가운데 부분에 가장 많은 시민들이 분포하고, 극좌나 극우로 갈수록 그 수는 점점 적어진다.

　아이스크림 판매의 사례에서와 같이 이 사회에 두 개의 정당만 존재하며 시민들은 자신에게 이념적으로 더 가까운 정당에 투표한다고 하자. 당연히 두 당의 목표는 더 많은 표의 획득에 있다. 아이스크림 장사 사례에서 보듯, 두 정 당이 이념 스펙트럼의 양 끝에서 출발한다고 하자. 앞서의 가정하에 이념 스 펙트럼상 두 정당의 최종 위치, 다시 말해 이념 스펙트럼상의 평형점은 어디 에 자리 잡을까?

　양당제하에서 두 정당은 과반수 의석 확보를 주요 목표로 삼는다. 따라서 [그림 2.8]과 같은 정규분포로 이루어진 사회에서 두 정당의 목표는 모두 중간

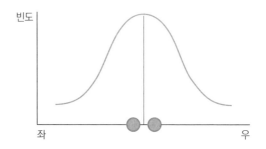

그림 2.8 　평형점: 정규분포된 시민과 두 개의 온건한 정당

(중도)층 공략을 필수 전략으로 삼는다. 결과적으로 앞서 가정한 요건들을 충족하는 사회에서 두 정당은 이념상 중도적으로 가까이 위치하는 결과로 나타나게 된다.* 정치학자들은 한동안 미국의 경우를 예로 들어 우리의 가정(정규분포, 이념적 투표 행태, 양당제 등)을 대부분 충족했고, 따라서 미국 민주당과 공화당 모두 중도 정당으로 정책적 차이가 별로 없다고 여겨 왔다. 최근 들어 미국에서도 변화가 감지되고 있는데, 그와 관련한 논의는 다음으로 넘기기로 한다.

✤ 이념 및 문화적 거리

한국은 태생적으로 양당제에 근접한 정당 제도를 유지하고 있다. 이는 한국이 유지하고 있는 선거법 때문인데, 그 구체적 내용에 대해선 다음 기회에 알아 보기로 하자. 사실상 양당제 국가인 한국에서 정당들이 정규분포의 가운데로 모이지 않고, 극단적 정쟁이 일어나는 이유는 무엇일까? 답은 앞서 우리가 전제한 가정의 일부가 한국에서는 들어맞지 않다는 데 있다.

앞서의 가정과 다른 한국적 현실은 무엇인가? 우선, 유권자들이 자신과 이념적으로 더 가까운 정당에 투표하지 않는다는 추론이 가능하다. 이 점에 대해서도 할 만한 이야기가 많지만 이후로 넘기자. 서구 국가들과 달리 한국의 이슈 차원(underlying issue dimension)은 단순히 이념만으로 정리되지 않고 이념과 지역성, 세대 간 차별성, 북한을 대하는 태도 등 여러 전제가 복잡하

---

* 이념 스펙트럼상 시민들이 정규분포되어 있고 양당제인 경우, 두 정당이 아이스크림 장사의 예와 같이 중간에서 만난다는 이론을 중위투표자이론(Median Voter Theorem)이라 하며, 미국 경제학자 앤서니 다운즈가 주창하였다. 심도 있는 설명은 *Anthony Downs, The Economic Theory of Democracy*(1957)를 참조하자.

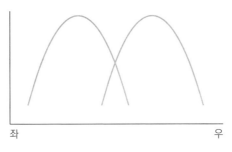

그림 2.9　시민의 양봉분포화(化)

게 결합된 차원이기 때문이다.

　여기서 초점을 맞추고자 하는 나의 가정은 앞서 든 정규분포의 가정, 즉 한국 사회는 대부분의 시민들이 중도에 위치하고, 소수의 사람들이 극한에 분포하는가에 대한 가정이다. 사실 이 전제가 내가 한국의 장래를 생각하며 가장 걱정하는 문제이다. 통일 대박이건 창조 경제이건 국민소득 4만 달러 달성이건 시대적 당면 과제를 넘어 내가 가장 걱정하는 문제가 바로 한국 사회가 정규분포에서 벗어나 양봉분포(bimodal distribution)로 향하고 있다는 점이다(그림 2.9). 이는 앞서 말했듯, 한 국가 내에 두 개 이상의 하위 문화가 존재한다는 말과 일맥상통한다.

　우리와 비슷한 경험을 거친 다른 서구 국가의 사례를 살펴보자. 시민들이 정규분포를 벗어나 하위 문화를 가지게 될 때, 정당 제도는 큰 정당들로 하여금 극단적 성향을 가지게 한다(그림 2.10). 여기서 극단적 성향을 가진 시민들은 자신이 지지하는 정당이 자기로부터 멀어져 중도화되면 불만을 품고 지지

그림 2.10　시민들이 이념적으로 양봉분포된 경우(하위 문화가 존재)의 정당 체계

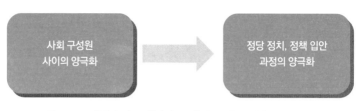

그림 2.11   사회의 양극화(정치 문화)가 정치 체제에 미치는 영향

를 포기하거나 선거에 불참한다는 아주 약한 가정을 전제한다. 예컨대, 제2차 세계대전 후 프랑스 제4공화국과 이탈리아에서는 왼편에 강력한 공산당, 오른편에 극단적 보수당이 자리를 잡는 갈등적 정당 제도가 유지되었다. 이렇게 시민이 두 개의 봉우리 형태로 분포되어 있는 경우, 그림과 같이 거대 정당들이 양 극단에 위치하고 이념적으로 거리가 먼 정당들은 극단적 불신 관계로 이어진다. 그 결과 정국의 불안정, 정부의 비효율성, 민주주의에 대한 시민의 신뢰 감소로 나타난다.

실제로 프랑스 제4공화국은 소멸되어 제5공화국으로 교체되었고, 이탈리아에서는 정부의 불안정과 시민들의 정치 무관심으로 이어졌다. 의원내각제를 채택한 이탈리아에서 정부의 수명이 짧아 교체가 잦은 사례는 서구 국가들 사이에도 유명하다.

[그림 2.11]에서 보듯, 사회의 양극화 정도에 따라 정치 자체의 양상이 달라진다. 보편적으로 시민들의 정치 문화가 양극화되어 있는 경우, 정치 체제 또한 양극화되는 경향이 있다. 대의정치는 사회 체제를 반영하기 때문이다. 정당들은 표가 있는 쪽으로 이동한다. 반면 합의적 정치 문화를 유지하는 국가(독일 등)들은 주요 정당이 중도에 위치하고 타집단에 대해서도 상호 인정하는 문화가 형성된다.

우리 안의 두 얼굴

지난 몇 년간 이 나라는 유례없는 경험을 했다. 비선에 의한 국정 농단이 드러나면서 오히려 국민은 하나되었고, 시민들의 압력으로 국회는 대통령 탄핵안을 가결시켰다. 두 야당이 추천한 특검이 출범하였고, 특검은 이전의 검찰과는 다른 모습으로 시민들의 답답한 곳을 긁어 주었다. 마침내 헌법재판소 이정미 소장 대행의 입에서 "대통령 박근혜를 파면한다"는 주문이 전 국민이 지켜보는 가운데 발표되었다.

이 혁명적 과정에서 무엇보다 세계 시민들을 놀라게 한 것은 촛불을 든 시민들의 비폭력과 배려, 그리고 성숙함이었다. 백만 넘는 인파가 광화문에 모여 시위를 벌였지만 폭력적 상황이 없었을 뿐 아니라 시민이 떠난 광장에 쓰레기조차 남아 있지 않았다. 촛불 참여자끼리 동지 의식으로 서로를 배려했다. 내 주변 많은 이들도 자랑스럽게 촛불에 참여했다. 서울대 내에서 있었던 한 행사에서 한국 시민 사회에 대해 이야기하면서 나는 50:50으로 갈라져 있던 한국 사회가 국정 농단으로 90:10으로 뭉쳤으니 이 기회를 놓치지 말고 90이 같이 나아가는 합의적 정치 문화를 구축해 나가야 한다고 주장한 적 있다.

선거의 광풍이 불었다. 그리고 시민들이 다시 쪼개졌다. 지지 후보에 따라 상대에 대한 적대감을 감추지 않는 일부의 행태가 나를 불안하게 했다. 선거에 나온 후보는 표를 먹고 산다. 그들의 가장 큰 목표는 더 많은 표를 얻어 권력을 움켜쥐는 것이다. 그 욕망 탓에 상대 후보를 비방하는 일은 어느 나라에나 있는 현상이다. 내가 하고 싶은 말은 우리 시민들이 각자가 지지하는 후보를 쿨하게 받아들이고, 각자의 선호를 인정하자는 것이다. 하지만 선거철이 되면 온갖 미디어나 SNS에서는 다른 후보 지지자에 대한 온갖 적대감이 넘쳐난다. 지지 후보에 대한 타인의 건전한 비판이나 제안조차 용납이 안 된다. 욕설은 물론 인신 공격도 부지기수다.

기억하자. 지금 당신으로 인해 상처 입은 타인이 촛불 광장에서 당신의 옆에서 함께 촛불을 들었던 이었을지 모른다. 어쩌면 당신에게 초를 나누어 줬던 이일 수도 있다. 길을 터 주었거나, 무거운 걸 들어 주었거나 등으로 배려했던 이일 수도 있다. 함께 파도타기를 했을 수도, 감동의 순간에 같이 눈물 흘렸던 이었을 수도 있다. 대통령은 5년에 한 번씩 바뀌게 되어 있고, 임기 중에라도 쫓아낼 합법적 방법 또한 없지 않다. 하지만 시민 사회가 갈등적 정치 문화를 형성하게 되면 그 영향은 수십 년, 아니 수백 년 갈 수 있다. 의견이 다른 사람, 지지 후보가 다른 사람을 사랑하기는 힘들겠지만 적어도 미워하지는 말자. 내가 이러려고 촛불을 들었나, 하는 자책의 하소연이 나오는 상황은 막아야 하지 않겠는가.

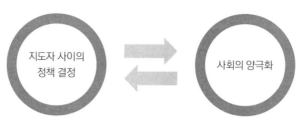

그림 2.12　정치 문화와 정치 체제가 서로에게 미치는 영향

🏵 가까이 하기, 거리 두기

그렇다면, 일단 정치 문화가 양극화된 사회의 미래는 절망적인가? 반드시 그렇지만은 않다. [그림 2.11]에 보인 방향의 반대 방향 화살표도 가능하다(그림 2.12)는 말이다. 지도자들 간의 정치 행태가 사회 양극화를 심화시킬 수도 있지만 오히려 신뢰 회복에 도움을 줄 수도 있다. 한국 사회에서 여태까지 진행되어 온 양태의 반대 상황도 가능하다. 현명한 리더가 주요 정당을 이끈다면 의회 내 극한 집단의 힘을 무력화시킬 수 있다.

오스트리아 사례를 보자(그림 2.13). 2차 세계대전 이후 오스트리아는 갈

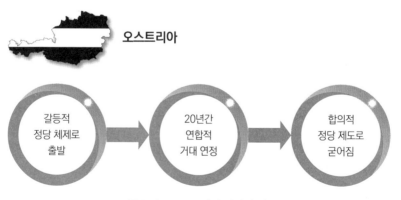

그림 2.13　오스트리아 연정의 사례

등적 정당 체제로 출발하였다. 당시 오스트리아 정치를 규정하던 두 거대 정당은 양극단의 사회당과 가톨릭당이었다. 두 정당은 이념 스펙트럼상 극단에 위치해 있었으나 서로 갈등하지 않고, 20년간 거대 연립정부를 구성해 운영하였다. 이념적으로는 멀리 떨어져 있으나 함께 연립정부를 구성하여 20년간 정책을 상호 협의하며 오스트리아를 이끈 양당 지도자들은 친분 관계와 인간적 신뢰를 유지하였다. 이러한 좌우 연정은 이념적으로 온건한 정책들을 양산하였다. 두 정당의 이념 역시 온건한 방향으로 움직여 궁극적으로 시민 사회의 온건화에도 기여했다. 현명한 리더가 시민 사회의 움직임을 이끌어낸 사례이다. 일단 이러한 문화가 만들어진 오스트리아에서는 집권이나 연정 참여에 실패하더라도 이후 선거를 기약하는 사고가 정치와 시민 사회 영역에 확고하게 자리 잡았다.

세월호 사건 이후 대폭 개각이 예상되던 당시, 나는 한 언론과의 인터뷰에서 박근혜 정권이 야당 의원 몇 명을 장관으로 임명하는 결단이 책임과 대책을 공유하며, 신뢰 회복에 도움이 될 것이라 주장한 바 있다. 물론 그런 일은 일어나지 않았고, 국무총리 인준에도 어려움을 겪으며 결국 단일 집단으로 정부를 구성하여 정책을 펴는 상황이 반복되었다. 그러므로 우리는 앞서 제기한 논점들과 다른 나라의 사례들을 살펴 현재 우리가 서 있는 지점은 어디이고, 어느 방향을 추구해야 할 것인지 고민할 필요가 있다. 여기서뿐만 아니라, 이 책에서 이야기하는 모든 상황들을 통해 우리가 자리한 위치와 나아갈 방향에 대해 같이 고민해 보길 바란다.

여기서 오스트리아 사례와 달리, 정반대의 시나리오 또한 경고하지 않을 수 없다. 정치 문화가 연합적(consensual)인 경우라 하더라도 카리스마적 지도자가 이끄는 극한 정당은 사회 내 편견을 가진 사람들의 심리를 자극해 지지를 이끌어 내고자 한다. 서유럽의 반(反)이민 극우 정당 등에서 그러한 사례들을 엿볼 수 있다. 선거 때가 되면 반이민 극우 정당들은 사회 모든 문제들이 이민자들 탓에 생겨난다며 반이민, 인종 차별적 논리를 편다. 이들 국가의 이민자 상당수가 중동 출신이라는 점과 언론을 통해 IS의 만행을 접한 상당수 시민들이 이들 극한 정당의 논리를 받아들인다. 이 측면에서 다문화사회로 서서히 이동하고 있는 우리의 현실을 돌아보게 하는 시사점도 있다.

개인적으로 나는 2차 세계대전 이후 미국 대통령 중 조지 W. 부시 대통령(아들 부시)을 가장 낮게 평가한다. 이 평가는 오로지 나의 주관적 평가이며 얼마든지 다른 평가도 존재한다. 나의 이러한 평가에도 불구하고 부시가 재선을 통해 8년간 대통령을 지낼 수 있었던 이유는 물론 미국 유권자가 부시의 정책을 지지한 측면도 있겠지만, 부시의 선거 전략이 주요한 측면에 있다. 20세기 중반 이후 현재까지 미국에서는 국가적 합의에 이르지 못하고 상대의 감정을 자극하는 몇 가지 첨예한 이슈가 있다. 동성연애자의 결혼 허용, 마리화나 합법화, 낙태 허용 등의 문제가 그것이다.

우리와 달리 미국은 대통령 선거가 있는 4년마다 여러 선거가 동시에 실시된다. 예를 들어, 상원의 3분의 1, 하원 전체, 주지사, 지방 선거, 그리고 정책에 대한 국민투표까지도 동시에 진행된다. 그러다 보니 미국의 투표 용지는 얇은 책자 모양이다. 아들 부시가 선거에 나설 때마다 선거의 귀재라고 알려진 참모 칼 로브는 사회를 갈라 놓는, 앞서 말한 첨예한 이슈들을 국민투표에 포함되게 만들었다. 유권자를 갈라 놓으려는 의도다.

미국에서 동성애, 낙태, 마약 문제에 특히 강한 거부감을 가진 집단은 크리스천 라이트(Christian Right)라 불리는 기독교계를 아우르는 우익이다. 알려진 바와 같이, 서구 선진국 중 미국은 선거 투표율이 낮은 국가에 속한다. 그런데 2000년과 2004년 선거의 경우, 우익 성향 유권자들은 자신들이 혐오하는 문제의 합법화를 막기 위해 투표소에 갔고, 내친김에 대통령으로 부시를 선택했다. 이렇게 선거에서 국민을 분열시키는 전략으로 부시 대통령이 재선까지 역임할 수 있었다. 한국의 경우, 선거 때만 되면 지역성을 유독 강조하는 경향이 있다.

다음 이야기에서는 민주 사회의 바람직한 지도자의 자질을 논하고자 한다. 먼저 이야기하자면 관용을 강조하고 중도 성향을 가진 지도자가 좋은 지도자다. 편견을 드러내 이야기하거나 극한 방향으로 시민들을 잡아당기는 지도자는 경계해야 한다.

네오콘의 정체

2018. 5. 25.

북미 대화가 진전되면서 자주 듣게 되는 익숙한 이름이 있다. 바로 조지 W. 부시 행정부 시절 미국 외교를 독점했던 네오콘의 일원 존 볼턴(John Robert Bolton)이다. 존 볼턴으로 대표되는 미국의 네오콘은 누구인가? '신보수주의'라 번역되는 Neoconservatism은 1960년대부터 학계에서 시작된 한 패러다임이다. 하지만 나는 자신을 이 그룹에 속한다고 주장하며 2000년대 정계에서 활동한 인물들에 대한 신보수주의자 규정을 거부한다. 그러한 규정은 보수주의에 대한 모독이다. 네오콘이라 부르는 이들의 특성에 대한 내 견해는 다음과 같다.

정계에 진출한 네오콘의 특성 몇 가지만 들자면 첫째, 세상을 흑백 논리로 본다. 이들의 논리와 추진하는 정책에 따르면 세상에는 선한 자와 악당만 있고 그 중간은 없다. 물론 미국이 악당일 수는 없으므로 결국 미국의 적은 악당이다. 둘째, 외교적 해법보다는 군사적 해법을 선호한다. 군사적 해법 사용 시 다른 나라의 동의는 필요 없으며, 얼마든지 미국의 독자 행동이 가능하다. 셋째, 외교를 담당하는 국무부를 경시하고, 세계 각 지역 전문가들을 경시한다. 그리고 불필요하다고 여기는 국제 조약은 언제건 무시할 수 있다. 마지막으로, 이 세계에서 미국 다음으로 이스라엘을 가장 중요한 나라로 여긴다.

네오콘들은 민주당이 정권을 잡고 있을 때는 힘을 못 썼지만, 다음 두 가지 조건이 충족될 때 창궐한다.

① 공화당이 집권한다.
② 대통령이 외교에(아니면 전반적으로) 경험(또는 관심)이 없다.

네오콘들의 영향력이 가장 컸던 시기는 물론 조지 W. 부시 행정부 때이다. 당시 부시 행정부에서 활동했던 네오콘들은 딕 체니 부통령, 도널드 럼스펠드 국방부 장관, 폴 월포위츠, 리차드 펄 국방부 차관보, 제임스 울지 중앙정보부장, 그리고, 존 볼턴 UN 대사가 있었다. 익히 아는 바처럼, 2001년 9·11사건이 터지자 이들은 이라크, 이란, 북한을 '악의 축'으로 규정하여 궁극적으로 이라크 전쟁을 일으킨다. 이라크에 숨겨진 핵 시설이 있다는 명분을 들어 대규모 침공으로 이라크를 점령했지만 정작 그들이 주장하던 핵 시설은 확인할 수 없었다.

2차 세계대전까지 미국민들은 애국심에 근거하여 전쟁에 적극적 참여와 지지를 보냈지만 한국 전쟁과 베트남 전쟁을 거치며 자국군이 희생당하는 전쟁에 반대 기류가 강해졌다. 베트남 전쟁 후 벌어진 전쟁에서 미국의 전략은 하나로 전개되었다. 최강의 공군력을 동원해 상대국을 먼저 완전 초토화시킨다. 상대의 저항이 완전 무력화되었다고 여겨질 때 보병을 투입해 점령한다. 미군의 계속된 바그다드 공습으로 얼마나 많은 이라크인이 죽었는지, 미국 언론은 보도하지 않았다. 게다가 당시 평형점(equilibrium)을 유지하던 이라크 내 정치 구도에서 후세인 제거로 축출된 수니파로 하여금 결국 이슬람국가(Islamic State, IS)를 조직하게 만들어 중동에서 극한 분쟁과 더 많은 희생으로 이어지는 결과를 낳았다.

한편, 네오콘들이 정말 오로지 미국의 이익을 위하는지는 확실치 않다. 국익을 내세우며 얼마나 본인들의 이익을 챙겼는지 확인할 필요가 있다. 예컨대, 딕 체니는 아버지 부시 대통령 정부에서 국방부 장관을 지냈다. 아버지 부시가 클린턴에 패해 재선에 실패하고 체니는 '할리버튼'이라는 군수회사의 CEO로 취임한다. 클린턴 8년 집권 후, 아들 부시가 대통령이 되자 체니는 다시 부통령으로 등장했다. 이라크 침공으로 가장 부자가 된 군산복합체가 바로 할리버튼이다. 할리버튼은 이라크에 진격한 미군의 음식 및 군복 등 군수물자의 독점권으로 엄청난 부를 축적했다. 조지 W. 부시 집권 당시 네오콘들은 전 세계적으로 수백만 명의 운명을 바꾸어 놓았다. 그리고 그들은 지금 텍사스 코네티컷에서 안락한 은퇴 생활을 즐기고 있다.

8년간의 오바마 집권 이후 외교를 무시하는 공화당 후보가 다시 미국 대통령이 되었다. 게다가 그는 듣기 좋은 말을 들려주면 껌뻑 죽는 성격까지 가졌다. 네오콘에게는 매우 쉬운 요리감이었다. 조지 W. 부시 때 네오콘의 발흥을 막아 보려고 노력한 인물이라면, 그나마 국무부 장관 콜린 파월과 콘돌리사 라이스 정도뿐이었다. 이제 누가 그 역할을 담당할 수 있을까?

리더의 조건*

　민주주의 사회의 바람직한 리더상은 어떤 것일까. 바람직한 리더의 자질에 관한 리스트를 나열하자면 한이 없을 것이다. 그러므로 여기서 그중 가장 기초적이라고 생각되는 몇 가지만 이야기해 보려 한다. 보다 어렵고 높은 수준의 덕목은 기초가 세워진 후 이야기 나눌 기회가 있지 않겠는가.

　바람직한 리더의 덕목에 대한 이해에 앞서 필요한 것은 현대 민주주의 국가에서 사람들이 리더가 되고 싶어하는 이유를 이해하는 일이다. 유교의 고전 중에는 통치자의 덕목으로 애민(愛民) 혹은 친민(親民)을 강조하는 구절이 자주 등장한다. 현대 민주주의 국가에서도 이처럼 '백성을 사랑'하거나 '백성의 편에 서서 생각'함으로써 리더가 되고자 하는 것일까? 여기에 대한 나의 대답은 이렇다.

　"착각하지 맙시다."

---

* 이 장의 내용은 정치교육연구원의 매년 마지막 강의에 기초한다.

✤ 욕망과 리더십

과거 유교 가르침에 따라 국가를 다스리던 시절, 국가 최고 통치자는 태어나면서부터 정해져 있는 경우가 많았다. 또한 고위 정치가나 관료 자리를 차지할 수 있는 자격 또한 소수의 사람에게만 주어졌다. 이미 통치자의 자격을 가지고 있던 사람에게 백성에 대한 사랑이나 백성의 편에서 생각하는 마음을 훈육하는 것은 당연했다. 물론 이러한 덕목을 훈육받은 통치자들이 덕목을 실제로 행했는지는 전혀 별개의 문제이다. 그런데 현대 민주주의와 같이 누가 통치자가 될지 미리 정해져 있지 않은 사회에서 애민(愛民) 혹은 친민(親民)의 덕목을 이야기하거나 강요하는 일 자체가 사치일 수 있다.

앞서 민주주의는 이기주의에 근거한다고 했다. 리더가 되거나 만들어지는 과정 역시 이 전제는 마찬가지로 적용된다. 현대 민주주의에서 정치인들이 리더가 되고자 하는 이유는 '권력 추구' 욕망 때문이다. 누가 권력을 가질지 미리 정해져 있지 않은 사회에서 권력은 그 자체로 리더가 되고자 하는 가장 강력한 동기이다. 현대 민주주의 사회를 사는 우리는 그 사실을 인정하고 받아들여야 한다.

두 번째 동기는, 모든 리더가 다 그런 것은 아니지만 자신이 선호하는 정책을 펼치고자 하는 동기이다. 예를 들어, 보수 성향의 리더가 권력을 쥐고 친시장적 정책이나 작은 정부 지향의 정책을 펼치고자 하는 꿈은 충분한 동기가 될 수 있다. 이렇게 본다면 현대 민주주의 국가에서 리더가 되고자 하는 동기는 주로 권력과 정책적 목표에 있다 해도 큰 무리는 없겠다.

마지막으로 (있어서는 안 될 일이지만)사적 이익의 추구라는 동기도 있다. 사적 이익을 위해 권력을 사용하는 일을 지대 추구(rent-seeking)라고 한다. 처음부터 돈을 추구하여 리더가 되는 사람들도 물론 있겠지만, 리더가 됨으로

써 재물이 따라오는 경우도 많다. 이러한 지대 추구가 후진국형 독재 사회에서나 벌어지는 일이라 오해하기 쉬우나 사실, 이는 가장 세련된 민주주의를 지향하는 국가에서도 예외 없이 벌어지는 현상이다.

현대 사회에서 제대로 된 민주주의를 구현하려면 리더가 추구하는 동기와 시민 전체의 이해를 일치하게 만드는 일이 중요하다. 이를 위해 필요한 조건은 다음 두 가지이다. 첫째, 적절한 제도적 장치이다. 제도적 장치라 함은 정치 체제, 정당 제도, 선거법 등 광범위한 정치적 제도를 의미한다. 예컨대, 현대 민주주의 사회에서 리더의 동기가 권력 추구에 있다는 것을 인정한다면, 리더에게 주어진 이상의 지나친 권력 추구를 방어하는 제도적 장치 역시 필요하다. 리더가 본인이 선호하는 정책을 추구한다면, 동시에 시민의 선호와 동떨어진 극단적 정책의 추구를 방어할 제도적 장치가 필요하다. 물론 사적 이익을 추구할 수도 있다는 측면에 있어서는 리더의 지대 추구 자체를 막는 제도적 장치가 필요하지만 현대 사회에서 이 장치는 어느 나라에서건 잘 작동한다고 여겨지지 않는다.

둘째, 리더가 추구하는 동기와 시민 사회의 이해를 일치시키기 위한 시민 의식의 제고가 필요하다. 시민들에겐 개인적으로 제도를 바꿀 수 있는 권한이 없다. 리더들은 (주로 법의 재·개정을 통해)제도를 바꿀 수 있다. 그러나 시민들이 민주주의에 대한 높은 이해와 의식을 가지고 있다면 리더가 추구하는 권력, 정책, 지대 추구에 대한 다수 여론을 형성할 수 있다. 앞에서 모든 리더들이 추구하는 최우선 동기는 권력이라고 말했다. 때문에 리더들이 제일 두려워하는 일은 바로 그 권력을 잃는 결과이다. 시민들이 높은 의식 수준으로 리더에게 제도 변화를 요구할 수 있다면 리더가 추구하는 동기와 시민 전체의 이해가 일치하는 민주 사회 구현에 도움이 된다.

이명박 전 대통령의 코미디

2018. 4. 10.

어제 이명박 전 대통령이 정식 기소되었다. 이 전 대통령은 기소 시점에 맞춰 페이스북에 포스팅되도록 글을 남겼다고 한다. 그의 뜻대로 그 글이 어제 오후 페이스북 이명박 페이지에 올라왔다. 궁금하여 읽어 보았다. 꽤 긴 글에서 자신의 무죄에 대해 논한 부분은 앞으로 사법부에서 가려질 일이니 내가 평할 바 못 되고, 그보다 더 큰 국가적 이슈에 대한 전임 대통령으로서의 사고 자체에 대한 궁금증 탓에 지면을 빌려 두 가지만 묻는다. 이 전 대통령은 다음과 같이 주장했다.

"감정적 화풀이고, 정치 보복인가 보다 (생각)했지만, 그것은 저 이명박 개인을 넘어 우리가 피땀 흘려 이룩한 자유 민주주의 체제를 와해시키려는 의도가 있다는 결론에 이르렀습니다."

여기서 제기하는 나의 첫 번째 질문은 다음과 같다.

질문 ① 이 전 대통령에 대해 '의심'되는 죄들을 사법부의 재판 과정을 거쳐 유무죄를 가리자는 일이 어찌 대한민국의 "자유 민주주의 체제 와해 의도"로 연결될 수 있는가? 혹시 자신을 지나치게 과대평가하고 있는 것은 아닌가? 자신에 대한 유죄 선고가 대한민국의 자유 민주주의 체제를 무너뜨리는 일인가?

이명박 전 대통령은 나아가 다음과 같이 선동한다.

"그렇기에 저는 자랑스러운 대한민국의 역사와 정통성을 부정하려는 움직임에 깊이 분노합니다. 국민 여러분께서 대한민국을 지켜 주십시오."

여기서 제기하는 나의 두 번째 질문은 다음과 같다.

질문 ② 이 전 대통령은 "대한민국의 역사와 정통성"을 어떻게 정의하는가? 스스로 대한민국의 역사와 정통성을 대표하는가? 자신이 유죄가 되면 대한민국의 역사가 무너지고 정통성이 훼손되는가? 국민들에게 대한민국을 지켜 달라고 요구하는데 '대한민국=이명박'이었던 것인가?

그리고 다음의 글로 자신의 무죄를 주장한다.

"제가 무엇이 아쉬워 부정 축재를 하고 부당한 뇌물을 받겠습니까?"

그렇다. 마지막 주장이 온 국민이 너무나도 궁금해하는 바로 그 문제이니 제발 좀 솔직하게 답변해 주길 부탁한다.

✤ 민주적 권리와 리더십

리더들이 추구하는 동기에 대한 이야기를 마치고 이제 바람직한 리더의 덕목에 대한 이야기를 본격적으로 시작해 보자. 앞서 전제한 것처럼 여기서는 현대 민주 사회에서 필요한 리더의 가장 기본 덕목만을 다루기로 한다.

리더의 기본 덕목은 어디서 찾을 수 있는가? 우리는 여기서 민주주의 사회에 필요한 리더의 덕목에 대해 논의하고 있으므로 우선 민주주의 자체에 대한 정의를 살펴볼 필요가 있다. 정치학자들 간에도 민주주의에 대한 정의는 수십 가지로 나뉜다. 그중 가장 기본이 되는 절차적 민주주의에 대해 이야기해 보자. 정치학자들은 아래 세 조건을 충족할 때 기본적 민주주의를 충족한다고 본다.

① 시민들은 기본적인 자유와 권리를 가진다.
② 정치 리더들은 자유롭고 공정한 선거를 통해 선출된다.
③ 리더들은 말과 정책에 대한 책임(accountability)을 진다.

위 세 가지 조건은 리더의 입장에서는 보장해야 하고, 시민의 입장에서는 지켜내야 하는 기본적 조건이다.

부연하여 조건 ①을 설명하면 시민의 권리는 공정한 재판을 받을 권리, 발언, 탄원, 출판, 결사, 집회 등을 추구할 수 있는 권리 등을 포함한다. 물론 이러한 시민 권리의 목록을 나열하자면 한이 없다. 또한 시민들이 이러한 권리를 추구할 때 정부의 방해로부터 보호받을 수 있는 권리 또한 보장받아야 한다. 그러므로 특별한 이유가 없는 한 이러한 시민 권리를 침해하는 리더는 현대 민주주의 국가가 요구하는 중요한 덕목을 못 가진 것이다.

프리덤하우스(Freedom House)는 매년 전 세계의 자유도를 지표로 만들

그림 3.1   프리덤하우스 언론의 자유 지표, 2017년

어 발표한다. 이에 관한 연구에서 사회과학자들 사이에 가장 권위를 인정받는 기구인 프리덤하우스는 대상 국가의 언론 자유도를 '자유로움,' '부분적으로 자유로움,' '자유롭지 않음'으로 분류하여 0~100 사이 척도로 발표한다(0이 가장 언론 자유가 보장되고 숫자가 클수록 자유가 없다). 국가 전문가, 지역 전문가, 지역 비교 전문가 등이 모두 참여하여 법적·정치적·경제적 환경에서 23개 영역의 자유 지수를 객관적으로 측정 발표함으로써 표준화된 자료로 인정받고 있다. [그림 3.1]은 프리덤하우스에서 발표한 2017년 세계 언론의 자유 지표를 지도에 표시한 것이다.

　　그림에서 보듯, 언론 자유가 확실하게 보장된다고 인정되는 국가들은 우리가 쉽게 예상할 수 있는 국가들이다. 북미의 미국과 캐나다, 남미의 일부 국가와 서유럽 대부분의 국가가 언론 자유가 확대된 국가에 포함된다. 아시아 태평양 지역에서는 호주와 뉴질랜드가 포함되지만 아시아로 한정하면 그 양

언론의 자유(한국)

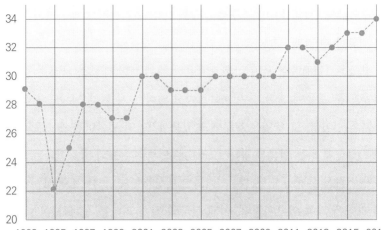

그림 3.2   시간대로 본 한국의 언론의 자유의 정도

상은 확연히 달라진다. 일본과 대만은 언론 자유가 확실히 보장되는 국가로 분류된 데 비해 한국은 부분적 언론 자유 보장 국가로 분류되어 있다.

　[그림 3.2]는 한국에서 언론 자유의 경향을 확인하기 위해 프리덤하우스 언론 자유 지표 중 한국 데이터만을 추출해 시계열적으로 표시한 그래프이다. 그래프를 보면 한국에서 언론 자유의 방향성이 나쁘게 흘러가고 있음을 직관적으로 확인할 수 있다. 프리덤하우스의 기준으로 30 미만이면 언론 자유가 보장되는 국가, 30이 넘으면 언론 자유가 부분적으로 허용된 국가로 분류한다. 한국은 1980년대 후반 민주화 이후 김영삼, 김대중, 그리고 노무현 정부 전반에 이르기까지 언론 자유 국가로 분류되었다. 노무현 정부 후반부 들어 경계선에 머물다 이명박 정부에 들어서면서 부분적 언론 자유 국가로 분류되었다. 이제 앞서 이야기한 '방향성이 나쁘다'는 말이 무슨 뜻인지 이해할 수 있을 것이다. 안타깝게도 프리덤하우스가 발표하는 각국의 언론 자유 지수는

2017년까지만 발표되었고, 이후부터는 각국의 통합적 자유 지수를 집계하여 발표함으로써 언론 자유만 별도로 추출한 데이터는 이전의 데이터와 직접적으로 비교할 수 없게 되었다.

한국은 1980년대 후반 이후 민주주의를 개선한 대표적 국가로 꼽힌다. 하지만 언론 자유에 관한 한 뒷걸음질치고 있다는 게 현상으로 드러났다. 그 이유는 무엇이며, 그 책임은 누구에게 있을까? 어떤 언론이건 스스로의 자유를 속박하고자 하는 언론은 없다. 그러므로 언론 자유도가 감소한다는 의미는 누군가 언론을 통제하려 한다는 의미와 일맥상통한다. 물론 그 통제는 권력과 정치 리더에 의해 이루어진다. 이제 한국의 정치 리더를 선택하는 기준으로 언론 자유에 대한 태도를 심각하게 생각할 필요가 있다.

보다 최근의 경향을 살펴보기 위해 '국경 없는 기자회(Reporters Without Borders)'가 발표하는 통계 자료를 찾아 보았다. 국경 없는 기자회는 언론 자유 지수를 0~100점으로 분류하며, 85점 이상이면 언론 자유가 '좋음', 70~85점이면 '만족스러움', 70점 이하면 '문제 있음', '어려움', '몹시 심각함' 등으로 분류한다. 한국의 경우 2023년 기준 70.83으로 세계 47위를 기록했다. 70점 이하면 언론 자유에 '문제 있음'으로 분류되므로 한국의 국제적·경제적 위상을 감안할 때 한국에서의 언론 자유는 분명 잘못된 방향으로 움직이고 있다고 이해할 수밖에 없다. 게다가 최근에 불거지고 있는 윤석열 정부 방송통신위원회의 기행적 운영을 통한 방송사 장악 시도, 방송심의위원회를 통한 언론사에 대한 과도한 징계, 언론인에 대한 고소 고발 등으로 한국 언론의 자유 지수는 더 떨어질 것으로 예상하였다. 아니나 다를까 2024년 5월에 발표된 국경 없는 기자회의 한국 언론 자유 지수는 64.87으로 세계 62위를 기록하였다. 이로써 한국은 국제 사회가 공인하는 언론 자유에 '문제가 있는' 나라로 전락하였다.

❦ 한국 정치 체제에서의 리더십

앞서 민주주의의 기본 전제 중 ① 시민의 기본적 자유와 권리를 기준으로 몇 가지 우리의 당면 문제를 점검해 보았다. 이제 나머지 정의를 통해 바람직한 리더의 덕목을 정리해 보자. 먼저 좋은 리더는 민주주의의 개념 자체를 이해하고 있어야 한다. 그러므로 가장 좋은 리더는 ① 시민의 합법적 자유와 권한을 제한하지 않는다. ② 공정한 선거의 의미를 정확히 이해하고 그 의미대로 선거에 임한다. ③ 시민들에게 약속한 말과 자신이 입안하고 시행한 정책에 대해 책임을 지고, 시민들로부터 책임을 평가받을 수 있다는 사실을 이해한다.

리더가 내놓은 말과 정책을 시민들로부터 평가받는 가장 보편적 방식은 선거이다. 이러한 측면에서 한국이 채택하고 있는 대통령 단임제는 민주주의의 기본 원칙에 부합하지 않는다. 공약을 이행하지 않거나 어리석은 정책을 추구한 대통령에 대해 직접적으로 책임을 물을 수 있는 기회가 주어지지 않기 때문이다. 시민들에게 가능한 차선책은 통치에 실패한 대통령 소속 정당의 차기 대통령 후보를 선출하지 않는 것이다. 하지만 지금까지 한국의 정치적 상황에서 정당의 대통령 후보는 특정 정당의 대표성보다 후보 개인의 특성이 더 강조되고 주목받아 왔다. 예컨대 2012년 대통령 선거를 앞두고 현직 이명박 대통령과 박근혜 의원은 한 당의 당원으로 운명을 같이하는 리더라기보다 오히려 라이벌, 나아가 정적으로까지 인식되었다. 말하자면, 이명박 정권이 공약을 어기거나 국가 운영에 실패했다 하더라도 그로 인해 선거에서 같은 당 소속 박근혜 후보가 책임지는 상황은 벌어지지 않는다는 의미이다. 시민이 리더에게 책임을 묻는 ③번 전제에 대해서는 다음 장에서 자세히 이야기한다.

한국 리더십의 현 주소

그림 3.3 고(故) 노무현 대통령 노제 전 경찰 버스가 둘러싼 서울광장

[그림 3.3]의 장면을 기억할 것이다. 노무현 대통령 서거 직후 시민들의 추모 집회 참여를 막기 위해 정부가 경찰 버스로 서울광장을 둘러싸 버린 사건으로 국민의 기본권 중 하나인 집회의 자유를 침해한 사건이다. 개인적으로 정치적·이념적 중립을 표방하며 특정 정부를 지지하거나 배격하지 않는다 할지라도 리더에 의해 민주주의의 기본권이 침해받는 경우 반드시 비판할 수 있는 의식을 가져야 한다고 생각한다. 이 사건이 아니더라도 시민 기본권이 정부에 의해 침해된 사건은 훨씬 많았다.

누구 책임?

2019. 9. 9.

➤ 문재인 대통령: 반칙과 특권이 없는 사회를 만들겠다.

➤ 문재인 대통령: (검찰에) 청와대, 정부, 집권 여당 등 살아 있는 권력의 비리가 나오면 엄정하게 수사할 것을 당부하였다. 〈윤석열 검찰총장 임명사에서〉

➤ 윤석열 검찰총장: 살아 있는 권력을 엄정하게 수사하였다.

➤ 문재인 대통령: (조국 법무부 장관은)저를 보좌해 저와 함께 권력 기관 개혁을 위해 매진했고, 그 성과를 보여 준 조국 장관에게 마무리를 맡기고자 한다. 〈조국 법무부 장관 임명사에서〉

➤ 조국 법무부 장관: 검찰 권력은 강한 힘을 가지고 있으면서도 제도적 통제 장치를 가지고 있지 않습니다. … 정치적으로 민주화된 사회에서 특정 권력이 너무 많은 권한을 갖고, 그 권한에 대한 통제 장치가 없다면 시민의 자유와 권리는 위험할 수밖에 없다는 것을 우리는 역사적 경험을 통해 잘 알고 있습니다. 저는 누구도 함부로 되돌릴 수 없는 검찰 개혁을 시민들, 전문가들 그리고 여러분과 함께 완수하겠습니다. 〈장관 취임사에서〉

결국 조국과 윤석열은 서로 상대방을 잡아야만 하는 상황으로 몰리고 말았다. 이 상황까지 오게 만든 건 누구의 책임일까?

✤ 헌법과 리더십

지금까지 현대 민주 사회에서 바람직한 리더의 자질을 이끌어 내기 위해 민주주의의 가장 기본적 정의를 사용하였다. 이외에 기본적 개념을 사용해 민주 사회에서 바람직한 리더의 덕목을 이끌어 내는 다른 방법이 있다. 바로 헌법을 살피는 것이다. 학문 영역에 따라 헌법을 바라보는 시각은 조금씩 다를 수 있다. 예를 들어, 법학과 정치학에서 헌법에 대한 접근은 다를 수 있다. 최근 유행하는 신제도주의적 입장에서는 헌법 조항을 "정치 체제 내에서 정책의 결정과 각종 권한과 힘의 분산을 결정하는 가장 기본적인 규칙(rule)"이라고 규정한다. 그러므로 헌법은 이와 관련된 규칙을 모아 놓은 문서(rule book)이다.

그렇다면 헌법은 정확히 어떤 형태의 룰북인가? 우선 헌법은 권한에 대한 룰을 정한다. 헌법은 정치 체제 내 특정 기관에 대해 특정 권한을 부여한다. 정책 제안권, 제안의 개정, 거부, 혹은 승인권, 각종 정책 결정권, 최종 결정 정책의 실행 및 감시와 처벌권 등이 그 권한이다. 결정을 '실행'하는 실행권은 주로 행정 관료들의 몫이고, 지키지 않는 시민을 벌하는 처벌권은 주로 사법부에 있다. 그러므로 헌법이 제대로 기술되어 있고, 헌법에 부여된 각자의 권한을 제대로만 행사하면 민주주의는 저절로 굴러가게 되어 있다.

흔히들 한국의 정치 체제를 이야기하면서 '제왕적 대통령제'라고 한다. 실제로 그러할까? 나의 생각은 그렇지 않다. 이 세계에는 많은 대통령제 국가들이 있으며, 그 대부분의 국가들이 대통령을 정부 수반 겸 국가 수반으로 정의하고 많은 권한을 부여한다. 미국과 같은 나라는 대통령 유고를 대비해 평소에는 별 권한이 없는 부통령을 두고 있다. 반면 우리나라는 국무총리가 있다. 국무총리는 내각제에서 수상(최근에는 '총리'로 표기를 일원화한다) 형태로 존재하는데, 의원내각제 국가에서는 수상이 정부의 수반으로 실권을 가진다. 그런데 한국은 대통령과 내각 사이에 국무총리가 존재할 뿐 아니라, 국무총리는 법적으로 각료 제청권이 있다. 각료 제청권은 대통령에게 장관을 추천할 권리를 말한다.

이렇게 본다면 한국의 대통령제를 제왕적 대통령제라고 부를 하등의 이유가 없다. 그런데 한국에서 국무총리가 내각을 주재했다든가, 각료 제청권을 행사해 왔다고 믿는 시민들은 거의 없다. 결론적으로 한국의 '제왕적 대통령제'는 제도의 문제가 아니라 운용하는 사람의 문제이다. 문제는 한국의 리더들이 헌법이 보장하는 이상의 더 큰 권력을 행사해 왔다는 데 있는 것이다.

특정 상황에서 대상이 누구냐에 따라 주어진 권한 이상을 행사하거나 덜 행사하는 경우도 있다. 예컨대 최근 한국에서 가장 첨예한 문제로 대두된 검찰이 그러했다. 한국에서 대개의 사람들은 검찰과 검사를 두려워한다. 하지만 과거 검찰은 임명권을 가진 권력 앞에서는 늘 무력했다. 그런데 세상이 바뀌었다. 권력에 '저항'했던 검사가 이제 대통령이 되었다. 이 새로운 실험에서 검찰은 다음 두 가지 측면에서 스스로를 경계해야 한다. 첫째, 검찰권은 모든 시민에게 평등한가? 둘째, 임명권자의 눈치를 보지 않아도 되는 검찰이 법이 허용하는 수준의 권한'만'을 행사하는가? 검찰권 행사에 있어 반드시 이 두 가지를 잘 살펴야 한다.

✤ 준비하는 리더십

앞서 이야기한 헌법에 대한 정의를 토대로 도출할 수 있는 리더의 자질은 무엇일까? 좋은 리더는 '정부 내에서 누가 어떤 권력을 가지고 있는지 잘 이해'

하고, '자신에게 부여된 이상의 권력'을 행사하지 않는다. 앞서 헌법은 각 기관에 권한을 나누어 부여한다고 이야기했다. 그러므로 부여된 권한과 실제 행사된 권한의 사례를 들어 보자. 2014년 4월, 세월호가 침몰해 수학여행길에 나섰던 대다수 꽃다운 학생들과 무고한 시민들이 고귀한 생명을 잃었다. 누구의 책임인가를 놓고 국가는 혼돈의 시간을 거쳐야 했다. 마침내 대통령이 대국민 담화를 발표했다. 발표 중에 눈물까지 보였다. 그런데 대통령이 제시한 담화 중 가장 눈에 띄는 대목은 '해경 해체'였다. 재난 위기 상황에서 대응 매뉴얼을 제대로 작동하지 않았으므로 해경을 해체하고 다른 무언가를 만들겠다고 했다. 이 담화 내용의 문제는 무엇인가? 헌법상 대통령은 해경을 해체할 권한이 없다. 해경을 해체하려면 정부 조직법을 개정해야 하고, 정부 조직법 개정의 권한은 대통령이 아니라 국회에 있다. 그러므로 대통령이 그럴 의중이 있었다면 "국회와 협의하여 해경 해체를 논의하겠다" 정도의 발언이 옳았다.

정리하면, 바람직한 리더의 자질에 대한 내 이야기의 결론은 아주 간단하다. 첫째, 좋은 리더는 법을 지킨다. 너무도 당연해 보이는 이 원칙을 못 지키는 리더가 현실에는 너무 많다. 둘째, 좋은 리더는 '정치의 룰과 정책에 대한 이해'가 있다. 이를 위해 정치에도 공부가 필요하다는 사실을 이해해야 한다. 기본적으로 리더는 민주주의 개념에 대한 이해가 절대적으로 필요하다. 절차적 민주주의 개념은 매우 간단하지만 안 지켜지는 경우가 허다하기 때문이다. 또한 헌법에 대한 이해도 필요하다. 내가 가진 권한에 대한 이해가 부족하기 때문이다. 더불어 위에서 상세히 이야기하지는 못했지만 정책에 대한 이해가 필요하다. 보좌관이 벼락치기로 모아 내주는 지식 말고, 결정 과정에 참여할 수 있는 모든 정책에 대한 포괄적 이해가 필요하다.

TV 등 각종 미디어 매체를 통해 외국 의회의 장면을 보았던 독자들이라면, 특히 의원내각제를 채택한 영국 등의 의회에서 벌어지는 정책 논의의 치열함을 잘 알 것이다. 총리와 야당 의원들 간 논쟁이 벌어지는 경우, 양측 모두 자료 없이 긴 시간 상대의 논리에 반론을 쏟아 내는데, 웬만한 통계는 머릿속에 이미 다 들어 있다. 이들은 정책에 대한 이해와 더불어 정책이 채택되는 경우 지지층에 미치는 효과, 국가 전체에 미치는 효과 등을 이해하여 토론에 나선다.

한국 정치에 바람을 일으켰던 한 사람이 있었다. 발을 디뎠던 모든 분야에서 성공하고, 나름 훌륭한 사회 활동도 많았던 인물이다. 그는 자기가 "정치를 잘할 수 있을 것" 같아 정계에 입문하고 대선 출정식을 치렀다. 당시 쏟아지던 여러 정책 질문에 대해 그의 대답은 "2주 후에 말하겠다"였다. 내가 보기에 순서가 틀렸다. 먼저 정책 이슈를 파악하고, 웬만한 정책에 대한 이해가 확실해진 후 대권을 꿈꾸는 것이 맞다.

❧ 갈등 사회의 리더십

지금까지 현대 민주 사회에서 바람직한 리더의 기초 자질을 민주주의의 정의와 헌법적 기능에서 도출해 이야기했다. 앞서 말했던 것처럼, 바람직한 리더의 덕목을 나열하자면 한이 없다. 이제 앞에서 제기했던 문제를 다시 상기하며 이 주제에 대한 이야기를 마치려 한다.

[그림 3.4]와 같이 시민들이 정규분포되어 있는 사회를 바람직한 사회라고 이야기했다. 하지만 한국 사회는 현재 [그림 3.5]의 형태, 즉 두 개의 하위 문화를 가진 사회로 향한다고 염려한 바 있다. 여기서 가로축이 반드시 이념일 필요는 없다. 앞서도 말했듯이, 이념에 대해 기본적으로 잘못 이해하는 경우가 많다.

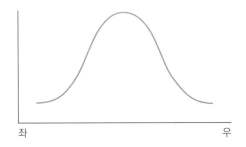

그림 3.4 시민들이 이념 선상에 정규분포되어 있는 경우

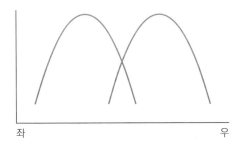

그림 3.5 한 사회 내에 두 개의 하위 문화가 존재하는 경우

[그림 3.5]의 가로축은 이념, 지역성, 세대 차, 대북 관계 등이 어우러져 한국 사회를 나누는 이슈 전체로 이해해도 무방하다. 아무튼 정치 문화에 따른 시민 분포가 두 개의 봉우리 형태로 분화되고 있다는 것이 내가 파악하고 있는 현재 한국 사회의 모습이다. 한국에서 이런 현상을 정교하게 들여다 본 연구는 아직 없다. 사회의 모든 갈등적 이슈들이 좌우 이념의 문제로 비교적 간단하게 요약 가능한 서구 사회에서는 이러한 문제에 대한 연구가 상대적으로 쉬울 수 있다.

미국의 경우, 1990년대와 2000년대 정치 문화에 따른 시민 분포는 정규분포에 가까웠다(그림 3.6). 2010년대에 들어서며 상황은 달라져, 정규분포보다는 양봉분포에 더 가까워졌다. 미국에서도 양극화가 시작되어 두 개의 하위

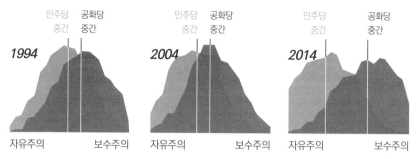

그림 3.6   미국 시민들의 이념 분포 현황

문화가 형성되고 있음을 보여 준다. 이렇게 시민들이 두 개 이상의 하위 그룹으로 분리되는 현상은 최근 들어 흔히 볼 수 있는 정치 문화적 변화이다.

나는 한국에서 태어나 성인이 될 때까지 한국에서 살다 미국에서 30년을 살고 다시 서울로 돌아와 12년을 살았다. 따라서 미국과 한국의 상황 비교뿐 아니라, 한국의 과거와 현재를 비교할 수 있는 위치에 있다고 생각한다. 지난 10년간 내가 경험한 한국에서의 사회적 감정에 따르면 아마도 미국에 못지 않을 정도로 찢겨 나뉜 하위 그룹 문화가 형성되었다. 사회적으로 실제 다급한 이러한 이슈가 무시되고 있는 건 아닌지 생각한다. 한국 사회의 조화를 만들어 가는 일이 추상적 정치 구호인 "통일 대박", "국가 개조" "창조 경제" 등의 구호보다 훨씬 다급한 문제다.

이제 이 양극화 혹은 하위 문화의 문제를 리더십과 연결시켜 보자. 최악의 시나리오는 사회 자체의 정치 문화가 그리 분열되어 있지 않은 합의적(consensual) 문화라 하더라도 카리스마적 극한 정당이 사회 내 편견을 가진 구성원들의 불안감을 자극함으로써 지지를 끌어 내는 경우이다. 앞서 언급한 바와 같이 서구 유럽의 반이민 극우 정당들은 선거전에서 사회 내 모든 문제들이 이민자들 탓이라 주장하여 상당한 지지를 획득하고 있다.

정도의 차이는 있겠지만 한국의 지역 감정 역시 정치적으로 이용되는 대표적 사례이다. 실제 지역 감정이 없다고 할 수는 없음에도 선거 때만 되면 지역 감정의 문제가 확대되어 언론과 시민들의 담론을 장악해 버린다. 정당의 리더들은 자신들의 텃밭을 지키기 위해 지역성을 부추긴다. 그런 측면에서 김영삼, 김대중 대통령 역시 지역성의 상당한 수혜자라 할 수 있다. 그들은 철저한 지역성에 기초한 정당을 기반으로 사회 내 집단의 지역성을 치밀하게 계산한 전략에 따라 대통령이 되었다. 그런 측면에서 "우리가 남이가!" 했던 이른바 '초원 복국집 사건'은 한국 사회를 쪼개 놓았던 최악의 정치적 전술이지만 결과는 그 주인공들이 포진해 있던 당의 후보 김영삼의 대통령 당선이라는 아이러니로 귀결되었다. 양김 시대를 멀찌기 떠나 보낸 오늘날, 한국 사회의 바람직한 리더의 자질 중 중요한 한 가지로 정치에서 극단적 사람이나 집단을 '제어'할 만한 자질이 있어야 한다. 현재까지 그런 대통령은 보이지 않는다.

지금까지 현대 사회에서 바람직한 민주적 리더의 상을 찾으려는 노력의 일환으로 민주주의의 정의, 헌법의 의미, 그리고 바람직한 정치 문화 등을 살펴보았다. 결국 우리가 마지막으로 다시 돌아갈 지점은 이곳이다.

하나, 지도자들이여, 공부 좀 하자!

둘, 지도자들이여, 법 좀 지키자!

이 두 가지 포인트는 민주주의의 정의, 헌법의 의미, 정치 문화의 이해를 위한 노력에서 도출되는, 가장 근본적이고 기초적인 현대 민주 사회 리더의 자질들이다. 문제는 기초적 덕목을 가진, 혹은 지키는 지도자를 찾아 보기 어렵다는 데 있다. 보다 어려운 문제를 이야기하기 전에 리더가 되고자 하는 이들에게 두 가지 점을 요구하는 것만으로도 좋은 출발이라 할 것이다.

미국이 본 1987년 한국 대선

2010. 7. 23.

미국 정부의 일급 비밀은 보통 30년 동안 공개되지 않는다. 한국 역시 비슷한 것으로 알고 있다. 30년이 지났다 해서 비밀이 자동으로 공개되는 것은 아니어서 누군가 요청해야 가능하다.

한국 현대사에서 1987년 12월 대선은 한국 민주화의 시작을 알리는 최초의 선거였다. 한국인들에게는 양 김씨의 단일화 실패가 많은 사람들의 기억에 남는 선거이다. 이 선거를 앞두고 미국 CIA는 한국에서 여러 정보를 수집했다. 그리고 30년의 시간이 흘렀다. 2017년 이후 한국인 중 미국 정부에 비밀 정보를 요청해 받아 본 이가 있는지는 나도 모른다.

얼마 전 홍콩에서 발간되는 영자 신문《사우스차이나 모닝 포스트(South China Morning Post)》기자로부터 연락을 받았다. 자신이 미국 정부에 요청하여 1987년 한국 대선 전 미국 CIA의 수집 정보를 받았으니 나보고 읽고 평가해 달라는 요청이었다. '1987년의 민주화 결정과 12월 대선에 관한 게임 이론적 시각에서의 분석'이란 제목으로 예전에 미국에서 출판한 적이 있어 나에게 연락을 한 듯했다. 미 정보 기관의 비밀 정보라 하니 관심이 생겨 그러하겠노라 했다. 그리고 상당량의 자료를 받았다.

해당 자료들을 평가한 결과, 나는 기자에게 그다지 새로운 정보는 없어 보이므로 사람들이 흥미로워할 기사거리는 나오기 힘들 듯하다는 답을 건넸다. 내 책에서 다루지 않은 내용 중 뭔가 획기적이며 중요한 정보는 찾을 수 없다고 이야기해 주었다. 결국 기자는 해당 기밀 해제 자료 중 한 개의 기사만을 뽑아 보도했고, 한국일보가 이를 크게 인용했다. 이제 이 문서가 더 이상 기밀이 아니고, 홍콩의 신문도 기사를 내었으니 그 내용 중 몇 가지 인용할 만한 내용을 정리하면 다음과 같다.

① 미국의 정보 기관은 선거 직전까지도 김영삼을 선두 주자로 보았다.

② 위 ①번의 이유로 당시 여당은 노태우 당선을 위해 부정 선거를 꾀해야 하는 상황에 처했다.

③ ②번 작업의 일환으로 군인들의 표를 조작하려는 움직임이 있다.

④ 노태우가 승리한다면 상당한 소요, 특히 김대중 지지자들의 소요가 예상된다.

《사우스차이나 모닝 포스트》는 위 기밀 해제 내용 중 ②번에 대한 기사를 실었다. 사실 1987년 선거가 100% 깨끗했다고 믿기는 어렵지만, 노태우 후보 측에서 선거의 향배를 바꿀 정도로 부정 선거를 자행했는지에 대한 자료도 없어 확인할 수도 없는 일이다. 앞서 말한 책을 집필하는 동안 내가 각 캠프 참여자들과의 대화에서 얻은 정보에 따르면, 노태우 캠프가 양 김씨 중 한 명의 도중 하차를 막으려 혼신의 노력을 다했던 사실은 확인 가능하다. 이런저런 경로를 통해 양 김씨 모두 중도 포기하지 않고 출마하더라도 자신(김영삼과 김대중)이 이긴다는 '착각'을 불러일으키도록 작전을 짰다. 여기에는 막대한 자금과 유세장에서의 청중 동원이 필요했다.

세월이 흘러 관련 중요 인물 모두가 저세상 사람이 되었다. 그리고 이제 와 1987년의 대선이 얼마나 부정 선거였는지에 대해 관심 갖는 사람도 별로 없다. 선거 결과(김영삼 27%, 김대중 25%)가 보여 주듯, 양 김씨가 단일화했다면 노태우(36%)라는 대통령은 우리 역사에 새겨지지 않았을 터였다. 그러니 그 책임은 여전히 양 김씨에게 있다.

미 CIA 기밀 문서 분석 경험을 통해, 북한에서 트럭 한 대만 수상하게 움직여도 위성을 통해 잡아 낼 수 있는 미국이 한국민의 마음을 읽는 데는 그리 능숙하지 않을 수도 있다는 생각을 했다. 국내 정치와 외교를 공부하는 사람들이 참고할 점이다.

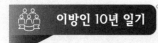

청와대 이전

2022. 3. 20.

청와대 이전을 공약으로 내세운 윤석열 대통령 당선자가 여러 이유로 용산 국방부 청사를 고려하고 있다고 한다. 당선인이 청와대에 살지 않는다고 한 공약은 국민과의 직접 소통을 원하기 때문이라 했다. 전임 문재인 대통령도 '광화문 시대의 개막'이라는 비슷한 공약을 내걸었었다. 사실 대통령이 청와대를 나오는 일의 근원을 따져 올라가면, 노무현 대통령의 수도 이전 시도가 있다. 당시 나는 미국에서 살며 그 뉴스를 접했는데, 정부의 결정에 헌법재판소가 나서 헌법 불일치로 판결했다는 소식에 의아해했었다. 나 혼자만 그렇게 생각했던 것일까. 그후 정부 부서들을 쪼개 차곡차곡 세종으로 이전하는 절차에 들어갔다.

윤석열 대통령 당선자가 애초 자신의 취지를 잘 이행하고자 한다면, 애먼 용산을 거론해 들쑤실 일이 아니라(이미 용산 사는 내 친구들은 부동산 가격 향배에 촉각을 기울이고 있다), 그냥 깨끗이 세종으로 이전하면 어떤가? 기왕이면 국회도 함께 묶어서. 그리한다면 정말 기득권에 맞서 멋지게 싸워 이긴 대통령으로 역사에 남을지도 모를 일이다. 적어도 그런 상황이 현실화된다면 개인적으로는 윤 당선자를 정말 중요한 정치적 과제를 해결한 대통령으로 꼽겠다.

그 와중에 윤 당선자가 직접 용산으로 이사가야 하는 이유를 밝히는 기자회견에 나섰다. 그가 이야기한 중요한 두 가지 이유 중 하나는 다음과 같다.

"국민과 직접 대화를 하겠다."

용산에 가면 국민과의 대화가 쉽다는 주장인가. 내 상식에 대통령 경호 원칙상 일단 실내에서는 대통령 근처 10m 이내 접근은 불가능할 테다. 옥외에서는 어떨까? 그러지 않아도 목숨 걸고 뛰는 경호원들, 앞으로 더 힘들어지겠다. 국민과 대화하고 싶다면, 사는 집을 바꿀 일이 아니라 방송국 스튜디오나 청와대 어디쯤에서 한 달에 한 번 시민 대표와 직접 만남을 갖는 게 더 효율적이지 않은가. 만남을 계획할 때마다 신청을 받은 각계 사람들 중 무작위로 20~30명 정도 초대해 대화를 나누면 될 일이다.

그리고 두 번째 이유로 든 주장은 다음이다.

"제왕적 대통령제에 종지부를 찍겠다."

청와대가 외진 곳에 자리해 있어 한국 대통령이 제왕이 되었다고 생각한다면 그야말로 틀린 생각이다. 한국의 제왕적 대통령제는 청와대가 자리잡은 풍수지리의 문제가 아니지 않은가. 제왕적 대통령제의 문제는 이미 이야기를 했으니 지면을 아끼겠다.

시민의 조건

바람직한 리더의 자질에 대한 논의에 이어 민주 사회에 바람직한 시민의 자질을 이야기해 보자. 먼저 정부가 내리는 결정, 즉 다양한 정책에는 어떤 것들이 있는지 알아 보고, 그러한 정부의 결정을 시민들이 따라야 하는 의무에 대해 논의한다. 또한 이 책의 중요한 주제 중 하나인 정치 문화를 다시 한번 논의한다. 정치 문화가 두 개의 하위 문화로 쪼개지고 공고화되어 가는 작금의 한국적 현실에서 그 추세를 바꾸기 위해 시민들이 할 수 있는 일은 무엇인지 생각해 보는 계기로 삼고자 한다. 앞에서 언급한 민주주의 개념을 다시 소개하는데, 이번에는 리더가 아니라 시민으로서 가져야 할 덕목과 자질들에 대해 이야기한다.

✤ 정치적 결정과 권위

정치적 결정이라고 규정지어질 때는 그렇게 불릴 만한 특수성이 있어야한다. 첫째, 그 결정들은 '공적(public)'이어야 한다. 어떤 개인에 대한 결정이아니라 여러 사람에 대한 결정이어야 한다. 둘째, 그 결정들은 '권위'를 갖는다. 정치에서 권위라 함은 그들이 내리는 결정(정책)이 그대로 실행되리라는예상하에 지도자에게 부여되는 권력을 말한다. 그렇게 내려진 결정을 시민이따르지 않을 경우, 지도자는 물리력을 동원하여 해당 결정을 강제할 수 있다.따라서 좋은 시민은 지도자가 내리는 (정책)결정을 인정하고 따른다.*

정치적 결정은 크게 추출, 분배, 그리고 규제적 유형의 세 가지로 구분할수 있다. 추출(extraction)적 결정을 한마디로 정의하면, 정부가 사회 구성원들에게서 무엇인가를 받아 내고자 하는 결정이다. 추출적 결정에는 여러 가지가 있는데 그중 대표적 유형이 서비스 추출이다. 한국에서 부과되는 서비스추출의 가장 대표적 유형으로 병역 의무를 들 수 있다. 한국의 모든 성인 남성은 특별한 사유가 없는 한 병역 의무의 서비스 추출을 피해 갈 수 없다. 미국의경우, 배심원으로 재판에 참여하는 시민적 의무 역시 이 유형에 해당한다. 특정 사건의 재판에 무작위로 배심원에 선발된 시민은 특정 사유가 없는 한 피할수 없다. 미국에서 한산한 숲길을 운전하다 보면 종종 'Prisoners Working'이라 써 있는 임시 간판을 볼 수 있다. 미국 형법은 죄수에게 노역을 부담시키는 데, 그 노역이 시행되는 장소이다. 이처럼 죄수들에게 부과되는 노역 역시피할 수 없는 서비스 추출의 한 예이다. 서비스 추출 외에 가장 흔한 형태의 추

---

* 물론 지도자의 결정이 불법적이라면 시민은 저항할 권리가 있다. 여기서 말하는 지도자의 결정이란 시민들과 지도자 사이에 묵시적으로 정의되는 '합법적' 결정을 뜻한다.

출로 부의 추출, 즉 세금 징수가 있다. 앞서 이야기했듯 좋은 시민은 정부가 부과하는 '추출 의무'인 서비스 및 납세 의무를 성실히 제공해야 한다. 여기서는 추출에 대해서만 간단히 언급했지만, 좋은 시민은 정부의 추출, 분배, 규제적 결정이 개인 및 사회 전체에 주는 효과를 정확히 이해하고 정책이 요구하는 바를 준수한다.

❧ 정치 문화와 시민 의식

정치 문화는 시민들이 같은 사회 내 다른 집단 구성원들에 대해 어떠한 태도를 갖는지의 문제를 포함한다고 했다. "시민들끼리 서로 신뢰하는가, 사회가 계층·지역·인종·종교 등으로 갈라져 있는가" 하는 타집단에 대한 태도 문제는 한 사회가 나아갈 방향성에 매우 밀접한 관계를 가진다. 다른 집단 구성원들과 상호 신뢰한다면, 공동의 정치적 목표를 위해 협조할 것이다. 갈등적 정치 문화를 가진 사회에서 시민들은 정부의 합법성에 동의하지 못하며, 당면한 사회 문제와 해결 방안에 흔쾌히 동의하지 못한다.

갈등적 정치 문화가 몰고 오는 심각한 문제는 사회 내 집단 간 정치적 사고와 태도가 심각하게 분열되고, 이런 현상이 오래 지속되면 두 개의 상이한 하위 문화가 생겨날 수 있다는 데 있다. 두 개 혹은 그 이상의 집단들이 현 정부의 성격(합법성)에 다른 견해를 가질 뿐 아니라 사회가 지향할 바람직한 이념에 대해서도 완전히 다른 태도를 취하게 된다. 뿐만 아니라 정치적으로 옳고 그른 판단마저 달리 배우고 해석한다. 각 집단이 관계 맺는 구성원과 언론 매체가 극단적으로 갈리니 각 집단이 믿는 '사실'마저 달라진다.

한국의 현재 상황은 어떠할까? 현재 한국 사회는 하나의 독창적 정치 문화를 가졌다기보다 하위 문화에 따라 시민들이 분열되는 사회로 변형되고 있다. 앞서 말한 바와 같이 한국인의 이념적 분포가 정규분포에서 벗어나 양봉분포로 가고 있는데, 이는 두 개 이상의 하위 문화가 존재한다는 이야기를 뒷받침한다.*

앞에서 이념 선상에서의 미국인의 분포를 시계열로 살펴본 바 있다. 미국의 경우 1990년대, 2000년대에는 정규분포의 형태를 보이다 2010년대 중반 들어 좌우로 쪼개지며 양봉분포의 형태로 변해 가고 있음을 보았다. 이러한 흐름은 미국에 양극화가 시작되어 두 개의 하위 문화가 형성되고 있음을 확인시켜 준다. 2014년 미국 시민들의 정치적 분포를 분석하면 왜 2016년 대선에서 미국인들이 도널드 트럼프라는 인물을 대통령으로 선택했는지 이해할 수 있다. 혹자들은 트럼프의 카리스마적 리더십에 초점을 맞추지만, 사실 미국민들은 이미 트럼프 같은 인물을 대통령으로 받아들일 준비가 되어 있었다고 보아야 한다. 언론을 통해 익히 들었던 트럼프의 유세 발언 중 "흑인은 범죄자다", "멕시칸은 강간범이다"라는 혐오성 발언들은 평소의 미국이라면 받아들일 수 없는 표현이었다. 2016년의 미국민들은 이미 그런 논리를 받아들일 준비가 되어 있었다. 트럼프는 재임 중 여러 가지 넌센스적 주장과 발언으로 미국인들을 갈갈이 찢어 놓았다.

---

* 한국에서 아직 이런 현상을 정교하게 들여다본 연구는 없다. 이는 서베이를 사용한 연구의 한계이기도 하다. 즉 정책적 질문에 대한 답변만으로는 분명히 좌 혹은 우에 위치해야 할 사람들도 이념 스펙트럼에 대한 질문에는 자신을 중도라 답하는 경향이 있다. 이렇게 답하는 심리적 메커니즘에 대해서는 보다 면밀한 연구가 필요하다. 반면 미국에서는 이념적 지점을 묻는 설문 내용이 다양하고 또 오랜 기간 축적된 지식(accumulated knowledge)이 있어 극한 포지션으로 이동하는 움직임을 간파하는 연구가 상대적으로 용이하다.

확신 내려놓기

2019. 10. 2.

조용히 있는 것이 최선이라 생각해 왔지만, 그래도 이 말은 해야겠다 싶어 끄적거려 봅니다. 지금 대한민국은 둘로 쪼개진 아주 불행한 지경에 이르렀습니다. 저는 이 상황을 몹시 심각하게 생각합니다.

먼저 작금의 사태를 국정 농단 시 촛불 혁명에 비교하시는 분들이 있습니다. 제 생각은 좀 다릅니다. 그때는 전 국민의 90%에 이르는 사람들이 누가 무슨 잘못을 했는지, 누가 선이고 누가 악인지에 동의했습니다. 잘못한 세력이 권좌를 유지하려는 걸 온 국민이 들고 일어나 몰아냈습니다. 저도 촛불 혁명을 지지하고 현장에 참여했습니다. 그러한 확신으로 얼마 전에는 《한국 보수의 부침》이란 책도 냈습니다. 그런데 오늘 벌어지는 사태에 그때와 같은 국민적 동의가 있습니까? 지금은 서로 자신들이 진실을 점유하고 있으며 상대를 악이라고 생각하는 두 세력이 50:50으로 대치하는 상황입니다. 왜 국민의 절반이 나와 반대되는 생각을 가졌을까 생각해 본 적 있습니까?

먼저 한 그룹에 묻습니다. 저도 노무현 대통령을 좋아합니다. 그분이 대통령이었을 때 저는 한국에 살지는 않았지만, 멀리서 지켜본 그분의 기득권에 대한 도전에 한없는 응원을 보냈습니다. 한편 검찰 개혁의 기회를 놓치면 안 된다는 여러분의 순수한 마음, 인정합니다. 그런데 작금의 사태가 윤석열을 필두로 한 검찰이 검찰 개혁을 방해하기 위해 조국 수사를 이상한 방향으로 끌고 간다는 주장, 확신할 수 있습니까?

다른 그룹에 묻습니다. 지금까지 나온 언론 보도로 보건대, 그중 대부분이 가짜 뉴스라 쳐도 말과 행동이 달랐던 조국 장관의 행보, 저도 일부 인정합니다. 그럼에도 현재 거론되고 있는 조국 장관과 그의 가족들의 혐의와 앞으로 나올 그 이상의 의심들에 대해 모두 '유죄'라 확신하신 여러분들, 그 확신은 도대체 어디서 왔습니까? 조국이 장관직을 계속 유지하면 사회주의를 주창할지도 모른다는 의심은 도대체 어디에 근거합니까? 두 그룹 다 차분히 생각해 주십시오. 결국 여러분들이 접하는 언론 매체, 여러분들이 늘 관계 맺고 대화하는 상대들… 등등으로부터 얻은 정보를 '믿고 싶은' 확신은 아닙니까? 게다가 거대 양당이 자신들의 정치적 필요에 의해 쏟아 놓는 이런저런 선동들이 여러분의 '확신'에 영향 주지 않았다고 어찌 확신할 수 있습니까? 여러분이 정말로 추구하는 정의는 검찰 개혁과 반칙이 없는 공정한 세상 아닙니까. 그런데 이 두 가지를 거대 양당이 자신들의 이익에 맞춰 포장한 주장에 말려드는 게 아니라고 진정 확신합니까? 어차피 양당은 이번 사태를 자신에게 유리하게 끌고 가 내년 총선에서 자리를 지키는 데 가장 관심이 많은 집단입니다. 양당 모두 100명 이상의 의원들이 있음에도 당의 노선에 반해 다른 말을 하는 의원들이 거의 없는 상황이 오히려 이상하지 않습니까? 오늘 저는 여러분께 자신이 가진 확신에 대해 5분만 생각해 보시기를 부탁드립니다.

저의 요청은 당분간 가만히 지켜보자는 것입니다. 대통령이 언급한 바, 검찰은 검찰대로 수사하고, 법무부는 검찰 개혁을 추구하면 될 일입니다. 그럼에도 검찰이 정말로 개혁을 방해하였거나 조국이란 인물이 실제로 파렴치한으로 밝혀지면, 그때 어느 한쪽을 정죄해도 늦지 않습니다. 모든 사실이 밝혀져 국민이 동의할 수 있을 때까지 더 이상 분열되지 않고, 이용당하지 말고, 서로에게 예의를 지키는 시민 의식을 보여 줍시다.

물론 저의 생각과 상관없이 거대 양당은 각 집회(서초동과 광화문) 참가 인원으로 경쟁하며 지지자 몰이에 나설 것은 불 보듯 뻔합니다. 저는 한국의 소위 지식층이나 지도적 인사들이 사회를 조화롭게 이끄는 말과 행동을 보여 주지 못하고, 어느 한편에서 국민을 갈라 놓는 일에 동조하는 작금의 상황을 이해할 수 없습니다. 주변 몇 사람이라도 이런 저의 이야기를 들어 준다면 그것으로 족합니다. 이제 잠시라도 자기 확신을 내려 놓기 연습에 나서 보기를 제안합니다. 어차피 진실은 드러납니다. 지금 분열하면, 드러날 진실도 숨어버릴 수 있습니다.

✤ 시민 의식을 위한 제언

지금까지 이어온 정치 문화에 대한 논의에서 우리는 시민으로서의 바람직한 모습들을 그려 볼 수 있다. 정치 문화를 판단하는 데 있어 중요한 측면은 사회 내 다른 그룹 소속 구성원들을 대하는 각자의 평가에 달려 있다. 우선 사회 내 다른 구성원들을 믿고 신뢰하는 법을 배워야 한다. 좋은 시민은 자기와 다른 사람들, 예컨대 이념 지형상 먼 곳에 위치한 사람, 다문화 가정, 장애인 등에 열린 마음을 가진다. 자신이 속하지 않은 집단, 다른 하위 문화 집단 구성원들과 함께하려 노력하고, 그들이 보는 매체에도 관심을 기울일 필요가 있다. 더불어 내가 가진 생각 모두가 사실(fact)이 아니며 '의견'일 수 있다는 태도를 버리지 말아야 한다.

재정적으로 가능한 사람은 기부 활동에 동참한다. 자원봉사도 좋다. 자원봉사의 경우, 예컨대 달동네 독거 노인을 위한 연탄 배달 봉사에 나섰다고 해 보자. 봉사가 끝난 후 스스로를 대견하게 여겨 뿌듯한 행복감에 도취되었다면, (내 주관적 견해로는) 썩 훌륭한 활동이라 평가할 수만은 없다. 자기 만족을 위한 봉사이기 때문이다. 상대의 삶에 대한 공감이 있었다면 오히려 짠하고 마음 아픈 게 인지상정 아니겠는가. TV 프로그램을 보더라도 균형 있는 선택이 필요하다. 예를 들어, 한국 TV 드라마들은 내용들이 거의 비슷한데 다른 프로그램들에 비해 시청률이 높다. 드라마뿐 아니라 '인간극장'이나 '동행' 같은 다큐멘터리도 가능한 시청한다. 여기서 특정 방송 프로그램을 광고할 의도는 전혀 없다. 다만 나와 다른 문화의 사람들이 어떤 삶을 사는지 알아야 공감할 수 있다는 이야기이다.

진영을 가르는 리더를 배제해야 한다. 정치적 전략에 따라 지역, 계급, 세대를 이용하는 지도자를 경계해야 한다. 두 개 이상의 신문을 구독하거나 인터넷에서 다양한 관점의 기사 읽기를 통해 균형감을 가질 수 있게 노력한다. 극단적 집단을 가까이하지 않으며 자신과 동질성이 없는 집단 구성원들의 사회 활동에 함께 참여한다.

❀ 긴장하는 리더십과 시민 의식

민주주의는 관점에 따라 수많은 개념으로 정의할 수 있다. 여기서는 앞서의 논의와 마찬가지로 가장 간단하고 기본적인 정의를 기준으로 이야기한다. 기본적 정의에 따르면 민주주의의 3대 요소는 다음과 같이 정의할 수 있다.

① 시민들은 기본적 자유와 권리를 가진다.
② 정치적 리더는 자유롭고 공정한 선거를 통해 선출된다.
③ 리더는 말과 정책에 대해 책임(accountability)을 진다.

시민의 자질을 중심으로 위의 정의를 다시 서술하면 다음과 같이 이야기할 수 있다.

① 좋은 시민은 리더가 시민의 합법적 자유와 권한에 대해 제한하는 행위를 허용하지 않는다.
② 좋은 시민은 공정한 선거의 의미를 올바르게 이해하고 참여한다.
③ 좋은 시민은 리더의 약속이나 정책에 책임감을 가져야 한다는 사실을 정확히 이해한다.

좋은 시민은 민주주의의 개념을 제대로 이해한다. ①에서 이야기하는 시민의 자유와 권리는 공정한 재판을 받을 권리, 발언·탄원·출판·결사·집회 등을 추구할 자유와 권리, 정부의 방해로부터 보호받을 수 있는 권리 등 헌법이 보장하는 자유권을 포함한다.

　좋은 시민은 선거 전에 제 정당 및 후보자의 정책에 대한 충분한 정보를 수집해 살피며 단순하게 정당 이름만 보고 투표하지 않는다. 좋은 시민은 정치인들로 하여금 자신들이 내세운 약속과 정책의 결과에 대해 책임지게 한다. 지금까지 한국 시민들의 투표 행태는 후보자가 지난 선거에서의 약속을 지켰는지, 당선 후 좋은 정책을 입안하여 나에게 도움이 되었는지, 깨끗한 삶을 살았는지 여부에 상관 없이 해당 후보자가 속한 정당이 나와 같은 지역이거나 이념적 지향이 맞다고 생각하면 무조건적으로 투표하는 경향이 있었다. 이런 상황에서는 국회의원이건 지방자치단체장이건 현직자가 열심히 시민을 위해 복무하고 자신의 약속을 지킬 동기가 부여되지 않는다.

　앞서 이야기한 바와 같이 한국은 대통령 단임제와 비동질적 정당 구성원들의 이념과 정책 선호 탓에 당사자에게 책임을 묻기 힘든 구조적 문제가 있다. 진정한 민주주의의 확립을 위하여 대통령 단임제는 철폐되어야 하고, 이를 위해 헌법 개정을 준비하여야 한다. 그리고 정상적인 민주주의 정당 체제 확립을 위해 정당에 대한 보다 확실한 이해에 기반해 가치가 비슷한 사람들끼리 헤쳐 모여 새로운 정당 제도를 정립할 수 있어야 한다. 정치인과 그들이 내놓는 정책이 나의 삶에 어떤 영향을 미칠 수 있는지 알아야 한다.

　시민들은 자신의 정치 참여와 정책 사이의 연결고리를 이해하고 시간과 에너지를 투자할 수 있어야 한다. 이른바 '정보 수집 비용'의 문제는 민주주의를 유지, 발전시키는 데 따르는 당연한 투자라는 인식을 가져야 한다. 정치권이나 언론의 왜곡을 꿰뚫어 어떤 것이 실제 자신에게 돌아올 이익인지 간파할 수 있는 능력을 키워야 한다. 지지해 주는 대가로 리더에게 좋은 정치로 되돌려 줄 것을 요구해야 한다. 민주주의적 요소와 시민적 자질에 대한 이해를 위해서도 정치 교육은 반드시 필요하다.

한국 민주주의 역행의 적나라한 현장

앞에서 노무현 대통령 서거 당시 계획된 시민들의 추모 집회를 정부가 버스로 막아 방해한 경우를 소개한 바 있다. 소개한 사진은 정부가 시민들의 집회의 자유를 훼방한 전형적인 모습이었다. 앞서 설명한 민주주의의 기본 원리에 따라 헌법이 보장하는 자유가 침해되었을 때, 민주 시민은 그 부당함을 표출해야 한다. 당시 정부가 취한 행위의 부당성에 대해 많은 항의가 있었다. 그중 내 기억에 뚜렷한 장면은 북미에서 있었던 시국 선언이다. 당시 신문 기사는 "북미 대학 교수 240명 '한국 민주주의 역행'을 우려하는 시국 선언"이란 제하에 다음과 같은 기사를 실었다.

[2009-06-10 09:41] 미국과 캐나다 대학 교수 239명이 9일(현지 시각) 시국 선언 행렬에 동참했다. 김희민(플로리다주립대), 구해근(하와이대), 서재정(존스홉킨스대) 교수 등은 이날 '한국 민주주의 후퇴를 염려하는 북미 대학 교수 성명서'를 내어 "한국의 민주주의가 한국의 자랑스런 자산임에도 불구하고 현 정부가 들어선 이래 본연의 궤도를 벗어나 역행하는 사태가 잦아졌다"며 "현 정부는 민주주의의 후퇴에 책임을 통감하고 국민의 주권과 민주적 권리를 존중하는 정부로 방향을 전환해야 한다"고 주장했다. 이번 성명에는 한국계 교수들뿐 아니라, 에드워드 베이커(하버드대), 존 던컨(UCLA), 시어도어 허프스(컬럼비아대), 로저 자넬리(인디애나대) 등 한국 연구로 저명한 외국인 교수들도 동참했다. "우리는 한국과 한국의 민주주의에 대해 늘 깊은 관심을 가지고 있는 학자로서 한국에서 벌어지는 최근의 상황에 대해 심각한 우려를 표명하지 않을 수 없습니다. 한국의 민주주의는 많은 사람들의 희생과 노력으로 만들어진 한국인의…후략…."

❧ 민주주의와 정치 교육

결국 돌아와야 할 결론은 다시 "시민들이여, 공부 좀 하자!"이다. 시민 모두에게 현재와 같은 정치적 태도 이상을 견지할 수 있는 정치 교육이 필요하다. 여기서 정치 교육을 위한 커리큘럼을 만들어 제시할 수는 없고, 평소 정치 교육에 대해 내가 가졌던 소회를 중심으로 한두 가지 밝히며 이 주제에 대한 이야기를 끝맺는다.

먼저 정치학 교과서가 제시하는 교육의 역할은 무엇일까? 정치학 교과서는 학생들에게 정치의 의미와 정치 안에서 자신이 할 수 있는 역할, 정치 제도 및 제도가 갖는 여러 관계성에 대한 구체적 정보를 제공한다. 교육은 또한 시민들에게 정치적 기술과 자원을 갖추게 한다. 교육받은 시민은 정부가 자신들의 삶에 미치는 영향을 제대로 이해하고 정치에 더 관심을 가진다. 교육 수준이 높으면 새로운 정보를 해석하고 대응하는 능력이 향상된다.

그렇다면 교육 수준이 높은 사람은 이러한 정치적 기술들을 다 가지고 있을까? 물론 그렇지 않다. 때문에 단순한 교육 수준 향상을 뛰어넘는 새로운 정치 교육의 필요성이 대두된다. 일단 학교 수준에서는 교과 과정이 변화되어야 한다. 각국의 정치 제도를 소개하고 그 내용을 암기하여 시험을 보는 교육 형태는 지양되어야 한다. 정치 교육을 통해 정치인과 정책이 나의 삶에 어떤 영향을 줄 수 있는지 이해할 수 있는 교육이어야 한다.

시민들 역시 자신의 참여와 정책 사이의 연결고리를 이해하고, 무엇이 자신의 이익에 부합하는지에 대한 이해와 더불어 정치권이나 언론 매체에서 제기하는 왜곡된 정보를 걸러 들을 수 있는 능력을 키워야 한다. 학교 교육 이후에도 꾸준한 학습과 올바른 정보 수집 노력을 위해서는 당연히 비용 문제가 발생한다. 민주 시민은 이러한 '정보 수집 비용'에 따른 시간과 에너지를 투자할 수 있어야 한다. 이러한 비용은 민주주의를 유지, 발전시키는 데 드는 당연한 비용이라는 인식이 있어야 한다.

❖ 어떻게 교육할 것인가?

세상을 바꾸는 데는 제도 개혁과 더불어 시민 의식 개선이 병행되어야 한다. 시민 의식 개선을 위해서는 교육에서의 변화가 필요하다. 정치 교육은 교과서 중심으로 이루어질 필요가 없다. 어릴 때부터 함께 어우러져 놀면서 민주주의가 요구하는 행동을 습득할 수 있다. 책을 통해 민주주의의 규칙들을 배우고 암기하는 게 아니라 함께 어우러져 놀면서 직접 체험하고 익힐 수 있게 해야 한다. 예컨대 여럿이 어떤 놀이기구를 이용하는 경우, 어떻게 순서를 정해 어떤 방식으로 진행할 것인지, 놀이 규칙을 아이들끼리 직접 협의해 정하게 하고 교사는 필요한 경우에만 관여한다. 놀이에서 합의되는 이러한 룰은 사회적 룰로 직결된다. 내가 늘 "놀면서 배운다"고 주장하는 이유다.

학생들을 가르칠 교사를 양성하는 경우에도 "어떻게 가르칠 것인가"보다 "무엇을 가르칠 것인가"에 더 주안점을 두어야 한다. 교사가 되고 싶어하는 많은 대학생들이 가르치는 기술에 매몰되어 무엇을 가르쳐야 하는지에 대해서는 소홀히 생각한다. 이는 우리 학생들에게 어려서부터 무엇을 배워야 하는지 기성 체계가 미리 다 정해 주었기 때문이다. 이제는 변해야 한다. 적어도 대학 과정에 들어섰다면 무엇이 중요한지 판단할 능력이 있어야 한다.

늘 주장하는 바이지만, 성적에 목숨걸고 시험에 모든 것을 거는 경쟁 교육 대신 인간관계를 통해 인과 관계, 그리고 의식을 형성하고 행동 변화를 이끌어 내는 교육이 이루어져야 한다. 내가 전공하는 사회과학에서는 어떤 관계의 문제이건 정해진 하나의 답은 없다. 사회과학은 인간의 정치·경제·사회적 관계를 다루는 학문이므로 결국 인간관계에서도 하나의 정해진 답은 없다. 그럼에도 학생들은 내용을 암기해 하나의 정답을 고르도록 훈련받는다. 주로 시험을 통해, 궁극적으로는 수능을 준비하며 가장 그럴싸한 하나의 정답을 찾아내는 데 익숙하다. 그것이 습관이 되어 사회 생활에서도 누가 옳고 누가 그른가를 평가하는 습성이 계속 유지된다. 이런 교육 시스템이 어쩌면 앞서 이야기한 하위 문화 형성에 이바지하는 하나의 이유일 것이다.

정치 교육 개선에 있어 현 상태(status quo)를 선호하는 사람들이 있다는 사실을 이해해야 한다. 현재 시스템에 기득권(vested interest)을 가진 이들이 있다는 이야기다. 개혁의 방향이 명확해도 그 변화가 힘든 이유는 현재의 시스템에 편안하게 적응된 사람들이 있기 때문이다. 한 집단이 권력을 가져 자신들의 생각에 맞는 개혁을 시도한다면, 또 다른 집단 역시 자신들이 권력을 잡았을 때 그들이 개혁이라 믿는 변화를 시도하고자 할 것이다. 그렇게 분열과 대결의 정치적 하위 문화가 형성되어 고착되는 상황이 되풀이된다. 결국 우리 교육에서의 개혁적 변화는 상호 설득을 통해 합의될 때, 오랜 세월 그 변화의 효과가 유지될 것이다. 민주주의는 저절로 계승 발전되는 제도가 아니다. 민주 시민의 자격 또한 끊임없는 학습에서 비롯된다.

마지막으로 한 번 더 강조한다. 민주주의를 공고하게 만들고 자신과 후대의 행복을 위하여 시민들은 다 같이 공부하고, 법을 지키고, 제도를 개선하고, 의식의 변화를 통해 더 많은 사람이 행복하고 살기 좋은 나라를 만드는 데 힘을 모아야 한다. 물론 이런 변화가 하루아침에 어떤 계기로 갑자기 일어날 수는 없다. 우리가 나아가야 할 지점은 순간적 '국가 개조'가 아니다. 씨를 뿌리는 마음으로 시작해야 한다. 우리의 현재 상태가 썩 훌륭하지 않다면, 오늘의 상태까지 오는 데 얼마나 걸렸을까? 어제오늘 이루어지지 않았고 수십 수백

년에 걸쳐 형성된 역사의 산물이다. 지금의 경향을 뒤집어 관행을 타파하고 상호 협조적 사회로 나아가는 데에는 또 그만큼의 세월이 걸릴 수 있다. 그렇다고 변화의 꿈을 접을 것인가? 그럴 수는 없다. 지금 당장의 결실을 보지 못한다 해도 불합리한 제도와 잘못된 인식의 변화를 위한 노력에 나서야 한다. 그렇게 천천히 변화시켜 나가야 한다. 그리하여 우리 사회에 또 다른 세월호가 없고, 이태원 참사가 없는 살 만한 사회가 된다면, 오늘 시작하는 우리의 노력이 헛되지 않을 것이다.

제 2 부

이상한 나라의 이방인

 이방인 10년 일기

현충일, 호국 영령을 기리며 공부하는 날

2019. 6. 6.

재작년 봄학기 때는 학부 강의가 화요일에 있었다. 그해 현충일은 화요일이었을 것이다. 당시는 내가 생각했던 만큼 진도를 나가지 못했던 상황이라 학생들을 강의실로 불러들였다.

"얘들아, 수업하자."

그날 이후, 나는 학생들에게 악명 높은 교수가 되었다.

지난해는 연구년이어서 강의가 없었다. 이번 학기 나의 학부 강의는 목요일에 있다. 그런데 올해 현충일이 목요일이다. 그리고 이번 학기 역시 원하는 만큼의 강의 진도를 나가지 못했다. 그러니 어쩌랴?

"얘들아, 수업하자."

그렇게 올해 현충일 또한 강의를 진행했다. 조용한 캠퍼스의 호젓한 분위기에 학부 학생들과 강의를 진행하는 내내 기분이 좋았다. 물론 강의실에 앉아 강의를 듣는 학생 중 몇이나 나와 같은 기분인지는 모른다.

사다리 바로 세우기_
백년지대계를 어찌하랴*

　문재인 정부 당시 김상곤 사회 부총리 겸 교육부 장관은 사회 경제적 불평등을 줄이기 위한 가장 강력한 방법은 교육 기회의 균등에 있다고 했다. 김상곤 장관의 이 말을 학생부 종합 전형의 확대로 해석한 언론들은 이후 학생부 종합 전형에 대한 우려의 기사들을 쏟아냈다. 그 주된 우려의 기조는 수시 모집에 이용되는 학생부 종합 전형이 김 장관의 의도와 달리 소위 '금수저'에게 유리한 제도라는 것이다. 학생부 종합 전형에 포함되는 학교 성적 외의 요소들, 즉 논문, 봉사 활동, 자기소개서 작성 등의 모든 단계에 사교육이 개입될 여지가 있어 수험생 개인의 노력보다 부모의 재력과 사교육 접근 가능성에 따라 입시가 좌우될 것이라는 논조였다. 참으로 신뢰가 바닥을 치는 사회다.

---

* 이 장은 2012년 호주 멜버른대학교에서 열린 제6차 세계 10대 선도 사범대학 컨퍼런스에서 서울대학교 대표로 참가하여 발표한 "Educational Disadvantage and Access to the Best Universities in Korea."의 일부를 포함한다

학벌주의

2017. 8. 2.

정치학에서 말하는 '정치 과정'의 첫 단계는 이익 표출(interest rticulation)이다. 시민들이 권력자들에게 자신들이 요구하는 정책을 드러내 알리는 것이다. 이익의 표출은 개인이건 단체건 누구나 할 수 있다. 여기서 문제는 '권력자에 대한 접근도'이다.

개인적 이익의 표출은 혈연, 학연, 지연 등을 이용해 가능하다. '연(緣)'이라고 하면 대개 한국에만 있는 특유의 고질적 문제라고 생각하는 사람들이 많은데 사실 그렇지만도 않다. 한국보다 정치가 발전했다고 하는 영국의 경우도 학연이 강하게 작동한다. 귀족 학교라 할 수 있는 이튼(Eton)이나 해로우(Harrow) 출신들이 주로 옥스포드나 케임브리지에 진학하고, 이들 상당수가 '권력자' 반열에 진입한다. 영국 정치에서 이렇게 맺어진 학연은 매우 활발하게 작동한다. 일본의 경우도 도쿄대 법학부와 교토대 출신들이 사회를 움직인다고 봐도 무리는 아니다. 자민당-관료-자이바쭈(일본 재벌)로 이어지는 삼각 편대가 일본을 좌지우지한다는 것은 잘 알려진 사실이며, 앞서 이야기한 두 대학 출신들이 세 영역을 장악한다고 봐도 무리는 아니다.

나는 학부 과정에서 한국 권력 지형에서 학연이 작동할 수 있는 가능성을 보여 주는 몇 가지 자료를 제시한 적 있다. 자료에 따르면, 18대 국회의원의 출신 대학은 총 의석 수 299석 중 158석을 서울대, 연세대, 고려대 3개 대학 출신들이 차지하고 있었다. 한국에는 현재 전문대학을 포함 340여 개의 대학이 있다. 그런데 3개 대학 출신들이 국회의원 과반수를 차지했다. 19대 국회에서는 서울대 출신이 좀 줄었지만 여전히 3개 대학 출신이 128명으로 43% 정도 차지한다. 행정부에서는 고위직이라 할 수 있는 3급 이상 공무원 비율은 2000년대 들어 앞의 3개 대학 출신 비율이 지속적으로 상승하여 2011년에 과반수를 넘었다.* 범위를 조금 넓혀 소위 수도권 대학 출신 비율을 보면 80%를 넘는다. 지방대 기피 현상이 왜 생기는지 확인할 수 있는 자료다. 발전한 민주주의 국가는 공평한 '이익 대표성(fair interest representation)'이 가능한 국가이다. 과연 한국의 현 상황에서 그것이 가능할까?

내가 서울대에서 가르치는 과목들은 다 영어 강좌이다 보니 수강생 중에는 외국 학생들이 많아 그 비율은 한국 학생과 50:50 정도 된다. 내 강의에서 위의 자료를 소개하면, 외국 학생들이 먼저 경악한다. 어떻게 한 나라의 정치와 행정을 일부 특정 대학 출신이 장악할 수 있는가, 지나치게 불공평한 사회로 있을 수 없는 현상이라며, 대개는 토론에 더 활발한 외국 학생들이 먼저 흥분한다. 그러고 나면, 한국 학생들(입시 경쟁에 성공한 서울대 학생들)의 반격이 시작된다. 그게 왜 문제냐는 것이다. 가뜩이나 정치, 행정의 수준이 낮은 나라에서 똑똑한 사람들이 '지도자'가 되어 나라를 이끌어 가는 건 당연하다는 논리다. 매해 한 번씩 개설하는 서울대학교 평생교육원의 고등학생 대상 강의에서 이 자료를 보여 주면 아이들의 반응은 묘하다. 짐작건대, 아이들의 머릿속에 이익의 대표성에 대한 문제의식보다는 공부를 더 열심히 해야겠다고 다짐하는 건 아닐까. 한국 사회에서 특정 대학 출신들의 정·관계 독점, 학연을 이용한 이익 표출, 똑똑한 지도자들이 나라를 끌고 가야 한다는 의식 등에 대해 정치학자 외의 시민들의 진솔한 의견은 어떤지 듣고 싶다.

---

* 출처: 대학신문, 2008.04.15. 한국경제신문, 2012.04.13. 한국대학신문, 2012.09.25. 법률저널, 2016.10.21.

✤ 똑같은 답안들

　사실 한국 대학들이 이런 현실을 모르겠는가. 나 역시 한국으로 돌아온 후 10년 동안 입시에 관여해 왔지만, 입시 때마다 드는 묘한 느낌은 어쩔 수 없었다. 예컨대, 학생들이 중요하게 생각하는 자기소개서(자소서)를 보면 늘 그런 생각이 더했다. 상당수 아이들이 학원이나 입시 전문가의 도움을 받아 자소서를 작성한다는 사실은 이미 공공연한 사실이다. 특정 학과 대학원생들이 해당 시장에서 인기 있다는 말도 돌았다. 사정이 이러니 지방 공립 고등학교 고3 담임들은 학생들 자소서 쓰는 일에 은근히 신경 써야 하는 압박마저 받는다. 다행히 서울대는 이제 폐지했지만, 정시 모집에 논술 시험이 포함되는 경우도 문제가 있었다. 지원하는 아이들의 사고의 깊이와 너비가 어쩌면 그렇게 한결같은지, 어떤 문제가 출제되더라도 아이들의 답안은 거의 똑같다. 면접 역시 상황은 마찬가지다. 입시 면접에서 앵무새처럼 같은 이야기를 수십 번 듣는 일은 새로운 일도 아니다.

　학생부 전형에 포함된 이런저런 요소에 대한 불법과 편법은 지난 시기 한국 사회를 두동강낼 정도의 사회적 문제로 대두되었다. 재력이 있거나 특히 권력을 가진 집안의 아이들이 대학 교수와 공동으로 논문을 써 해외 학술지에 게재하거나 허위 인턴 증명서를 입시에 제출하거나, 면접 점수를 몰아주고 심지어 서류를 조작하는 등 많은 불법 편법적 사례들이 언론에 보도되었다. 그 와중에 수시를 없애고 정시 중심으로 대학 입시를 바꿔야 한다는 소리가 힘을 얻었다. 학생부 전형은 이른바 금수저에게 유리하므로 수능 성적 위주의 정시 비중을 높이는 게 답이라고 주장하는 사람들이 많아졌다. 과연 그럴까?

스펙 없는 대기업 취직?

2019. 6. 23.

자유한국당 황교안 대표가 자기 아들의 사례를 들어 한국 사회에서 스펙 없이 대기업 취직이 가능하다고 발언했다 구설수에 올랐다. 나는 황 대표 아들의 스펙과 취업에 대한 정보에는 관심이 없다. 다만 한국 사회에서 회자되는 스펙에 대해 한번 짚어 보고자 한다. 한국 사회에서 가장 중요한 스펙은 무엇일까? 황 대표가 언급한 바, 대학 성적이나 토익 점수일까? 생각건대 그것들보다 한국에서 훨씬 강력한 스펙은 출신 대학이다. 일단 2019년 6월 20일자 한국경제신문 기사를 아래에 요약해 소개한다.

"명불허전 SKY, 평판도 '최고'…"

한국경제신문이 벌인 '2019 평판도 조사(정성 평가)'에서도 SKY 졸업생 선호 현상이 뚜렷이 나타났다. 서울대는 모든 직군과 기업의 평판도 조사에서 가장 좋은 평가를 받아 5년 연속 1위 자리를 지켰다. 연세대와 고려대는 공동 2위를 기록했고, KAIST와 한양대가 뒤를 이었다.

공공·민간 가리지 않고 서울대가 1위

서울대는 공공기관, 대기업, 정보기술(IT)·바이오 벤처기업, 중소기업 등 모든 유형의 기업으로부터 평판도 평가 1위를 차지했다. 교수 직군으로부터도 가장 좋은 평가를 받았다. 종합 점수는 서울대가 53.1점으로 공동 2위인 연세대와 고려대(42.6점)를 큰 폭으로 앞섰다. 기업 유형별로 보면 모든 유형의 기업이 서울대를 1위로 꼽은 가운데 고려대는 대기업으로부터 좋은 점수를 받아 2위에 올랐다. 연세대는 공공기관으로부터 고려대보다 높은 점수를 받아 2위에 함께 이름을 올렸다.

ⓒ 한경닷컴

이번에 황 대표가 강연했다는 숙명여대는 아예 채용 의향 순위에 나타나지도 않는다. '채용 의향' 종합 점수에서 1위인 서울대의 점수는 15등인 아주대의 7배 가까이 된다. 한국 사회에서 가장 중요한 스펙은 출신 대학이다. 그래서 부모들은 자식을 좋은 대학에 보내기 위해 목을 매고, 초중등 교육 현장에서는 사교육 바람이 거세다.

최근 들어 지원자의 출신 학교를 묻지 않는, 소위 '블라인드' 채용이 자주 거론된다. 이런 방식이 과연 바람직한 해결책일까? 기업의 경우, 임직원 채용 시 기업이 원하는 인재를 채용하려는 시도는 당연하다. 그리고 채용 인재를 결정할 때 가용한 모든 정보를 활용하는 것은 당연하다. 출신 대학은 채용자가 사용할 수 있는 정보 중 하나다. 모두가 공평하고 행복한 사회를 구현하려면 이런 인위적 방법보다는 보다 근본 대책을 찾아야 한다.

어쨌건 현재 한국 사회에서 출신 대학이 가장 중요하게 인정되는 스펙임은 부정할 수 없는 현실이다. 채용 선호도 순위가 높지 않은 대학 출신 졸업생도 행복하게 살 수 있는 사회, 아니 대학을 나오지 않아도 충분히 행복할 수 있는 사회를 만들기 위한 근본적인 방식을 고민할 때이다.

✤ 수능 잘 보는 아이들

2011년 한국에 들어왔을 때, 사범대 학장님으로부터 부탁을 받았다. 호주에서 열리는 세계 10대 사범대학 회의에서 서울대 대표로 논문을 발표해 달라는 요청이었다. 몹시 당황스러운 일이었다. 나는 교육학자가 아니라 정치학자라 항변해 보았지만, 요청은 너무도 강경했다. 당시 학술회의의 주제는 교육의 불평등(educational inequality)이었다. 할 수 없이 난데없는 교육학을 몇 개월 독학하고 논문을 작성했다. 나의 32년 교수 생활 중 유일한 정치학 외의 논문이 그때 탄생했다.

교육학에 대한 지식이 넓을 리 없었으니 나의 역량으로 할 수 있는 것은 무엇이든 우선 데이터가 확실한 주제를 찾는 일이었다. 다행히도 양질의 데이터를 찾을 수 있어서 수능에서 국어, 영어, 수학 과목의 성적에 영향을 주는 요인을 분석한 논문을 작성할 수 있었다. 교육학에 관한 한 순초보의 논문이었음에도 호주 학술회의에서 호평을 들었고, 그 다음해 해외 교육학 학술지에 등재되기까지 하였다. 논문에 사용된 데이터는 통계학에 관심 있는 독자를 위해 부록에 제시한다. 당시와 비교해 수능 시험의 내용, 구조, 형식 등이 크게 변하지 않았고, 사교육 상황 역시 뚜렷한 변화의 양상을 보이지 않으므로 당시의 분석은 현재도 유효하다고 생각한다. 그때 쓴 논문의 일부 결과를 아래에 소개한다. 통계 테이블을 이해하는 독자라면 내가 하고자 하는 말을 바로 이해할 수 있을 것이다. 통계학을 모르는 독자들 또한 통계 테이블을 무시하고 아래 내용만 읽어도 이해하는 데 무리는 없다.

간략히 설명하면, 수능을 보는 아이들의 성적에 영향을 주는 요인은 아주 많다. 먼저 최근에 제기되는 공정의 문제에 크게 상관 없어 보이는 요인들을 살펴보자.

표 5.1   수능 성적에 영향을 주는 요인 분석, 2005년

변수	국어	수학	영어
(상수항)	1.601(.379)	1.279(.398)	.434(.365)
성별	.156*(.081)	-.084(.085)	.188**(.078)
아침 식사 여부	.250****(.057)	.270****(.061)	.261****(.055)
의학 계열	2.814****(.607)	2.420****(.610)	2.603****(.587)
예체능 계열	-.740****(.138)	-.830****(.171)	-1.160****(.136)
선생님과의 관계	-.023(.034)	-.062*(.035)	-.023(.033)
자식에 대한 부모의 이해도	.054****(.011)	.050****(.012)	.062****(.011)
자신감	.017(.013)	.029**(.014)	.036***(.013)
아빠의 교육 수준	.024(.018)	.002(.019)	.057***(.017)
엄마의 교육 수준	.089****(.025)	.034(.026)	.103****(.024)
사교육 여부	.151*(.090)	.522****(.089)	.129(.081)
사교육 지출 수준	.001(.001)	3.430E-5(.001)	.001(.001)
가계 소득	-4.018E-5(.000)	.000(.000)	.000(.000)
공부 시간	.122****(.018)	.126****(.109)	.156****(.018)
개수	1650	1500	1646
R제곱값	.147	.167	.236

$*p<.1, \quad **p<.05, \quad ***p<.01, \quad ****p<.001$

표 5.2 수능 성적에 영향을 주는 요인 분석, 2008년

변수	국어	수학	영어
(상수항)	-.385(.590)	.116(.580)	-1.198(.566)
성별	.390***(.123)	.105(.120)	.353***(.117)
아침 식사 여부	.089**(.042)	.146****(.041)	.126***(.040)
거주지	.129*(.067)	.114*(.066)	.129**(.064)
의학 계열	2.042*(1.226)	1.554(1.192)	1.884(1.170)
예체능 계열	-.950****(.266)	-1.443****(.279)	-1.131****(.257)
선생님과의 관계	.047(.043)	.078*(.042)	.086**(.041)
자식에 대한 부모의 이해도	.056***(.016)	.043***(.016)	.060****(.016)
부모의 개입 정도	-.006(.016)	.027*(.016)	.004(.016)
자기에 대한 이해	.054***(.019)	.033*(.019)	.053***(.018)
아빠의 교육 수준	.022(.024)	.017(.024)	.033(.023)
엄마의 교육 수준	.097**(.040)	.081*(.039)	.127***(.038)
사교육 여부	.754****(.139)	.489****(.137)	.688****(.134)
사교육비 지출 수준	.001(.002)	.003*(.002)	.004**(.002)
가계 소득	.000*(.000)	.001**(.000)	.000*(.000)
혼자 공부한 시간	.024****(.004)	.028****(.004)	.028****(.004)
개수	857	834	851
R제곱값	.256	.285	.338

$^*p<.1,$ $^{**}p<.05,$ $^{***}p<.01,$ $^{****}p<.001$

흔히 남학생은 수리, 여학생은 언어 영역에 장점이 있다고 한다. 미국에서도 같은 설이 있다. 연구 결과를 보면 여학생들이 남학생보다 국어와 영어에서 평균적으로 앞서는 것은 사실이다. 하지만 남학생이 여학생보다 수학을 더 잘한다는 설은 사실이 아니다. 수능 결과로만 보면, 한국에서는 여학생이 남학생에 비해 공부를 더 잘한다는 결과를 보인다. 한편, (고3 자녀를 둔 부모들이 관심 있게 살펴야 할 점인데)아침을 잘 챙겨 먹는 아이들이 그렇지 못한 아이들보다 국영수 세 과목 모두의 성적이 더 높게 나온다. 도시 학교의 아이들이 지방 소재 학교 아이들보다 세 과목 모두 성적이 더 잘 나온다. 대체적으로 선생님과의 관계가 좋은 학생이 그렇지 못한 아이들에 비해 성적이 좋다. 당연한 이야기일 수도 있지만, 책상에 오래 앉아 있는 아이들이 그렇지 못한 아이들보다 성적이 좋다.

　이제 본래의 의도대로 공정과 불공정의 개념과 관련해 영향받을 수 있는 요인들을 살펴보자. 먼저 아버지의 교육 수준은 자식의 수능 성적에 별 영향을 주지 않는 반면 어머니의 교육 수준은 국영수 전 과목에 영향을 미친다. 회자되는 이야기처럼 역시 엄마들이 주로 교육을 담당한다는 방증이라 할 수 있다. 사교육을 받는 학생들이 국영수 전반에 성적이 낮다. 대치동 학원가가 성업일 수밖에 없는 이유이다. 재미있는 것은 사교육을 받는 학생들 중 비싼 사교육을 받는 학생들이 그렇지 않은 학생들보다 수학과 영어에서 더 높은 성적을 얻었다는 사실이다. 국어 영역에서는 비싼 사교육의 효과가 별로 미치지 않아 보인다. 마지막, 그리고 가장 중요한 요인은 (다른 조건이 동일한 경우)부잣집 자녀들의 수능 성적이 더 잘 나온다는 점이다. 어쩌면 한국 교육 현실에서 부정할 수 없는 매우 간단 명료한 결과로 보인다. 집이 부자이면 엄마의 교육 수준이 높을 확률이 있고, 경제적 조건에서 상대적으로 더 많은 사교육을 받을 수 있다. 앞서의 이유 외에 집이 부유하다는 이유 자체만으로도 수능 성적이 더 높이 나오는 데는 또 다른 요인이 있겠지만, 제시된 데이터만으로는 그 요인이 정확히 무엇인지 밝혀낼 수 없다.

또 한 가지 중요한 결과가 있다. 학생이 처한 문제나 고민 등을 부모가 잘 알고 있는 경우, 세 과목 모두에서 아이의 수능 성적은 올라간다. 그런데 이 문제에 관한 전제는 부모가 아이의 사정을 이해하고 있는지 여부이다. 부연하자면, 아이가 가진 문제나 고민에 부모가 직접 개입하는 일은 성적과 연관 관계가 없다는 말이다. 아이에 대해 관심을 가지고 지켜보며 대화하되, 문제 해결에 직접 나설 일은 아니라는 결론이다. 이 분석은 학생의 문제에 대한 부모의 이해와 수능 성적과의 연관 관계만 살핀 것으로 수능 성적과 상관없이 부모가 개입해야 할 다른 이유가 있을 수 있다.

이 연구가 가진 함의는 자명하다. 대입 전형이 학생부 전형이건, 한 번의 시험이건 간에 부잣집 부모들은 어떻게든 아이가 좋은 대학에 들어가게 할 방법을 찾아낸다는 것이다. 제도에 상관없다는 의미로 학생부 전형의 부조리를 해결하는 방법은 결국 정시일 수 없다는 사실을 보여 준다. 입시 제도의 변화에 관계 없이 교육에서의 불평등은 계속 존재할 것이고, 부잣집 자녀들이 좋은 대학에 갈 것이다. 내 연구가 절망적 결론으로 이어져 소개하는 데도 미안한 마음이다.

❧ 교육을 교육으로 풀 수 있나?

게임이론에서 어떤 게임들은 앞에서부터 순서대로 풀어 가는 것이 정상이지만 어떤 경우는 뒤에서부터 거꾸로 풀어야(backward induction) 답이 나오는 게임들이 있다. 나의 견해로는 한국에서의 교육적 불평등의 문제가 바로 뒤에서부터 풀어야 하는 그러한 게임의 전형이다. 게임을 앞에서부터 푸는 방식이 바로 입시 제도의 변화로 대표되는 일련의 방식이라면, 뒤로부터 푸는 방식은 입시 제도에서의 변화를 꾀하거나 사교육에 대한 통제가 아니라 우리 아이들이 정규 학업을 다 마치고 사회에 진출하는 경우 벌어지는 일들을 중심으로 문제를 풀어 보자는 것이다. 굳이 한 인간의 생에 비유하자면, 인생 후반부에 예상되는 문제를 해결하면 전반부의 문제도 같이 해결이 된다는 그런 논리이다.

2022년 기준, 국가별 25~34세 인구 중 전문대학이나 대학을 이수한 사람의 비율은 한국 69.6%, 일본 65.7%, 미국 51.3%이며 독일은 37.3%, 이탈리아는 29.2%에 지나지 않는다. OECD 평균은 47.4%이다(OECD, 2024). 한마디로 한국은 전 세계에서 가장 고학력 사회이다. 1990년에만 해도 한국에서 고교 졸업자의 대학 진학률은 27.1%에 지나지 않았다. 고교 졸업생 4명 중 1명 정도가 대학에 진학했었다는 이야기다. 그런데 2023년에 72.8%로 증가한 후(출처: e-나라지표, 2024), 근래 들어 학령 인구 감소의 영향으로 고3 학생 수가 대입 정원보다 줄어들면서 희망하기만 하면 어떤 수준의 대학은 골라서 진학할 수 있을 정도로 진학률이 증가하고 있다. 지금은 고교 졸업생 4명 중 3명이 대학으로 진학하는 상황이 되었다. 이러한 사회적 분위기는 대학 졸업에 대한 인식의 인플레이션을 가중시켜 마치 대학을 안 나오면 사람 구실을 못하는 양 인식하게 만들었다.

취업 연령대의 젊은이 대다수가 대졸자이니 3D 업종에 종사하려는 지원자가 없고, 그러다 보니 이런 업종의 노동은 주로 외국인 노동자의 몫이 되었다. 사정이 이러할진대 수시건 정시건 부유한 집 아이들이 좋은 대학 가는 사회, 불법이나 편법을 일삼는 사람이 잘사는 사회, 사교육이 필수가 되어 버린 한국 사회의 변화는 어떻게 가능할까? 앞서 말한, 뒤로부터 풀어 보는 게임의

해는 간단하다. 고졸 학력으로도 잘 먹고 잘사는 사회를 만들면 된다. 말하자면 손발로 노동하여 먹고 사는 일이나 지식 노동으로 먹고 사는 일 사이에 소득 격차가 크지 않은 사회를 만들면 된다는 이야기이다.

흔히들 한국 사회를 이야기하면서 서비스가 좋은 사회, 살기 편한 나라라고 평가한다. 전자제품을 구매하면, 판매자가 집까지 배송하여 포장을 뜯고 조립은 물론 배치까지 마무리해 바로 사용할 수 있게 모든 조치를 다 해 준다. 먹고 싶은 것이 있으면 아무때고 앱으로 주문하면 24시간 무엇이든 배달된다. 한국이 다른 서구 국가에 비해 일상의 서비스를 이렇게 편하게 제공할 수 있는 이유는 이런 일에 종사하는 사람들의 임금 수준이 상대적으로 낮기 때문이다. 하지만 이러한 서비스들은 사용자 입장에서는 무한한 편리성을 추구하지만 해당 서비스를 제공하는 노동자는 그 적은 돈에 삶을 걸어야 한다. 한국에서 배달 라이더들이 그렇게 급하고 험하게 운전하는 데는 다 이유가 있는 것이다.

❀ 문제는 교육이 아니다

교육 혁신 게임을 뒤에서부터 풀어 해를 구한다는 이야기는 입시 자체의 혁신에 주목하는 것이 아니라 사회적 동기 구조의 혁신을 통해 교육적 변화를 이끌어내자는 의미이다. 결국 교육 혁신이 목표가 아니라 사회 혁신이 목표가 되어야 한다는 이야기다.

흔히들 "교육은 백년지대계"를 들먹이며 변화를 이야기하지만 내 귀엔 '귀신 씨나락 까먹는' 이야기다. 사회의 동기 구조가 정상화되면 교육 문제는 저절로 해결된다. 교육이 아니라 사회가 변해야 한다. 블루칼라 직업군 종사자들도 윤택한 삶이 보장된다면 굳이 모든 고등학생이 대학에 진학해야 할 필요성을 못 느낄 것이고, 모든 것을 걸고 대입 준비에 올인하는 가정이나 학생이 줄어들 것이다. 한국에서 어마어마한 규모로 지출되는 사교육비가 없어지고 훨씬 효율적인 일에 그 비용이 투자될 것이다. 고졸 자격으로도 충분히 잘 사는 사회상을 만들어야 한다. 사회가 변해야 교육이 변한다. 게임을 뒤에서부터 보아야 하는 이유이다.

사회적 임금 체계의 전환을 만들기 위해서는 의식 변화를 통한 사회적 합의가 필요하다. 하지만 태생적으로 인간은 눈앞의 이익을 추구한다. 그러니 지금까지 강조한 의식의 변화가 일개 기업이나 개인 차원에서 일어나기는 어렵다. 국가적 차원에서 학력에 무관하게 잘 사는 구조를 만드는 일이 장기적으로 사회 안정에 기여함은 물론 기존 기득권 층에도 이익이 되는 변화임을 교육할 필요가 있다. 효율과 평등의 가치에 대한 토론과 이러한 사회적 변화가 교육을 포함한 사회 각 분야에 주는 선기능에 대한 교육과 합의가 필요하다. 결국 국가적 차원에서 정부의 개입이 필요하며 이러한 목표를 가진 정권이 계속 집권하거나 이러한 목표에 합의할 수 있는 정권이 이어져야 한다.

촛불 혁명 후 집권한 문재인 대통령은 취임사에서 "문재인 정부에서 기회는 평등할 것입니다. 과정은 공정할 것입니다. 결과는 정의로울 것입니다"라고 천명했다. 당시 더불어민주당을 이끌었던 이해찬 의원은 민주당 20년 집권을 예언했다. 그때는 정말 그렇게 되는 줄 알았다. 하나의 정책이 20년 지속되면, 고졸 학력으로도 한국에서 충분히 인간다운 삶이 가능한 세상이 올 듯싶었다. 결과는 참담했다. 이후의 경로에서 한국은 과정도, 결과도 평등에 이르지 못했다. 한국 사회 교육 불평등 해소에 핵심이라고 생각되는, 학력과 무관하게 잘사는 사회로 나아가는 길은 여전히 가장 어려운 사회적 과제로 남아 있다.

하지만 사회적 동기 구조(social incentive structure)가 변해야 교육의 동기 구조(educational incentive structure)의 변화를 유도한다는 사실은 여전히 유효하다. 물론 이런 변화가 하루 아침에 일어날 수 있다는 기대는 환상이다. 우리 사회의 고질적 문제라고 동의하는 입시 환경과 교육 불평등 해소를 위해 어떤 그룹의 사람들이 얼마나 희생을 감수하거나 기득권을 포기할 수 있는지에 대한 장기간의 논의와 시민 전체의 합의가 필요하다. 결국 교육 환경의 개선과 사회 분배 구조 사이에 이해 상충(trade-off)이 존재하는데, 어느 쪽이 더 중요한가에 대한 동의를 이끌어낼 수 있어야 교육의 혁신적 변화를 논할 수 있을 것 같다. 그 길을 찾기 위해서도 이 책의 초반부에 지적한 '신뢰 사회'의 구축이 큰 도움이 될 것이다.

대학 못 가면 사람 노릇 못 한다?

나는 1989년에 미국에서 대학 교수가 된 후, 1991년에 처음으로 내 집이라는 걸 가져 봤다. 30년 만기 대출을 통해 산 집이었다. 공기 좋고 숲이 우거진 중산층 동네에 위치한 집은 방 3개, 화장실 2개로 구성되어 있었다. 그 집을 구할 당시 우리 아이들이 3세, 8세였으니 아이들 각자에게 방하나씩 주고 안방은 우리 부부가 차지했다. 내 공부는 학교에서 하면 되니 우리 가족에게는 충분히 넉넉한 집이었다.

우리와 마주보는 이웃 집 가장은 보험 판매 사원이었고, 그 옆집 가장은 자동차 정비공이었다. 미국에서는 자동차 정비공이건 목수이건 대학 교수 혹은 그 이상의 수입을 올리는 일이 얼마든지 가능하다. 진정한 시장 체제라면 남이 하지 않으려는 일, 어려운 일, 위험한 일에 종사하는 사람이 상대적으로 더 높은 임금을 받는 건 당연한 현상이다. 그런데 한국에서는 몸으로 노동하는 사람들은 힘든 일을 도맡아 하면서도 임금도 낮고, 사회적 지위도 낮게 평가한다. 그러니 힘든 노동에 종사하려는 사람은 아무도 없다. 순환적 삶의 과정을 생각하며 자식을 무조건 대학에 보내려 하는 이유이다.

거꾸로 진격하는 대학*

이미 이야기한 것처럼 나는 1981년에 유학길에 올라 학부와 박사 과정을 미국에서 마치고 플로리다 주립대학교 정치학과에서 22년 동안 교수로 재직하다 2011년 서울대학교로 적을 옮겼다. 미국 생활 30년을 오롯이 대학에 바쳤던 셈이다. 이제와 생각건대 학술 연구에 대한 인식은 미국과 한국이 너무나 달랐다. 우선 나는 이과 영역에서의 연구 경험은 전혀 없고 문과, 특히 사회과학 분야의 연구에 치중되어 있다. 따라서 여기서 펼치고자 하는 나의 주장들 역시 문과 영역에 한정됨을 미리 확실히 하고자 한다.

현재 한국 대학의 국제적 명성을 끌고 가는 분야는 자연과학, 공학, 의학, 생명과학 등이라는 사실은 대부분의 학자들도 동의할 것이다. 그리고 '세계적 학술 성과'라 함은 학자들 사이에는 너무도 당연한 이야기지만 해외 학술지 논문 출판을 의미하는 것으로 하자.

---

* 이 장은 2017년 3월, "학술 탐구를 통해 세계적 학술 성과가 가능하기 위한 조건은 무엇인가?"라는 주제로 서울대 구성원들을 대상으로 강연한 내용을 간추린 것이다.

악화가 양화를

2018. 12. 13.

한 TV 대담 프로그램에서 전직 국회의원 두 사람이 왜 한국의 정당에서 똑똑한 사람이 지도자로 선출되지 못하는지에 대한 물음에 의견을 같이했다. 한 사람은 민주당, 한 사람은 새누리당 전 의원이다. 그러니 이 현상은 여야와 이념을 망라한 한국적 현상인 모양이다. 그들의 주장에 따르면, 잘난 사람은 일인자에게 위협이 되므로 어떻게 해도 출세하지 못하는 상황으로 내몰린다고 한다. 예컨대 각 당의 대변인치고 정말 논리적으로 말을 잘하는 인물이 없었다고 한다. 그러니 시민들은 국회의원들 대부분이 말도 제대로 못하고 논리가 없다고 생각하는데 실상은 그렇지 않다는 이야기였다. 지도자들이 실력보다는 줄세우기, 연으로 엮기, 공천 등에서 사적으로 자리 나누기 등으로 그 자리에 올랐으니, 본인보다 눈에 띄는 인물이 설쳐대는 꼴은 못 본다는 것이다.

그들의 이야기를 듣고 있자니 이러한 현상이 정계뿐 아니라 한국 사회 전반에 만연한 현상은 아닌가 하는 생각이 든다. 예컨대 학계에 '국제'라는 이름이 들어가 있는 단체나 위원회에 국제적 감각과 경험을 갖추고 외국에도 지명도가 있어 소통이 원활한 전문가가 안 보이는 경우는 허다하다. '통일' 자 들어간 기관에 통일 문제에 정통한 전문가들이 안 보이는 경우 역시 허다하다. 그런데 이런 기관이나 위원회에는 기본적으로 가용할 수 있는 재원과 인력이 많다. 그러니 일단 서로 아는 인사 몇몇이 조직을 장악하고 나면, 웬만해서는 다른 사람들이 들어가기 쉽지 않다. 물론 한국의 모든 대학이 그렇다는 말은 아니다. 대한민국의 여러 분야에서 실력 있는 사람이 리더의 반열에 오르고 권한과 자원이 효과적으로 배분되는 사회가 되기를 기원한다.

✤ 철밥통

    나의 견해로 한국 대학들이 세계적 학술 성과를 내지 못하게 만드는 가장 큰 장애요인은 교수 호봉제라고 생각한다. 이는 교수들의 동기 부여, 특히 열심히 연구할 동기와 관계되는데, 현재의 호봉제에선 연구 실적에 상관없이 같은 해 임용된 교수들의 봉급은 동일하다. 그러므로 남들보다 더 노력해 뛰어난 연구를 해야 할 이유가 별로 없다. 본래 호봉제에는 사회주의적 요소가 들어 있는데, 모든 사람은 동일한 조건에서 동등한 대접을 받는다는 개념이다. 사실 사회주의적 제도는 사회적 약자 보호에 활용되는 것이 보편적인데, 이상하게도 한국에서는 가장 안정적 직군의 교수나 관료들이 호봉제라는 이름하에 보호받고 있다. 시쳇말로 '철밥통'이라 일컬어지는 제도다. 호봉제하에서는 더 열심히 일할 동기가 결여되고, 남이 하는 만큼만 하면 된다는 폐해가 있을 수 있다.

    그런데 그게 전부가 아니다. 교수들에게는 부업의 수단이 있다. 소위 정책 연구를 위한 프로젝트라는 '당근'이 그것인데, 프로젝트에 소요되는 연구비는 주로 정부나 기업, 대학이 지원한다. 그런데 이 프로젝트라는 것이 반드시 고도의 전문성이 요구되는 것만은 아니다. 주로 사회에 내재된 문제점 해결을 위한 일회성 연구이며 프로젝트 끝에 보고서를 써내면 끝난다. 보고서를 읽는 사람도 많지 않다. 굳이 말하자면, 돈이 있으니 나누어 쓰는 성격이 짙다. 물론 정책 연구성 프로젝트의 순기능이 없지는 않다. 여기서의 주제는 세계적으로 인정받는 학술 성과를 만들어 내는 방안이므로 그 부정적 저해 요인을 강조한다.

    세계적 학술 성과를 도출하려면 국제적 명성이 인정된 학술지가 요구하는 조건을 충족해야 한다. 사회과학의 경우 인간의 행위나 어떤 사회적 현상의 인과관계를 밝혀내 일반화, 이론화하는 것을 가장 중요하게 평가한다. 그런 면에서 소위 '프로젝트'라는 연구들은 학술 성과와는 연관이 없을 뿐더러 그 결과가 세계적 학술 성과로 나타나는 일은 더군다나 거의 없다. 그럼에도 교수들은 부업의 수단으로 프로젝트를 활용한다. 그래서 앞서 말한 두 가지 제도의 결합, 즉 연구 성과에 상관없이 봉급이 올라가는 호봉제와 교수의 대체 수입원 기능을 하는 프로젝트는 세계적 학술 성과의 부재를 만들어 내는 충분조건이다.

국제적 평판이 인정된 학술지에 출판되는 논문 작성을 위해 꼭 필요한 연구자의 자질이 있다. 한국의 대학 교수로 임용되어 위와 같은 환경에 적응해 살아가다 보면 그런 연구자의 자질들을 서서히 잃어 가게 된다. 그러니 아이러니하게도 중견 교수, 시니어 교수로 올라갈수록 연구력은 점점 퇴보하는 현상이 생긴다. 경력이 오래되고 사회적 평판이 좋은 교수가 어느 날 뜻한 바 있어 국제적으로 인정받는 연구를 하고 싶은 사명감이 생긴다 하더라도 이미 그럴 능력이 없다는 현실의 벽에 부딪치고 만다.

교수들에게 국제 수준의 연구 동기를 부여하려면 성과 연봉제를 도입하고, 국제적 수준의 연구에 따른 연봉 상승분이 프로젝트를 통해 생기는 수입보다 월등히 높아야 한다. 프로젝트성 연구는 순차적으로 대학이 아니라 국책 연구소 등에 전담시키는 것도 가능성 있는 한 방식일 것이다.

✤ 당근과 채찍

그러면 교수 연구 평가는 어떻게 할 것인가 하는 문제가 남는다. 짐작건대 현재 한국의 대학 내에 누적된 분위기로 보면 힘 있는 교수, 선배 교수들이 좋은 평가를 받을 가능성이 높다. 이러한 문제를 타파하기 위해서는 해당 학과 및 교수들과 연이 없는 외부 전문가의 평가, 양적 평가보다는 장기적 영향력의 평가(예를 들어 국제적 논문 인용 횟수 등), 또 국제적 평판이 인정된 학술지의 논문과 '국내용' 논문의 차별화 등을 꼽을 수 있다.

이외에도 문과 영역에서 국제적 연구가 나오지 않는 이유는 많다. 일단 해당 영역의 시장이 부재하다. 사회과학의 정수는 사회 현상 사이의 인과관계 (causal relationship)를 밝히는 데 있다. 이 인과관계를 일반화·이론화(generalization and theorization)하는 것이 사회과학 연구의 목적이다. 한국 학계에서는 이런 일반화와 이론화에 별 관심이 없다.

정치학을 예로 들어 보자. 주지하듯 현재 대학의 상당수 정치학 교수들이 미국에서 박사 학위를 받았다. 미국에서 대학원 과정에 들어가 처음 듣는 강좌 중에는 과학 철학(philosophy of science), 연구 설계(research design) 등이 있다. 이 과정을 통해 위에서 말한 인과관계, 일반화, 이론화 방법을 가장 우선적으로 배우게 된다. 물론 한국 유학생들도 다 배운다. 내가 관찰한 바, 흥미로운 사실은 그렇게 학위를 취득한 정치학 박사들이 한국에 돌아오면 그 과정을 금방 잊어버린다는 것이다. 국내에서는 아무도 그러한 과정을 요구하지 않기 때문이다.

대학원에서 다양한 전공을 마치고 한국에 돌아온 정치학자들은 대체로 두 갈래 길 중 한 길을 간다. 국제 정치 연구자들은 주로 남북한 관계, 동아시아 외교 관계 등을 연구하고, 비교 정치 연구자들은 주로 한국의 선거를 연구한다. 한국을 대상으로 하는 이들의 연구가 당장의 국내 문제 해결에 도움이 될 수 있을지는 몰라도, 한 나라 사례만으로는 앞서 언급한 일반화·이론화 단계에 이르기 어렵다. 그런 이유로 내가 한국에는 사회과학의 성장을 추동할 만한 시장이 없다고 주장하는 것이다.

심지어 국가 기관인 한국연구재단의 사회과학 지원마저 연구 주제를 좁게 정의하고 있을 뿐더러 주로 한국 대상 연구에 무난한 주제들이 선정되는 경우가 많다. 즉 단일 케이스(observation of 1)에 대한 연구를 요구하고, 그 결과 비교 연구가 주는 이론적 강점은 부재할 수밖에 없다. 이를 극복하려면, 연구비 지급 기관(한국연구재단 등)이 연구 주제를 지정할 것이 아니라 연구자의 자유 연구를 보장해야 한다. 당장에 한국 사회에 적용 가능한 단기적 연구보다는 국제적으로 용인되는, 일반화 가능한 연구 주제가 필요하다.

연구비 지급 조건으로 따라붙는 보고서 제출 또한 없애거나 간소화할 필요가 있다. 연구의 최종 산물에 주력하기보다 형식적 보고서 작성에 주력하게 되기 때문이다. 보고서는 간략하게 검토하되 수년에 걸쳐 연구비가 투입된 만큼 국제적으로 인정받는 걸출한 연구에 주력했는지 추적하여 평가하면 된다. 그리하여 그만큼의 능력이 안 되면서 연구비만 지급받아 허비한 교수는 이후 연구비 수혜 과제에서 영구히 제외하면 된다.

✤ 존재의 이유

한국 대학의 한 가지 근본적 문제점을 더 지적하면, 대학에 설치된 각 단과대학이나 단위 기관의 정체성에 대한 합의가 없다는 것이다. 예컨대 한국의 규모 있는 대부분의 대학에 설치된 사범대학의 사명은 교사 양성에 두어야 하는가, 국제화 시대에 맞춰 일반화 연구에 더 중요한 목표를 두어야 하는가? 교과 교육과 내용학의 적절한 비중은 어떻게 둘 것인가?

국제적 연구 대학이 되려면 대학 내 각 단과대학 및 기구들의 정체성에 대한 내부 동의가 선행되어야 한다. 그럼에도 현재 한국 대학에서 이런 논의 자체가 금기시된다. 이러한 논의 과정과 그 결과의 변화로 현재 구성원 중 누군가는 손해를 볼 수 있기 때문이다. 이를 해결하기 위해서는 기능에 따라 교수의 의무를 구분하는 것도 한 방법이다.

경험상 한국 대학에서는 교수의 '의무'가 너무 복잡하다. 미국의 경우 교수의 의무는 강의와 연구에 국한되며 의무 외의 서비스 활동은 매우 최소한으로 요구된다. 한국의 대학 교수들은 강의와 연구를 넘어 지나치게 많은 업무에 시달린다. 예컨대 학부 입학 전형의 경우 미국에서는 교수가 전혀 관여하지 않는다. 한국에서는 서류 심사뿐 아니라 논술 채점, 면접 등에도 교수가 관여한다. 보직이라도 맡게 되면 더 많은 행정 업무에 관여해야 한다. 전문 행정가가 맡는 게 당연해 보이는 업무를 교수가 하고 있다는 사실이 나에겐 이해되지 않는 현실이다. 기숙사 관장도, 교수회관 관장도 교수가 맡는다. 이런 시설을 운영하는 일에 교수가 낫다고 여길 하등의 이유가 없다. 이런 업무는 행정 전문가에게 맡겨야 한다. 한편 앞서도 주장했듯 교수의 유형 자체를 분류하는 방안도 괜찮은 아이디어다. 연구 중심 교수, 교육 중심 교수, 행정 중심 교수 (학과장, 학장, 총장 등) 등으로 분류하여 각자 잘하는 업무를 맡게 하는 것이다.

비판적·건설적 논평 문화의 부재는 반드시 짚고 넘어가야 할 지점이다. 앞서 이야기한 바, 국제 학술지에 논문이 등재되기 위해서는 연구자가 견지해야 할 특별한 자질이 있어야 한다. 그러한 자질을 습득하기 위해서는 역시 그런 자질을 가진 사람의 논평에 귀 기울이는 자세가 필요하다. 그런데 한국 학계에서는 건설적 비판을 '비난'으로 받아들이는 경향이 있다. 대중을 상대로 하는 발표에서 비판적 논평이라도 제기하면 대부분 언짢아 하며 적대적으로 반응한다. 이런 경향은 대학 내에서 이루어지는 연구 발표에서 더 심하게 나타나는데, 논평에 대해 망신으로 생각할 게 아니라 비판적 경청에 감사해야 할 일이다. 그러니 실력 있는 학자조차 발표자의 내용에 미흡한 부분이 있거나 함량 미달인 경우에도 지적하지 않는다. 그 결과는 학문 발전의 둔화나 침체로 이어진다. 서구 학계에서는 비판적 논평을 제시하는 상대에게 오히려 고마워한다. 학술지 등재 심사 전에 비판적 논평으로 내용이 향상되어 충실해진 논문이 등재 확률이 높아질 수 있다는 건 당연한 결론이다.

❧ 달리지 않으면 넘어지는 법

마지막으로 지적하고 싶은 점은 현재 문과 영역 학문에서 대학원 과정의 국제 경쟁력이 몹시 낮다는 것이다. 경쟁력 갖춘 학생 배출을 위해서는 경쟁력 있는 교수 확보가 선행되어야 한다. 박사 수준의 연구를 지도하려면 박사과정을 운영하는 학술 단위 자체의 규모가 더 커져야 한다. 4~5명의 교수가 재직하는 학과에서 박사 학위자를 배출하는 데는 사실 무리가 따른다. 그러니 교수 채용 행태와 대학 학술 단위 및 구조에서의 혁신이 필요하다.

앞서 이야기한 것처럼 해외에서의 학술 발전 동향을 따라잡을 수 있는 기회를 놓치면 다시 따라잡기는 좀체 어렵다. 그 연구자가 학위를 한국에서 취득했는지 해외에서 취득했는지 여부와는 무관하다. 해외에서 우수한 성적으로 학위를 취득했다 하더라도 그 발전 동향을 몇 년만 벗어나도 국제적 발전 속도는 해당 연구자를 배제하고 멀리 달아나 버린다.

그렇다면 국제적 업적을 내기 위해 한국의 대학에서 할 수 있는 교수 충원의 형태는 어떠해야 할까? 현재까지 한국 대학에서 보편화된 교수 충원 풍토는 상당히 일원적이다. 예컨대 먼저 임용된 기존 교수 중 가장 젊은 교수보다 나이가 많으면 안 된다. 이 조건을 충족시키며 동일 대학의 학부 출신 인재라면 금상첨화이다. 왜 이런 현상이 일어날까? 일단 신규 임용되는 교수가 나이 순으로 가장 '막내'여야 한다는 불문율은 한국식 질서가 야기한 문제이다. 거기에 더해 동일 대학 후배라면 기존 질서의 유지가 보장된다. 여기서 말하는 '기존 질서'는 앞서 말한 바 있듯 나이 많은 교수에게 편리한 제도이다. '막내' 교수는 질서를 깨뜨리는 일은 언감생심, 심지어 선배 교수의 연구를 돕는 역할까지 맡는 일도 있다. 그렇게 시간이 흘러 자신의 연구력조차 상실하는 지경에 이른다. 이러한 관습과 제도는 전체 교수의 연구의 질을 낮은 수준에 머물게 하지만, 누군가에게는 상당한 편의를 제공한다. 이런 굴레를 깨뜨리기 위해 내가 제시하는 해답은 다음과 같다.

먼저 각 학과마다 현재 해외에서 국제 학술지에 활발하게 논문을 등재하고 있는 시니어(senior) 교수를 영입한다. 대부분의 전공에서 국제적 명성을 떨치고 있는 한국인 교수들은 얼마든지 있다. 그들 입장에서는 다만 한국으로 돌아올 동기가 없을 뿐이다. 이런 해외 연구자 한두 명 초빙하지 못한다면 해외 학문 트렌드를 좀체 따라잡지 못한다. 일단 이 단계가 구축되면, 이들에게 신규 임용되는 젊은 교수들의 멘토링을 맡긴다. 젊은 연구자가 교수로 임용되어 연구 외 잡무를 맡거나 선배 교수의 연구를 조력하는 일에서 벗어나 국제적 연구 경쟁에서 생존의 기술을 습득하게 조력하는 것이다.

❖ '명예' 없는 명예교수

위의 주장과 연계해 교수 승진 제도의 개선도 필요하다. 현재 한국 대학의 테뉴어(정년 보장)는 부교수에서 정교수 승진 시 주어진다. 정교수가 되기까지는 정년 보장이 없으므로 승진에 해당하는 평가 점수를 축적해야 한다. 이 지점에서 국내 학술지에 논문을 등재해 평가 점수를 올리는 방편이 국제적 업적을 내는 일에 비해 훨씬 쉽다. 따라서 국내 학술지 등재에 집중하다 보니 국제적 트렌드에서 멀어진다. 그런 점에서 정년 보장 심사 제도의 혁신이 필요하다.

정년 보장을 부교수에서 정교수 승진 시가 아니라 조교수에서 부교수 승진 시 심사하는 제도 개선이 필요하다고 본다. 현재보다 더 일찍 정년을 보장해 주는 시스템으로 바꾸자는 제안이다. 더 젊은 나이부터 논문의 양(quantity)이 아니라 질(quality)에 전념할 수 있는 제도적 틀을 만들자는 것이다. 한편 승진 심사 자체도 큰 의미를 갖지 못하는 국내 학술지 등재에 따른 누적 점수보다는 국제적 영향(impact)에 근거한 심사로의 전환도 필요하다.

마지막으로 교수 은퇴에 대한 이야기로 마무리하고자 한다. 현재까지 한국의 대학 교수는 나이에 기초해 65세가 되면 은퇴한다. 이 제도는 유능한 학자의 조기 노화를 유도한다. 60세 넘어 은퇴 연령에 접근한 학자에게 현재 해외에서 이루어지는 첨단 연구를 파악하고 따라야 할 동기 부여는 쉽지 않다. 따라서 교수 은퇴 제도는 능력에 따라 탄력적으로 운영될 필요가 있다. 예컨대 나의 논문 공동 지도 교수였던 워싱턴대학교 경제학과 더글라스 노스 교수는 노년에도 학계에 영향력을 미치는 양서를 집필하는 등 93세로 사망하기까지 워싱턴대학에 재직하였다.

내친 김에 한국의 '명예교수' 제도에 대해서도 짚고 넘어가자. 현재 한국에서 명예교수는 해당 대학 근무 연수에 의해 결정된다. 한 대학에 15~20년을 근무하다 은퇴하면 종신으로 명예교수 호칭이 붙는다. 그런데 한 대학에 15년 이상을 근무했으면서도 해당 대학의 국제적 명성에 아무런 기여도 못 했으면서 열심히 봉급만 받아 간 교수도 얼마든지 있다. 그래서 나는 정말로 '명예'로운 명예교수 시스템을 권장하고 싶다. 미국 등 해외 여러 나라에서 실행하고 있는 제도처럼 재직 기한에 상관 없이 후배 교수들이 투표로 결정하는 제도는 어떨까 싶다. 물론 현재 운용되는 제도와 학술 연구에 대한 인식이 하루 아침에 변할 것이라고는 기대하지 않는다. 그렇다고 현재의 제도가 지속될 수는 없다. 한두 가지 변화라도 서서히 시도하여 궁극적으로 한국 학계가 국제적으로 존중받는 계기가 만들어지길 기대한다.

❧ 거꾸로 가는 대학

대학에서 테뉴어는 연구 능력을 어느 정도 검증받은 교수들이 직업의 안정성을 보장받아 더 이상 실직 걱정 없이 연구에 전념할 수 있게 해 주는 제도이다. 그런데 한국과 미국의 테뉴어는 사실상 커다란 차이가 있다.

한국의 경우 교수 정년이 65세이므로 테뉴어는 65세까지는 안 쫓아낸다는 '정년 보장'의 의미를 갖는다. 반면 교수 정년이라는 게 없는 미국에서의 테뉴어는 '종신 보장'을 의미한다. 실제로 내 지도 교수님 중 한 분은 경제학자였는데 노벨 경제학상을 받고 93세로 돌아가시기까지 교수직을 유지하였다. 미국의 경우, 선배 교수들은 대개 젊은 교수들만큼 더 이상 연구 성과가 안 나온다고 스스로 판단하는 시점에 은퇴를 결정한다. 미국에서는 매년 교수 성과를 평가하여 등수로 발표한다. 과거 이름 꽤나 날렸다 하더라도 예컨대, 30명 교수가 재직하는 학과에서 연구 점수 등위가 30등 가까이 내려앉으면 알아서 은퇴한다.

그러면 그 좋다는 미국의 테뉴어 심사는 어떻게 진행될까. 미국의 경우, 테뉴어 심사는 조교수에서 부교수로 승진하는 시점에 받는다. 시기적으로는 교수 임용 후 5년으로, 그간 연구의 양과 질을 심사한다. 여기서 떨어지면 1년 후 재심사를 받고, 그때도 떨어지면 바로 보따리를 싸 학교를 떠나야 한다. 1

년만에 뭘 만들어 내는 일은 실로 어려워 첫 해 심사에 떨어진 사람이 다음해 구제되는 경우는 별로 없다. 그러니 엄밀히 말해 테뉴어는 오히려 직위를 '박탈'하는 데 사용되는 제도이다. 내가 있던 대학의 테뉴어 심사에서도 조교수의 절반 정도가 탈락했다. 그러니 조교수들은 정말로 코피 터지게 공부한다.

한국의 경우는 대개 부교수에서 정교수 승진 시 테뉴어 심사를 받는다. 시기적으로는 교수 임용 후 10여 년 지나는 시점인데, 이 심사에서 떨어진다고 바로 대학에서 쫓겨나는 게 아니라 '재임용'으로 6년을 더 재직할 수 있다.

한국의 이런 환경에서 기업은 교수들에게 사외 이사를 맡기고 방송 및 신문은 시간과 지면을 할애해 얼굴을 알리고 글을 실어 준다. 학교 강의나 연구와 상관 없는 일들이 다시 그들에게 주어진다. 한국의 대중들 역시 좋은 학자에 대한 잘못된 인식이 있다. TV나 신문에 자주 등장하는 교수, 대중 서적을 많이 펴낸 교수를 '유명하고' 유능한 교수라 생각한다. 실은 반대이다. 진짜 유능한 교수는 국제적으로 인정된 해외 학술지에 논문이 등재되고, 보는 사람이 많지 않더라도 본인의 연구를 집대성해 학술 서적을 펴내는 교수이다. 그러니 진실로 좋은 교수들은 정작 대중에게 알려지지 않은 학자일 가능성이 높다.

물론 모든 교수들이 연구에 열심히 임하지 않는다고 일반화하려는 의도는 전혀 없다. 한국에도 특히 이과 분야에서 국제 수준의 연구를 진행하는 교수들은 많다. 또 대학마다 연구 분위기 또한 매우 다양하다. 문제는 세계 대학 랭킹에 목숨을 거는 한국의 대학들이 제도적으로는 경쟁국 대학이 펴는 정책과는 반대 방향으로 간다는 데 있다.

무한 경쟁 시대의 철밥통

2018년 국내 굴지의 대학에서 교수 승진 정책에 변화를 꾀했다. 다음은 해당 내용의 신문 기사를 발췌한 것이다.

"○○대학이 지금까지 1회만 가능했던 교수 재계약 기준을 완화해 횟수 제한 없이 재임용할 수 있도록 학칙을 개정했다. 이에 따라 정년까지 고용이 보장되는 정교수를 제외한 부교수, 조교수들의 고용 안정성이 높아질 것으로 전망된다. 17일 ○○대학에 따르면 '교원 인사 규정'의 "임용 기간이 종료되는 교원은 1회에 한정해 재계약할 수 있다"는 조항에서 '1회'라는 문구를 삭제했다. ○○대학은 교원의 재계약을 1회로 제한한 조항이 별도의 법률에 근거하지 않은 만큼 과도한 규정이라고 판단했다. 기존에는 부교수와 조교수가 재계약을 1번 체결한 이후에도 테뉴어를 얻거나 승진하지 못하면 학교를 떠나야 했다. ○○대학 한 교수는 "사실상 무기 계약직인 부교수, 조교수들에게 재계약 1회 제한은 학교에서 쫓겨날 수 있다는 압박감으로 작용했다"고 지적했다. ○○대학 관계자는 "재임용 심사만 통과하면 정년까지 학교에 남는 게 가능해졌다"면서 ……."*

한마디로 교수가 테뉴어나 승진 심사를 통과할 만큼의 업적 없이도 정년까지 대학에서 버티는 일이 가능해진 토대를 만들어 준 것이다. 현대는 경쟁 사회다. 특히 사회 약자층인 젊은이들과 저소득층이 무한 경쟁에 내몰려 있다. 그런데 왜 유독 한국에서만 최고 학력의 교수들은 경쟁 없는 사회에서 살고 있단 말인가.

---

* 연합뉴스 (2018.12.17.) https://www.yna.co.kr/view/AKR20181216040100004

출석 부르기

2019. 6. 14.

과거부터 계속 이어지는 일이지만 그 일을 왜 해야 하는지 생각해 보지 않고 당연시 여기는 일들이 있다. 나에게는 대학 강의실에서 출석 부르는 일이 그렇다.

올해는 내가 교수가 된 지 30년 되는 해이다. 그리고 나는 지난 30년 동안 한 번도 출석을 불러 본 적이 없다. 내 철학은 그렇다. 학생들은 이미 등록금을 지불했다. 수업이 재미있거나 배울 점이 있다고 느끼면 제 발로 들어올 것이다. 어떤 학생이 내 수업에 한 번도 출석하지 않고도 내가 출제하는 문제를 풀어 내고 과제를 완성할 수 있다면, 굳이 출석을 강요할 필요가 없다. 물론 경험상 그런 학생은 별로 없다.

어쨌건 성인이 된 대학생들을 붙잡고 출석을 부르는 시간이 내겐 아깝다. 그런데 학교 행정실에서 연락이 왔다. 이번 학기부터 학생들 성적 제출 시 출석부를 같이 제출해야 한단다. 요즘 학령인구 감소로 전 대학이 긴장하고 있고, 이런 때일수록 대학 평가는 대학의 운명을 가를 만큼 중요한 목표. 그런데 누군가 대학 평가 항목에 학생들의 강의 출석률을 포함했다고 한다. 어쨌건 나는 출석부를 제출하지 못한다. 내겐 출석부가 없다.

❖ 노력한 만큼만

나는 민주주의자다. 한국의 정치학자라면 대개 아는 사실이고, 과거의 연구들로 국제적으로도 완벽하게 검증받았다 자부하는 민주주의자다. 그런 나조차도 사회의 모든 기관에서 민주주의가 완벽히 실현되어야 한다고 믿지는 않는다. 공평한 분배보다는 능력에 따른 경쟁이 그 사람에게 돌아가는 보상의 척도가 되어야 하는 기관이나 계층이 있다.

대부분의 기업에서는 경쟁이 있다. 대학 교수나 관료들도 자신들의 연구나 업무 수행 능력에 따라 평가받아야 한다고 본다. 그들은 대한민국에서 최고의 교육을 받고 기득권자로 살아가는 이들이다. 이들에게 사회주의적 공평함의 잣대를 들이댈 이유는 없다. 또 우리가 살아가는 현실이 민주주의 국가이면서 동시에 자본주의 국가라는 사실도 잊지 말아야 한다. 민주주의의 이름으로 무능이나 나태를 안고 가야 할 이유는 없다.

마지막으로 두 가지만 이야기하겠다. 학술 논문의 저자란 처음 아이디어를 내고 논문 속 분석을 주도하며, 논문의 내용을 실제로 적은 사람을 말한다. 한 논문에 이런 사람이 한 명 이상이라면, 그 기여의 순으로 저자명을 표기하는 것이 맞다. 그리고 누군가가 논문에 코멘트를 해 주었다면, 그건 동료로서 혹은 선생으로서의 바람직한 역할이지 저자로서의 기여가 아니다. 그러니 공저자로 표기할 일은 아닌 것이다.

한국 학계에 분야별 학술지가 너무도 많은 데 놀랐다. 게다가 대부분의 학술지가 정부가 인증해 주는 KCI급 학술지라고 했다. 얼마나 사회적 불신이 심하기에 학술지 신용도마저 정부가 인증한단 말인가? 그런데 그 KCI 학술지 중 상당수가 그 질이 높지 않다는 사실에 또 한 번 놀랐다. 이런 학술지에 대한 인증이 어찌 가능했을지 의심스러웠다. 이제 학술지 시장에서 정부는 빠져야 한다. 시간이 가면 좋은 논문이 모이는 학술지가 저절로 드러날 것이다. 어떤 학술지들은 KCI급을 유지하기 위해 기형적 운영을 한다는 말을 들은 적이 있는데, 양질의 논문이 투고되지 않는 학술지라면 폐간이 답이다.

뭣이 중헌디_본말전도의 영어 강의!*

　　나는 언어학자도 교육학자도 아니다. 그러므로 나는 언어학이나 교육학적 측면에서 이 주제에 접근할 능력은 없다. 다만 거의 대부분의 강의를 영어로 진행해 본 사람으로서 개인적 의견을 드러낼 뿐이다. 나는 플로리다 주립대학교 재직 22년간 진행한 모든 강의가 영어 강의였고, 서울대학교에서 진행했던 모든 강의 역시 영어 강의였다. 그러니 사실 한국어 강의 경험이 거의 없다고 해야 맞다.

　　앞서도 말했다시피 나는 1981년에 미국으로 유학을 떠나 1989년부터 22년간 미국 대학에서 교수 생활을 했다. 지금까지 연구하고 가르친 내용이 사회과학 분야밖에 없었으므로 여기서 풀어 놓는 내 이야기의 대부분은 사회

---

* 이 장은 2009년 10월에 필자가 부산대학교에서 한 강연 "대학교 영어 강의의 득과 실은 무엇인가?"의 내용을 수정·보완한 것이다.

과학 분야에 해당되는 이야기다. 한국에서의 영어 강의에 대한 나의 글은 부산대학교에서 요청한 영어 교수법, 즉 "어떻게 영어 강의를 잘 할 수 있을까"를 준비하며 쓴 생각이다. 글을 쓰다 보니 또 비판적 의식이 도저 교수법보다는 오히려 교육 정책에 관련된 내용이 주가 되고 말았다.

❧ 누가 듣는가

한국의 대학에서 영어 강의를 준비하는 경우, 해당 강의의 우선 소비자 그룹은 ① 미국 등 영어권 학생들, ② 조기 유학을 경험했거나 유학 경험이 없음에도 영어 능력이 뛰어난 한국 학생, ③ 한국의 중고등학교에서 받은 영어 교육 외의 경험이 없는 순수 국내파 한국 학생 등이 포함될 것이다. 물론 영어 연수를 다녀왔거나 부모의 직업 등과 관련해 외국 생활 경험이 있는 학생들도 ②의 범주에 포함된다.

나는 이 세 그룹 학생들 모두를 대상으로 영어 강의를 진행했었다. 먼저 ① 그룹 학생들은 당연히 미국 대학에서 가르쳐 보았다. 한국의 대학 중 일부는 여름방학 동안에 소위 '국제여름학교(international summer school)'라는 프로그램을 운영한다. 본래 취지는 외국 학생들을 대상으로 한국이나 아시아 관계 과목을 6주 정도의 집약적 강의를 통해 학점을 따 소속 대학으로 가져갈 수 있게 만든 제도이다. 그러니 강사도 주로 외국에서 강의하는 교수들을 초빙한다. 그런데 문제는 애당초 대학들의 기대만큼 외국 학생들이 와 주지 않는다는 데 있다. 여러 대학들이 경쟁적으로 이런 프로그램을 운영하니 수강생 부족 문제는 더 누적된다. 그래서 대학들이 그 대안으로 찾은 대상이 조기 유학 중인 한국 학생들이다. 이들은 주로 부유한 가정의 학생들로 유학 중인 대학이 방학에 접어들면 한국으로 돌아와 시간을 보낸다. 이들의 평에 따르면, 방학 동안 한국 대학이 만들어 놓은 국제 프로그램을 통해 단기 집약적으로 학점을 인정받으면, 해외 대학의 정규 과목 이수에 드는 비용보다 저렴한데다 학점도 비교적 쉽게 딸 수 있다는 이점이 있다. 이들은 대개 어릴 적부터 주로 엄마들이 정해 준 길을 따랐고, 정보력 빠른 한국의 엄마 부대가 이런 기회를 놓칠 리 없다. 그리하여 이 프로그램을 운영하는 몇몇 대학 중 일부는 아예 주 대상을 해외 유학 중인 한국 학생에 맞춘다.

말한 바와 같이 주로 해외 대학 교수에게 강의를 맡겨야 하니 교수를 초빙해야 하고, 미국 교수로 있는 동안 나는 여름마다 한국 대학의 초빙을 받아 해당 프로그램 중 일부를 가르쳤다. 그러니 앞서 말한 ②번 그룹 학생들도 가르쳐 본 셈이다. 이제 한국에 돌아와 은퇴하기까지 10년 넘게 가르쳤으니 ③번 그룹 학생들 역시 가르쳤다. 그런데 이 세 그룹은 여러 가지 측면에서 아주 다르다.

먼저 내 경험을 기준 삼아 세 그룹 학생들을 영어 및 사회 현상에 대한 이해, 수강 태도 등 세 기준으로 평가해 보자. 그룹 ①의 경우, 미국을 포함한 영어권 학생들이므로 당연히 영어에 능통하다. 사회과학적 개념을 설명할 때 주로 예를 드는 미국이나 서구의 현상들을 잘 이해하고 있으므로 미국 교수의 강의에도 언어나 내용의 소통에 있어 전혀 문제가 없다. 반면 이들은 교수와 학생의 관계를 공급자와 소비자 관계로 이해한다. 따라서 강의의 질이 충족되지 않으면 바로 비판으로 이어진다.

③번 그룹 순수 한국파의 경우, 그동안 익혔던 한국식 영어 교육 탓에 듣고 말하기에 약하다. 문법은 강하나 에세이 등의 서술에 약하다. 또 사회과학적 개념 설명 시 예로 드는 미국이나 서구의 현상에 대한 이해가 부족하므로 미국인 교수가 강의하는 경우 한국 사례를 예로 들어 강의 노트를 따로 준비해

야 한다.

학생들의 교수에 대한 기본적 태도는 자국 문화에 기반한다. 한국에서 계속 강의했던 교수들은 교수를 대하는 한국 학생들의 태도가 과거에 비해 달라졌다고 생각할 수도 있으나, 아직까지 다른 나라들에 비교해 기본적으로 순응하는 편이다.

②번 그룹 조기 유학파의 경우, 이들은 일찍 영어를 접했으므로 듣고 말하기에는 문제가 없다. 일반적으로 아이들이 어학을 가장 빨리 배우는 방법이 말하기와 듣기이다. 한국의 부모들은 자녀가 말하기와 듣기를 익히는 과정을 보면서 '우리 애가 언어에 소질이 있다', '이쯤하면 영어를 거의 다 배웠다'고 생각하는 경우가 많은데 대단한 착각이다. 외국어 실력은 우선 모국어 구사 능력을 향상하면서 외국어 향상을 꾀해야 한다. 그런데 잘못된 영어 학습 패턴 탓에 한국 아이들은 예상외로 영어에 약하다. 그럼에도 아이가 미국에서 좋은 대학에 입학했고 공부에 주력해 성적 또한 나쁘지 않다.

사실, 영어 문장이 썩 훌륭하지 않더라도 미국 대학 진학에 큰 어려움은 없다. 그런데 이 학생들에게 논문을 쓰라고 하면 생각 만큼의 결과가 안 나온다. 사회과학적 개념 설명 시 한국의 사회 현상을 예로 들면 제대로 이해하지 못한다. 한국에서의 삶의 경험 부족으로 이해가 쉽지 않기 때문이다. 한편 이들의 학습 패턴 탓에 미국이나 서구 사회 현상에 대한 이해 또한 예상외로 짧다. 유학이나 해외 체류 시절 보딩 스쿨이나 하숙집에 기거하면서도 해당 사회 내 문제를 직접적으로 경험할 기회를 갖지 못했기 때문이다. 결론적으로 이 그룹 아이들은 한국이나 서구 사회 양쪽 모두에 대한 이해가 짧다. 그럼에도 일상적 삶에서 미국 등 서구 학생들과의 교류 탓에 교수 평가에 대한 의식에 있어서는 서구 학생들의 잣대를 적용하는 경향이 있다.

빛 좋은 개살구?

한국 정부와 대학들이 세계화를 천명하며 앞 다퉈 영어 강의 도입을 장려하고 있다. 적어도 한국에서 사회학 강좌의 경우, 영어 강좌가 득보다는 실이 많을 수도 있다는 게 내 생각이다. 다음은 한국 대학에서 유행하는 영어 강의에 대해 다룬 언론 기사이다.

"전체 강의의 67%를 영어로 하는 카이스트를 필두로 대학들이 앞다퉈 영어 강의 비율을 높이고 있다. 영어 강의는 대학의 국제화와 글로벌 인재 육성을 목표로 시행되고 있다. 그러나 명분과 달리 한국어로 수업하거나 전공 수업의 질이 확보되지 않는 등 문제점이 불거지고 있다. 취재 도중 만난 한 대학생은 "실제로 영어 강의에서 커뮤니케이션이 안 되잖아요. 그런데도 대학에선 정책이니 어쩔 수 없다고 하죠"라고 말했다. "영어 강의의 이면에는 대학종합평가 순위와 당국의 지원 등이 관련돼 있다"고 지적한다. 한 교수는 "언론사 대학 평가 시에도 영어 강의가 국제화 지수의 굉장히 중요한 부분을 차지합니다. 대학을 운영하는 입장에서는 우리 대학에 영어 강의가 어느 정도 개설되어 있는지가 숫자로 보여줄 수 있는 중요한 기준이 될 수 있는 거죠"라며 고백했다."(연합뉴스).

위 기사의 제목은 '대학 영어 강의-빛 좋은 개살구?'였다.

영어 강좌와 인종 차별

학생들의 사회 현상에 대한 이해도가 다르다고 했는데, 한 가지 예를 들어 보자. 정치학에서 말하는 이익 집단의 종류에 대해 강의한다면 다음과 같은 내용으로 시작할 것이다. 이익 집단에 대한 논의에서는 먼저 개인이 정책에 미치는 영향이 갖는 한계를 다음과 같이 설명한다.

"A more institutionalized form of interest articulation occurs through the activities of social or political groups that represent the interests of their constituents. In contrast to individual citizen action, interest groups normally have an organizational base, and they often have professional staffs to provide the group with expertise and representation. There are several different types of interest groups."*

그리고 이익 집단의 예를 하나씩 소개한다.

"The first type would be Anomic groups. Anomic groups are generally spontaneous groups that from suddenly when many individuals respond similarly to frustration, disappointment, or other strong emotions."**

이쯤 되면 학생들은 이미 나의 이야기를 들을 새 없이 네이버를 뒤져 영어 단어를 찾기 시작한다.

"Without previous organization or planning, frustrated individuals may suddenly take to the streets, to vent their anger, as news of a government action touches deep

---

* 다음과 같이 해석될 수 있다. "보다 제도화된 형태의 이해관계 표현은 그 구성원들의 이해관계를 대표하는 사회적 혹은 정치적 단체들의 활동을 통해 이루어집니다. 이익 집단들은 개별 시민 행동과는 달리 일반적으로 조직적 기반을 가지므로 전문가를 두어 이익 단체의 전문성과 대표성을 제공합니다. 이익 집단에는 여러 유형이 있습니다."

** 번역하자면 다음과 같다. "첫 번째 유형은 아노미 집단입니다. 아노미 집단은 일반적으로 많은 개인들이 실망, 좌절 또는 다른 강한 감정에 유사하게 반응할 때 갑자기 형성되는 자발적 집단입니다."

emotions, or as a rumor of new injustice sweeps the community. Their actions may lead to violence, although not necessarily. Particularly where organized groups are absent, or where they have failed to obtain adequate representation in the political system, smoldering discontent may be sparked by an incident. It may then suddenly explode in relatively unpredictable, and uncontrollable ways. Some political systems, including that of the United States, report a rather high frequency of violent and spontaneous anomic behavior."*

미국에서 강의할 때 나는 이쯤에서 학생들에게 여러분들이 알고 있는 예가 있느냐고 묻는다. 그러면 반드시 한두 명은 "로드니 킹(Rodney King)"을 예로 들어 답한다. 그러면 나는 다시,

"For instance, in 1992 there was rioting and looting by some residents in minority neighborhoods of Los Angeles following the acquittal of police officers accused of excessive violence in the beating of an African American suspect."**

하고 다음 이야기로 넘어간다. 그런데 앞서 말한 ② 그룹이나 ③ 그룹 학생들인 경우, 이 예를 전혀 이해하지 못할 수 있다. 그리하여 나는 로드니 킹으로 표상되는 미국의 인종 차별 문제에 대한 설명을 영어로 이어가야 한다. 굳이 이러한 사례를 늘어 놓는 이유는 강의자가 대상 학생이 누구인지에 따라 이해 정도가 다를 수 있다는 점을 고려해야 한다는 사실을 강조하기 위해서이다.

---

* 역시 번역하자면 다음과 같다. "기존 조직이나 계획이 없이, 정부 조치가 감정을 깊이 자극하거나 불의에 대한 새로운 소문이 커뮤니티를 휩쓸 때, 실망한 개인들이 느닷없이 거리로 나와 분노를 표출할 수 있습니다. 그들의 행동이 폭력으로 이어질 수도 있지만, 반드시 그런 것만은 아닙니다. 특히 조직되어 있지 않거나 정치 체계 내에서 적절한 대표성을 확보하지 못한 경우, 오랫동안 응어리진 불만이 특정 사건에 의해 촉발될 수 있습니다. 그 경우 예측이나 제어가 불가능한 방식으로 폭발할 수 있습니다. 미국을 포함한 일부 정치 체계에서는 이런 폭력적이고 자발적인 아노미적 행위가 꽤 자주 보고됩니다."
** "예컨대, 1992년에 발생했던 아프리카계 미국인 용의자의 폭행 사건에서 과도한 폭력을 사용한 혐의를 받던 경찰관들이 무죄 판결을 받은 후, LA의 일부 소외 계층 지역 주민들에 의해 폭동과 약탈이 발생했습니다."

❧ 누가 하는가

지금까지 대학 영어 강의의 대상 소비자 그룹에 대해 이야기했으므로 이제 공급자 그룹에 대해서도 살펴보자. 소비자 그룹과 마찬가지로 교육 공급자 그룹 역시 ① 교수자가 영어권 출신, 즉 영어 원어민인 경우, ② 영어권에서 강의하는 한국 교수 혹은 한국에 거주하지만 과거 경험이나 학습을 통해 영어 말하기, 듣기, 쓰기, 평가하기에 능통한 교수. ③ 한국에 거주하는 한국 교수(유학파와 국내파 포함)로 분류할 수 있다.

일단 그룹 ①의 경우에 대해서는 언급이 필요 없을 것이다. 그룹 ②는 대부분 임용 시 영어 강의를 전제로 대학 당국과 면담을 통해 임용되므로 역시 언급할 필요가 없다. 여기서 한국에서 흔히 경험하게 되는 잘못된 인식 한 가지를 지적하면, "미국에 유학해 학위를 취득한 사람은 영어를 잘하며, 미국에 대해서도 잘 안다"는 인식이다. 사실은 그렇지 못하다.

나는 1981년부터 30년간 미국에서 대학 주변에서만 거주했다. 그런데 전부가 그렇지는 않지만 유학생 대개의 경우, 현지에서의 일상적 활동을 주로 같은 유학생들끼리 함께하는 경우가 많다. 미디어 환경에 있어서도 인터넷에서 주로 한국의 신문과 방송을 대한다. 사실상 전공에 필요한 최소한의 영어만 습득하고 학위를 취득해 돌아오는 경우도 많다. 게다가 5~6년의 유학 기간은 성인이 언어를 습득하거나 해당국 문화를 파악하기에도 짧은 시간이다. 실제로 외국 정부나 기업을 상대하는 사람들의 이야기를 들어보면, 예상외로 미국 전문가가 없다고 한다. 흔히 일본을 '가깝고도 먼' 나라라고 하는데, 그야말로 미국은 '멀고도 먼' 나라인 셈이다.

여기서 잠깐 옆길로 새어 평소 내가 생각하던 소신 한 가지를 이야기하고자 한다.

"사람마다 재능의 총합은 똑같다."

다만 잘할 수 있는 재능의 종류가 다를 뿐이다. 누구는 영어 강의를, 누구는 연구를, 누구는 대장금처럼 요리를, 누구는 연애를 잘하는 등 가지고 있는 능력의 종류에 상대적 차이가 있을 뿐이라는 이야기다. 이러한 나의 소신에 따르면, 위의 교수 그룹 ③의 경우 영어 강의 능력은 그가 가진 재능이 아닐 수 있다. 그런 재능이 없거나 부족한 사람에게 억지로 영어 강의를 강요할 경우, 실제로 잘해 낼 수 있는 재능으로 기여할 수 있는 영역의 희생이 따를 수밖에 없다. 이른바 경제학에서 이야기하는 기회비용(opportunity cost)이 희생된다. 예컨대 정치학 교수에게 영역이 비슷하여 충분히 감당 가능하니 경제학도 가르쳐달라 요구하면 당사자에겐 얼마나 황당하고 불행한 일인가. 이러한 상황은 장기적으로 교수 본인이나 학생뿐 아니라 대학이나 국가 모두에 비효율적인 일이다. 그러니 영어 강의는 위의 ①, ② 그룹 교수들에게 맡기는 결정이 학문적이건 현실적이건 정직하고 타당한 결론이다. 한마디로 ③번 그룹 교수들을 영어 강의로 괴롭히지 말라는 주장이다.

✿ 수단인가 목표인가

대개의 영어 강의의 경우 소비자 및 공급자 그룹이 앞서 말한 그룹 중 특정 대상이 고정되지 않고 두 그룹 모두 다양하게 조합된다. 그렇다면, 교육부의 대학 평가에서 대학에 개설된 영어 강의의 수를 따질 게 아니라 어떤 소비자와 어떤 공급자가 만나는지를 파악하여 영어 강의 개설을 결정하였는지, 그리고 그에 맞춘 영어 강의 방식이 수행되었는지가 고려되어야 한다. 어떤 교수가 어떤 학생 그룹과 만나 어떤 강의를 진행하는지에 따라 각각의 교수법이 고려되어야 한다. 이러한 고려 없이 단순한 방식으로 대학 평가나 수익을 위한 영어 강의 개설은 수정되어야 한다. 예전에 군대에서 우스갯소리로 통용되었던 "옷에다 몸을 맞춰라"는 식의 접근은 더 이상 안 될 일이다. 이 글을 쓰는 현시점에도 사실 한국 대학 교육 현실에서 이런 나의 의견이 받아들여질 것이라는 기대는 만무하다.

그럼에도 앞서 주장한 학생과 교수의 조합을 고려해 상황을 이해해 보기로 하자. 우선 학생 그룹 ①과 교수 그룹 ①이 만났을 경우, 지식을 전달하는 데 언어 소통은 어떠한 문제도 되지 않을 것이며, 사실 굳이 관심을 가질 조합도 아니다. 다음 학생 그룹 ①과 교수 그룹 ②가 만났을 경우, 아마도 교수의 영어 악센트가 회자될 소지는 있지만, 이미 그렇게 대학에서 살아남았다는 사실만으로도 소통의 문제는 없다고 볼 수 있다.

학생 그룹 ①과 교수 그룹 ③이 강의실에서 만날 경우는 별로 없을 듯하다. 조기 유학파 중심인 학생 그룹 ②에 대해서는 우리의 우선 관심 대상이 아니므로 생략하고 학생 그룹 ③, 즉 순수 국내파 학생에 초점을 맞춰 이야기를 전개해 보자. 앞서 ③번 공급자 그룹은 배제한다고 전제하였으므로 주로 ①, ② 그룹이 공급자인 상황을 가정하자.

굳이 영어 강의의 이득을 이야기하는 사람들의 주장은 세계화에 적응할 수 있게 하고, 나아가 우수 인재 양성에 도움을 주며, 외국인이나 외국어에 대한 두려움을 없애 준다는 등등의 긍정적 효과이다. 이러한 효과들은 교육부나 언론 매체 등에서 늘상 하던 이야기일 테니 굳이 더 이상의 이야기를 보탤 필요는 없을 것이다. 그렇다면 영어 강의에 따르는 부작용은 없을까. 이 이야기를 풀어 나가기 전에 언어에 대한 내 소견을 한마디로 정리하면 이렇다.

"언어는 도구이지 목표가 아니다."

망치는 작업을 편리하게 만들어 주는 도구다. 여러 언어를 구사할 줄 아는 사람은 마치 용도별로 여러 모양과 사이즈의 망치를 가지고 맞춤형 작업에 임하는 경우에 비유할 수 있다. 그러나 망치를 사용하는 일 자체가 목표가 될 수는 없다. 문제는 망치를 사용하여 수행하는 작업의 실제적 내용에 있다. 영어에 대한 강조에도 불구하고, 망치(도구)를 넘어서는 내용(본질)이 있어야 한다. 영어 강의 필요성에 대한 강조를 넘어 영어 강의를 진행하는 교수 자신이 학생들에게 "너희들은 영어를 배우러 들어와 앉아 있는 것이 아니다"는 사실을 확실히 주지시키고 본인도 그 점을 명확히 인지해야 한다.

이야기가 나온 김에 나의 개인적 소견을 하나 더 밝히고 넘어가자.

"학생들은 교과서에 기술되어 있는 사실을 들으러 오는 것이 아니다."

사실에 대한 확인은 혼자 책을 찾아 읽거나, 인터넷 검색을 통해 얼마든 충족시킬 수 있다. 주지하다시피 사회과학(social science)은 과학이다. 1,000만 원 등록금 시대에 학생들은 교수로부터 사실에 대한 정보 이상의 무엇인가를 얻을 수 있어야 한다. 수업에 참여할 이유가 있어야 한다. 그렇다면 사회과학 수업이 학생들에게 제공해 줄 수 있는 무엇이 있어야 하는데, 그것은 바로 사고 능력으로서 추상적 사고 능력, 귀납적 사고 능력 등을 포함한다. 사회과학은 나열된 사실을 암기하는 학문이 아니다. 가설을 세우고 이론을 만드는 학문이다. 그리고 그 이론은 사람의 행위와 제도 사이의 인과관계를 밝히는 도구이다. 그러니 사회과학을 학습하는 경우, 반드시 "왜?"라는 질문을 던질 수 있어야 한다.

재능의 양과 가치

나는 "모든 사람들이 가지고 있는 재능의 양은 같다. 다만 그 재능의 종류가 다를 뿐이다"라는 소견을 가지고 있다. 한 사람은 연구에 매진해 매우 훌륭한 학술 논문을 발표하는 재주를 가졌고, 다른 한 사람은 책상을 매우 훌륭하게 만드는 재주를 가졌다. 두 사람의 재능 모두 매우 귀중하다. 후자가 없다면 못질 한 번 안 해 본 전자의 연구 생활은 매우 불편할 것이다. 어쩌면 전자 없이도 후자는 세상살이에 별 불편을 못 느낄 수도 있다.

각자가 가진 재능의 가치를 굳이 구분하려는 시도는 항상 있었다. 자본주의하에서 가장 객관적이라 볼 수도 있는 기준이 시장 가치일 텐데, 나는 이 가치가 타인의 삶에 기여하는 정도에 따라 정해진다고 믿고 싶다. 하지만 시장에는 이런저런 재능의 가치를 왜곡할 수 있는 방법이 얼마든지 있다.

먼저 수요와 공급을 왜곡해 가치를 조정하려는 시도를 들 수 있다. 한국에서와 마찬가지로 미국에서도 의사협회(American Medical Association)는 매년 의대 정원 확대에 반대해 엄청난 로비에 나선다. 의사 정수가 늘어나는 것을 원하지 않기 때문이다. 수가 많아지면 의사의 시장 가치는 떨어지게 마련이다. 물론 의사 정수를 제한하려는 노력은 이미 의사가 된 사람들의 몫이다.

한국에서 몇몇 로스쿨에 권력자의 자제들이 편법으로 입학한 사건이 문제가 된 적이 있다. 이 사건 이후 사법고시 폐지 반대를 주장하는 사람들이 해당 사건을 자주 거론한다. 사법고시 부활을 주장하는 사람들의 논리는 사법고시를 없앤 결과 "개천에서 용 날 수 있는 기회를 봉쇄해 버렸다"이다. 정말 그럴까? 문제는 그런 논리를 펴는 사람의 상당수가 현재 법조인이라는 점에 있다. 그들은 로스쿨을 통해 법조인이 양산되는 시스템을 바라지 않는다. 그들 자신이 가진 재능의 시장 가치가 떨어지기 때문이다. 아마도 상당수 시민들이 동의하듯, 그들의 재능은 현재 지나치게 과대평가되어 있다. 생각건대 국가적 측면에서는 많은 법조인이 배출되어 전체 서비스 가치가 하락하는 게 어쩌면 바람직한 일일 것이다.

시장에서 재능의 가치를 왜곡하는 또 하나의 메커니즘은 오랜 기간 세뇌를 통해 대부분의 시민들에게 어떤 종류의 재능이 고매한 가치를 가진다고 믿게 만드는 일이다. 이런 재능일수록 삶에 대한 기여도가 낮은 경우가 많다. 예컨대 조선시대에는 한문을 잘 해독하고 글 잘 쓰는 재능에 가장 큰 가치를 부여했다. 이런 재능을 가진 선비들이 실제로 백성의 삶에 얼마나 기여하는지에 상관없이 그것이 최고의 가치를 가진다고 국가가 강요했다. 과연 그런 재능을 가진 사람들이 땅을 갈아 세금을 바치며 산 사람들보다 더 사회적 기여가 높았을까? 중세부터 주입되어 세뇌된 이러한 논리는 아직도 우리 속에 살아 숨쉬고 있다. 우리 아이들이 꼭 대학을 가야 할 현실적 이유도 있겠지만, 인간의 가치를 공부의 양으로 정하려는 우리의 무의식이 작용한다고 나는 믿는다. 이것이 오늘날 세계 최고의 사교육 시장 형성과 무관하지 않다.

❖ 본말의 전도

이제 이런 나의 소견들이 영어 강의의 부작용과 어떻게 연결되는지 이야기하고자 한다. 나의 결론은 학생들이 언어 자체에 부담을 갖는다면 사회과학이 추구해야 할 가장 주요한 통찰에 접근할 수 없다는 점이다. 즉 ③ 그룹 학생의 경우, 영어라는 언어 문제로 중요한 이론적 내용이 희생된다. 강의를 들으면서 언어가 표현하는 내용을 100% 이해하지 못하면 결국 강의가 추구하는 이론적 내용을 잃게 된다.

사실에 관한 정보는 교수의 프레젠테이션 슬라이드를 열심히 받아 적거나 책이나 인터넷을 통해 혼자서도 찾아볼 수 있지만, 훨씬 더 중요한 '개념의 이해'나 '사고 능력'은 교수와 학생 간 언어적 교감이 없다면 전달될 수 없다. 한국에서 영어 강의를 통해 이런 내용을 전달하는 것은 아마도 대학 4년 동안 거의 전 과목을 영어 강의로 실시하고, 같은 개념을 여러 번 반복해 교육하지 않는 한 힘들지 않을까 생각한다.

나는 한국의 모 대학 학생들에게 "한국말을 못하는 미국인 교수가 진행하는 강의에서 강의 내용을 제대로 이해하지 못하면서 시험은 어떻게 보고 성적은 어떻게 받는가?" 물은 적이 있었다. 학생들은 "영어 강의임을 감안해 교수님들이 알아서 성적을 줍니다"고 대답했다. 같은 과목이라도 한국어 강의를 들었으면 80~90점 받았을 학생들이 영어 강의이므로 50~60점을 받을 수밖에 없는데, 교수가 최고 성적 50~60점을 A학점으로 정하고 나머지 학생들을 상대평가해 성적을 매긴다는 말이다. 영어 강의건 한국어 강의건 각 학생들이 받을 최종 성적은 다를 바 없는데, 강의에서 배워야 할 내용의 50%만 이해하는 데 그치는 결과만 남는다. 제공해야 될 강의 내용과 형식으로서의 영어를 맞바꾼 것이다. 도구에 지나지 않는 영어를 위해 진짜 중요한 지식을 엿 바꿔

먹은 결과이다.

만약에 학생 그룹 ③과 교수 그룹 ③의 조합이 서로 힘들게 교육하다 보면 앞서 예시했던 기사의 제목처럼 그야말로 '빛 좋은 개살구'가 될 수도 있다. 어쩌면 '빛조차 안 좋은 개살구'가 될 수도 있다. 문제는 다수의 강좌들이 그렇지 않음에도 뭉뚱그려 '개살구'로 취급받을 수 있다는 데 있다. 소비자와 공급자의 특성에 따라 맞춤형으로 잘 만들어진 강좌가 있고, 학생들에게 최대한의 지적 혜택을 제공하기 위해 '한-영 팀 티칭'을 운영하는데도 언론에서 '빛 좋은 개살구'라 비판받을 수 있다. 이 경우 나의 견해로는 이렇게 말해 주고 싶다.

"개살구가 맞다. 그러나 정말로 배 고픈 사람에게는 빛 좋은 개살구도 없는 것보다는 낫다. 지식에 굶주린 사람에게는 개살구로부터 시작하는 것도 나쁘지 않다."

정부, 언론, 학교 모두 "뭐가 중헌디"에 대한 고려 없이 (의도적이건 그렇지 않건)우선순위에 대한 오해로 망치를 강조하고, 그 망치가 목표에 맞지 않으면 개살구로 몰아간다. 대학 교육의 진정한 목적이 무엇인지에 대한 근본적 고려를 잊어버리고, 마치 모든 교육 관계자들이 공동 최면 상태에 든 느낌을 떨칠 수 없다. 아무리 세계화를 외친다 하더라도 전 국민이 영어를 잘할 필요는 없다. 현실은 일률적 교육 정책으로 모든 대학생이 일정 학점 이상의 영어 강좌를 기본적으로 들어야 한다. 유용한 연장들은 하나 없고 망치만 수십 개 들어 있는 연장통이라면 전혀 유용하지 못할 노릇이다.

버릴 수 없으면 고쳐 쓸 일

현실적 어려움에도 굳이 영어 강의를 개설해야 한다면 어떻게 진행해야 할까? 핵심은 대학이 영어 강의를 개설하면서 그 목적을 어떻게 설정하는지에 달려 있다. 영어 강의 소비자가 ③ 그룹의 순수 국내파 학생이라는 점을 가정하고 대학이 다음 목적을 위해 영어 강좌를 개설한다고 하자.

① 교육부에서 원하는 영어 강좌 수를 채움으로써 대학 평가 시 영어 강의 지표에서 높은 점수를 받는다.
② 대학 4년간 거의 모든 과목에 영어 강좌를 개설함으로써 모든 학생들이 졸업 시 영어 실력에서의 월등한 향상을 이루어낸다. 소위 말하는 진정한 교육의 세계화, 국제화를 이뤄내기 위함이다.

①, ②는 상당히 배치되는 목표인 듯 보이지만 사실 이 목표를 이루기 위한 해법은 비슷하다. 아무튼, 제시한 두 가지 중 하나가 영어 강좌가 도달해야 할 목표라면, 되도록이면 많은 영어 강좌를 열고 목표에 준하는 교원을 임용한다. 그러자면 네이티브 외국인 교수를 절대적으로 충원해야 한다.

그런데 위에 제시된 목표가 아니라 개설된 각각의 영어 강좌에서 학생들의 영어 능력 향상은 물론 해당 강좌의 내용의 이해를 극대화하는 데 있다면 어떤가? 사실 이러한 목표가 보다 현실적이라 할 수 있다. 만약에 기본이 아주 중요한 내용의 강좌라면 영어 강좌를 하지 않는 것도 하나의 방법일 텐데 오히려 개론 중심의 과목들이 이러한 강좌에 해당될 것이다. 영어 강좌로 진행할 경우, 사회과학 강좌의 경우 교수 충원 방향을 조정하거나 팀 티칭(team teaching) 등을 통해 영-한 합작 강좌로 진행하는 것도 한 방법이다. 팀 티칭은 영어가 능숙한 외국인 교수와 한국 교수가 동일 강좌를 같이 진행하는 방식을 말한다.

말이 나온 김에 한 가지 예를 더 들어 보자. 정치학 강좌 중 개론 수준에서 다루어야 하는 정도의 내용을 영어 강좌로 진행한다고 가정하자. 다루고자 하는 사례는 요즘 한국에서도 관심이 많은 내용이기도 하다. 내각책임제를 채택한 다당제 국가의 경우, 내각이 어떻게 구성되는지를 영어로 ③ 번 그룹의 학생들에게 강의하면 다음과 같이 이야기할 수 있을 것이다.

"Multi-party competition means that elections do not yield single-party majorities, but party coalitions formed before the election may still offer the voters a direct choice of future governments. During the election, a group of parties may encourage mutual support from their voters, agree to run candidates in different districts in order to maximize their combined vote, or agree to govern together if they jointly win a majority of legislative seats. Voters thus possess the ability to choose the direction of government policy through party and electoral aggregation. Such aggregation of policy preferences through elections is important because parties generally fulfill their electoral promises when they gain control of government."

위 설명은 비교 정치학에서 이야기하는 '선거 전 연합(pre-election coalition)'이라는 개념이다. 그런데 위와 같이 언급하고 넘어가면 ③ 그룹 학생의 경우, '선거 전 연합' 개념에 대해 쉽게 이해할 수 없을 것이다. 하지만 이 내용은 〈비교 정부론〉 과정에서는 너무도 기본적인 개념이므로 대충 넘어갈 수 없는 내용이다. 기본적이지만 가장 중요한 내용을 영어로 설명함으로써 학생들에게 개념을 제대로 이해시키지 못할 수 있다. 이런 상황에서 교수가 학생들에게 한국어로 다음과 같이 사례를 들어 설명하면 쉽게 이해할 수 있을 것이다.

"선거 때 정당이 난립하면 어느 정당도 과반수 획득에 어려움을 겪을 수 있을 것입니다. 그런 경우, 선거 이전에 정당들이 연합해 공동 후보를 내세우면 유리할 수 있겠죠. 1997년 한국 대선에서 김대중 후보가 어떻게 대통령에 당선됐는지 아시나요? 김대중 후보가 아무런 대책 없이 이회창 후보와 본선에서 맞붙었다면 당시 구도상 이회창 후보가 승리해 대통령에 당선되었을 테고, 그 이후의 역사, 즉 지금의 현실은 많이 달라졌을 것입니다. 최종 경선 구도상 약세를 예상한 국민회의의 김대중 후보는 또 한 명의 대선 주자였던 자민련 김종필 후보와 연합하여 단일 후보를 내기로 합의하였습니다. 그 결과 전체 경선 구도에서는 밀리던 김대중 후보가 아이러니하게 충청권의 지지를 등에 업고 근소한 표 차이로 대통령에 당선되었어요. 바로 그렇습니다. 97년에 김대중, 김종필, 이른바 양 김씨가 맺은 전략이 바로 선거 전 연합입니다. 그러니까 우리가 배우는 정치적 개념들이 외국에서만 일어나는 일들이 아니라 대한민국에서도 늘 벌어지고 있는 현상들입니다."

이 정도의 설명만 있어도 학생들에게 개념을 이해시키는 데 훨씬 도움이 되지 않을까?

오, 주여 당신은 어디에_
방황하는 한국 교회

　일상 생활에서 우리는 대개 '기독교인=이념적 우파'라는 공식을 자주 접하게 된다. 적어도 성경에 의하면 이 공식은 허구이다. 이번 이야기에서는 마르크즈주의와 이념이라는 개념을 정리해 돌아보고 성경을 인용해 현대 기독교인들의 우파적 삶이 맞는지 논의해 보려 한다. 먼저 마르크스주의에 대해 간단히 정리하면서 이야기를 시작한다.

❀ 마르크스주의의 이해

　마르크스(Karl Marx, 1818~1883)의 저술은 상당히 방대하지만 그 주장의 핵심은 명료하다. 마르크스에 의하면 중세 이후의 (서구)사회는 정해진 경로를 따라 이행한다. 그 경로는 봉건주의에서 시작해 자본주의를 거쳐 사회주

봉건주의

자본주의

사회주의

공산주의

그림 8.1 **역사적 결정론**

의로, 최종적으로 공산주의에 도달하며, 이 경로는 이미 역사적으로 정해진 것이어서 막을 수 없다. 마르크스는 이 사실을 역사적 결정론(historical deter-minism)이라고 했다. 이 이행의 각 단계들을 좀 더 자세히 살펴보자.

봉건주의는 지주와 소작인 간 경제적 관계로 정의된다. 즉 땅을 소유한 소수의 지주와 땅이 없어 지주의 땅을 경작해 벌어먹어야만 하는 절대 다수의 소작인으로 구성된다. 생산물을 만들어 내는 데 있어 땅은 필수적이므로 땅이 없는 소작인들은 필수 노동력을 제공하면서도 생산물의 대부분을 지주에게 수탈당하는 경제적 관계를 감수할 수밖에 없다.

산업혁명을 계기로 생산 구조가 농경 사회에서 산업 사회로 바뀌면서 부르주아 혁명으로 봉건주의는 소멸되고 자본주의 사회가 시작된다. 자본주의적 생산 시스템으로의 변화에 따라 노동자가 급격히 증가하면서 전체 인구의 압도적 다수를 점하는 사회로 변화된다.

한편 인텔리겐차(intelligentsia)의 주도로 노동자의 자의식 변화가 일어난다. 동시에 진행되는 근대화와 민주화로 모든 시민에게 선거권(보통 선거권, universal suffrage)이 부여되면서 노동자의 정치력 또한 급격히 증대한다. 이 시점에서 프롤레타리아 혁명을 통해 자본주의가 소멸하고 사회주의가 시작된다.

사회주의 체제에서 모든 생산 수단은 국유화된다. 사유 재산이 없어지고, 국가가 생산물을 공정하게 분배한다. 사회주의하에서 모든 생산 수단을 독점하는 국가는 가장 강력한 통제 장치이다. 사회주의가 성숙해지면 자연히 공산주의로 이행되는데 이 과정에서 국가(정부)는 소멸한다(국가 소멸론, Withering-away of the State). 진정한 공산주의가 탄생하고 비로소 유토피아가 도래한다.

그렇다면 인류 역사상 진정한 공산주의 국가는 있었을까? 마르크스의 이론에 따라 진정한 공산주의로 이행한 국가는 단 하나도 없었다. 마르크스에 의하면 사회주의에서 공산주의로의 이행 과정에서 국가는 사라지고 완전한 주민 자치가 이루어져야 하는데, 역사를 통틀어 그러한 경로를 통해 국가가 사라진 경우는 없었다. 현재까지 공산주의를 표방한 국가들은 공산당이라는 이름을 빌려 쓴 권위주의 체제에 지나지 않는다. 그러니 일반적으로 일컬어지던 공산 국가들은 엄밀한 이론적 잣대에 의하면 모두 허위이다. 생산 수단의 국유화와 집단 농장과 같은 주민 연합체 결성을 추구하여 사회주의에 다가간 국가는 있었지만 공산주의로 이행한 나라는 없었다. 개인적으로 인류 역사상 마르크스가 말한 공산 커뮤니티에 가장 가까웠던 경우라면 로마 시대 기독교인들의 공동체였던 카타콤 정도가 아니었나 생각한다.

마르크스 사고에 놓인 허점은 무엇일까? 사회주의가 성숙하면 모든 생산 수단을 독점한 국가가 제일 강력한 개체일 수밖에 없다. 그런데 국가는 개인들의 집합체다. 각각의 이익을 추구하는 사람들의 단체(집단)를 국가 혹은 정부라고 부른다는 뜻이다. 사회주의가 달성되고 소수의 개인들이 거의 모든 권력을 독점한 상황에서 국가를 구성하는 사람들이 스스로의 권력을 포기하고 커뮤니티의 일원으로 돌아갈 수 있을까? 개인적 생각이지만 마르크스는 인간을 너무 순수하고 선한 개체로 인식한 듯하다.

❀ 이념이란 무엇인가

이제 이념에 대해 잠시 짚고 넘어가자. 우리는 이념이라는 말을 흔하게 사용한다. 특히 한국의 정치나 언론에서 좌파, 우파, 진보, 보수라는 말은 매일같이 보고 듣는 용어이다. 그런데 정작 "이념이 무엇이냐?" 물으면 바로 답할 성싶지는 않다.

한국 사회에서 이념이라는 단어를 매우 일차원적 개념으로 단순하게 취급하는 경우를 많이 본다. 사실 복잡다단해진 현대 사회 들어 이념은 매우 다양한 이슈들을 모아 통칭하는 개념이 되었다. 서구 정당 연구자들 중에는 이념을 50개가 넘는 이슈의 통합체라는 것으로 설명한 학자도 있다.[*] 그 정도로 세밀한 기준을 가르지 않고 비슷한 이슈들을 묶어 크게 분류하면 적어도 두 가지 기준을 들 수 있는데, 바로 경제적 차원과 사회적 차원이다.

경제적 차원에서의 이념은 시장과 정부의 역할 정도에 따라 좌우로 나뉜다. 시장의 역할을 우선하면 우파, 정부의 역할을 우선하면 좌파로 분류할 수 있다. 능력 위주의 분배는 우파, 공평한 분배는 좌파의 영역이다. 따라서 복지

---

[*] Budge, I. et al. (2001), Kim and Fording (1998)

는 좌파의 상징적 개념이라 할 수 있다. 사회적 차원에서의 이념은 주로 종교적 입장에서의 윤리 문제를 포함한다. 낙태 문제, LGBTQ 문제 등을 개인의 삶의 영역으로 인정하면 좌파, (범)죄로 인식하면 우파로 분류할 수 있다. 현대 사회에 새로이 등장한 이슈들 중 좌파는 환경 보존, 자유로운 이민, 세계화 등을 선호한다. 반면에 우파는 자원 개발, 국가·민족적 전통, 강력한 안보를 중요시한다.

이념의 복잡성으로 볼 때 2024년 현재의 한국 정치 지형에서 '좌파(진보)=더불어민주당, 우파(보수)=국민의힘'이라는 등식은 성립되지 않는다. 우선 양당이 경제·사회적 차원에서 좌파와 우파 성향으로 선명하게 구분되지 않는다. 당을 대표하는 의원들도 좌파와 우파가 양당 모두에 섞여 있다. 정책적 선호도(이념)가 비슷한 사람들끼리 모여 집권을 도모하는 단체를 '정당'이라고 개념 지을 때 한국 정당들은 무엇인가 모자란다. 상황이 그러하다면 정당에 대한 일방적 지지보다는 어느 후보자가 진정한 진보 혹은 보수인지를 가려 투표하는 시민의 안목을 키우는 게 중요하지 않을까.

이야기를 더 전개하기에 앞서 한 가지 확실히 해 둘 게 있다. 앞에서 마르크스주의를 소개한 이유는 역사적으로 마르크스주의가 대표적 좌파 이념으로 인정되기 때문이다. 하지만 한국 기독교의 이념 스펙트럼을 평가하는 데 있어 마르크스주의의 역사적 결정론보다는 앞서 거론한, 학계에서 공통적으로 받아들여지고 있는 '이념'이라는 개념을 잣대로 사용할 것이다.

✤ 성경과 예수

기독교의 이념을 판단하는 데 있어 사회적 차원을 우선 살펴보자. 앞서 말한 바, 현대 들어 나타나기 시작한 사회적 이슈들은 성경이 기록되던 시절에는 전혀 고려되지 않았을 터이므로 성경에서 그에 대해 기록한 내용을 찾을 수는 없다. 예컨대 환경 보존, 자유로운 이민, 세계화, 자원 개발, 국가·민족적 전통, 강력한 안보 등이 그러한 이슈들이다. 반면 윤리·종교적 이슈들, 예컨대 낙태, LGBTQ 등의 문제에 대해 성경은 개인의 자유로운 삶의 양식이 아니라 (범)죄로 규정한다. 성경(레위기 18장)에는 다음과 같이 기록되어 있다.

> 1 여호와께서 모세에게 말씀하여 이르시되
>
> 2 너는 이스라엘 자손에게 말하여 이르라 나는 여호와 너희의 하나님이니라
>
> 4 너희는 내 법도를 따르며 내 규례를 지켜 그대로 행하라 나는 너희의 하나님 여호와이니라
>
> 5 너희는 내 규례와 법도를 지키라 사람이 이를 행하면 그로 말미암아 살리라 나는 여호와이니라
>
> 6~18절: 근친상간의 금지
>
> 20 너는 네 이웃의 아내와 동침하여 설정하므로 그 여자와 함께 자기를 더럽히지 말지니라
>
> 22 너는 여자와 동침함같이 남자와 동침하지 말라 이는 가증한 일이니라
>
> 23~24절: 수간의 금지

이와 같이 성경은 우리가 일반적으로 범죄이거나 비윤리적이라고 생각하는 이슈에 더하여 다양성의 문제라 주장할 수 있는 이슈에 대해서도 금하고 있다. 따라서 성경 전체를 통해 기독교는 사회적 차원에서는 우파적이라는 결론에 이를 수밖에 없다.

그렇다면 경제적 차원에서 살펴본 기독교적 이념은 어떠할까. 앞서 시장과 정부의 역할에 대한 선호도에 따라 좌우파로 분류된다고 이야기했다. 하지

만 성경이 기록된 시점으로 보건대 시장 발달이나 정부의 경제적 역할에 대한 논의는 의미가 없으므로 이 차원에서 기독교적 이념을 규정하기는 어렵다. 하지만 '능력에 따른 분배와 공평 분배'라는 문제의 측면에서 성경은 확실한 입장에 서 있다. 그 이유는 다음 구절을 통해 확인할 수 있다.

어떤 사람이 주께 와서 이르되 선생님이여 내가 무슨 선한 일을 하여야 영생을 얻으리이까? 예수께서 이르시되 어찌하여 선한 일을 내게 묻느냐? 선한 이는 오직 한 분이시니라. 네가 생명에 들어가려면 계명들을 지키라. …… 그 청년이 이르되 이 모든 것을 내가 지키었사온데 아직도 무엇이 부족하니이까? 예수께서 이르시되 네가 온전하고자 할진대 가서 네 소유를 팔아 가난한 자들에게 주라. 그리하면 하늘에서 보화가 네게 있으리라. 그리고 와서 나를 따르라 하시니 그 청년이 재물이 많으므로 이 말씀을 듣고 근심하며 가니라. 예수께서 제자들에게 이르시되 내가 진실로 너희에게 이르노니 부자는 천국에 들어가기가 어려우니라. 다시 너희에게 말하노니 낙타가 바늘귀로 들어가는 것이 부자가 하나님의 나라에 들어가는 것보다 쉬우니라(마태복음 19장 16~24절).

예수께서 눈을 들어 제자들을 보시고 가라사대 가난한 자는 복이 있나니 하나님의 나라가 너희 것임이요. 이제 주린 자는 복이 있나니 너희가 배부름을 얻을 것임이요. 그러나 화 있을진저 너희 부유한 자여 너희는 너희의 위로를 이미 받았도다. 화 있을진저 너희 이제 배부른 자여 너희는 주리리로다(누가복음 6장 20~25절).

한 부자가 있어 자색 옷과 고운 베옷을 입고 날마다 호화롭게 즐기더라. 그런데 나사로라고 이름하는 한 거지가 헌 데 투성이로 그의 대문 앞에 버려진 채 그 부자의 상에서 떨어지는 것으로 배불리려 하매 심지어 개들이 와서 그 헌 데를

핥더라. 이에 그 거지가 죽어 천사들에게 받들려 아브라함의 품에 들어가고 부자도 죽어 장사되매, 그가 음부에서 고통 중에 눈을 들어 멀리 아브라함과 그의 품에 있는 나사로를 보고 불러 이르되 아버지 아브라함이여 나를 긍휼히 여기사 나사로를 보내어 그 손가락 끝에 물을 찍어 내 혀를 서늘하게 하소서. 내가 이 불꽃 가운데서 괴로워 하나이다. 아브라함이 이르되 얘 너는 살았을 때에 좋은 것을 받았고, 나사로는 고난을 받았으니 이것을 기억하라. 이제 그는 여기서 위로를 받고 너는 괴로움을 받으리라(누가복음 16장 19~25절).

또한 유명한 포도밭 주인과 삯군의 비유를 보자.

천국은 마치 품꾼을 얻어 포도원에 들여보내려고 이른 아침에 나간 집 주인과 같으니. 그가 하루 한 데나리온씩 품꾼들과 약속하여 포도원에 들여보내고. 또 제삼시에 나가 보니 장터에 놀고 서 있는 사람들이 또 있는지라. 그들에게 이르되 너희도 포도원에 들어가라 내가 너희에게 상당하게 주리라 하니 그들이 가고. 제구시에 또 나가 그와 같이하고. 제십일시에도 나가 보니 서 있는 사람들이 또 있는지라. 이르되 너희는 어찌하여 종일토록 놀고 여기 서 있느냐. 이르되 우리를 품꾼으로 쓰는 이가 없음이니이다. 이르되 너희도 포도원에 들어가라 하니라. 저물매 포도원 주인이 청지기에게 이르되 품꾼들을 불러 나중 온 자로부터 시작하여 먼저 온 자까지 삯을 주라 하니. 제십일시에 온 자들이 와서 한 데나리온씩을 받거늘. 먼저 온 자들이 와서 더 받을 줄 알았더니 그들도 한 데나리온씩 받은지라. 받은 후 집 주인을 원망하여 이르되 나중 온 이 사람들은 한 시간밖에 일하지 아니하였거늘 그들을 종일 수고하며 더위를 견딘 우리와 같게 하였나이다. 주인이 그중의 한 사람에게 대답하여 이르되 친구여 내가 네게 잘못한 것이 없노라 네가 나와 한 데나리온의 약속을 하지 아니하였느냐. 네 것이나 가지고 가라 나중 온 이 사람에게 너와 같이 주는 것이 내 뜻이니라. 내 것을 가지고 내 뜻대로 할 것이 아니냐 내가 선하므로 네가 악하게 보느냐(마태복음 20장).

마지막 에피소드는 예수를 믿는 데 있어 처음 된 자와 나중 된 자가 바뀔 수 있다는 의미로 해석된다. 하지만 텍스트 그대로 해석한다면, 품꾼들이 일한 시간이 아니라 가난한 품꾼들이 필요한 삯이 얼마인지에 초점을 맞춘 에피소드라는 해석이 가능하다.

성경의 전체적 흐름은 예수께서 가난한 자, 병든 자, 약자를 위해 이 세상에 오셨고, 부자들에게 부의 재분배를 요구하셨다는 관점이 깃들어 있다. 따라서 경제적 차원에서 성경 혹은 기독교적 이념은 좌파적이라 해석하는 게 맞다. 신약 성경, 특히 복음서에서 예수께서 말씀하신 부분을 종합하면 부자가 천국에 가기는 몹시 어렵고, 천국에 가는 아마도 유일한 길은 자기가 가진 것을 빈자와 나누는 수밖에 없어 보인다. 사회 전체로 볼 때 성경은 이렇게 대대적인 부의 재분배를 요구한다. 예수께서는 부자 청년에게 전 재산을 팔아 하나님께 바치라 하지 않으셨고, 가난한 사람에게 나누어주라 하심으로써 사회적 재분배를 요구하셨다. 이 이야기는 칼 마르크스가 세상에 나오기 천 몇 백 년 전의 이야기다.

✤ 한국 기독교와 우파

한국이나 미국이나 대개의 기독교인들은 마치 자신들이 우파이거나 우파여야 하는 듯 행동한다. 그 이유는 몇 가지로 요약할 수 있다. 그중 어떤 것은 옳은 반면 어떤 것은 그렇지 않을 수 있다. 하나씩 짚어 보자.

첫째, 어떤 사람들은 이념의 사회적 측면을 경제적 측면보다 더 중시한다. 개인에 따라 윤리적 이슈를 경제적 이슈보다 훨씬 더 중요하게 여길 수는 있다. 기독교가 사회적 측면에서 우파적이라 했으므로 이런 사람들이 이념적 우파인 것은 어쩌면 옳은 일이다. 둘째, 한국 전쟁의 경험 혹은 북한 정권의 만행을 접하며 우파가 되었다. 만약 이런 이유로 우파가 되었다 하는 주장이라면 문제가 있다. 그러한 주장에는 좌파라는 개념이 근본적으로 폭력적이라는 잘못된 이해에 기초할 수 있기 때문이다. 한국 전쟁 당시 인민군의 만행은 좌파 이론의 이해에 근거하지 않은 한풀이었을 수도 있고, 당시 북한 정권 역시 진정한 공산주의 정권이라기보다 폭력적 권위주의 정권으로 보는 게 타당하기 때문이다. 일부 기독교인의 행태로 기독교를 평가하면 안 되듯 전쟁 시 만행이나 폭력성에 기초해 좌파 이론을 평가하는 일 역시 매우 잘못된 이해에 기초하기 때문이다.

마지막으로 이념에 대한 이해 부족으로 좌우파를 혼동할 수 있다. 비슷한 맥락에서 이념에 대한 이해가 부족하거나 좌파 이론에 대한 막연한 불안감 탓에 우파적 행태를 보이는 사람들도 있다. "기독교인이라면 당연히 우파적 태도를 취해야 한다"는 말을 들었을 수도 있다. 하지만 이러한 경우는 결코 바람직하지 않은 예이다. 앞서도 이야기했듯 민주주의가 제대로 기능하려면 성숙한 시민의식이 필수다.

이제 현명한 기독교인들이 스스로의 이념적 정체성에 대해 심각하게 고민해 보아야 할 때이다. 좌파여도 좋고, 우파여도 좋다. 결론적으로 기독교인들의 마음속에 품은 경제적 이슈와 사회적 이슈의 중요도에 따라 좌파 또는 우파일 수 있다. 더 명확하게 경제적 측면에서는 좌파, 사회적 측면에서는 우파라는 동시 규정도 가능하다. 현재까지 이어져 온 이해 부족이 쭉 우파적 태도로 이어져야 할 하등의 이유가 되지 않는다. 내 글이 설득력 있게 받아들여지길 바랄 뿐이다.

하나님 꼼짝 마!

한국 기독교에 관해 꼭 하고 싶었던 마음의 말이 있다.

"대한민국은 전광훈 목사 중심으로 돌아가게 돼 있어. 기분 나빠도 할 수 없다."

"나는 하나님 보좌(寶座)를 딱 잡고 살아. 하나님 꼼짝 마! 하나님 까불면 나한테 죽어! 내가 이렇게 하나님하고 친하단 말이야."

전광훈이라는 자칭 목사가 몇 년 전에 광화문 집회 중에 쏟아낸 발언이다. 성경은 다음과 같이 기록하고 있다.

"여호와의 이름을 모독하면 그를 반드시 죽일지니 온 회중이 돌로 그를 칠 것이니라. 거류민이든지 본토인이든지 여호와의 이름을 모독하면 그를 죽일지니라."(레위기 24장 16절)

09

기독교를 '참으로' 믿는다는 것

기독교인들이 흔히 말하는 "예수를 믿는다", "구원을 받았다", "천당에 간다"는 것은 무엇을 의미할까? 이 책의 끝 부분 〈이방인 낙서〉 편에서 언급하겠지만, 아시아 국가들 중 자신이 기독교인이라고 믿는 사람의 비중이 한국은 다른 국가에 비해 압도적으로 높다. 통계에 따르면 구원을 받아 천당으로 들어가는 일을 생의 주요한 목표로 삼는 한국인이 적어도 천만 명은 되어야 한다. 그렇다면 이 사람들은 위의 개념을 어떻게 받아들이고 있을까? 그들은 진정 천당에 갈 자신이 있을까?

✤ 현대 한국 기독교인의 3대 우상

성경이 말하는 구원과 천당에 놓인 허들은 매우 높다. 한마디로 남은 생의 우선권(priority)이 완전히 바뀌어야 하는 일이다. 말하자면 과거 삶의 과정에서 중요시 여겼던 것들을 폐기하고, 삶의 이유를 하나님을 섬겨 하나님의 뜻을 이루고, 마침내 내가 천당에 이르는 삶으로 완벽히 개조되어야 한다. 기독교에서는 '나에게 하나님을 대신할 정도로 중요한 것'이 있다면, 그것을 '우상'이라고 한다. 우상은 깨져야 하고, 없어져야 할 것들이다. 그러면 오늘날 한국 사회를 살아가는 기독교인들에게 깨어 부숴야 할 흔한 우상은 무엇일까?

내 생각에는 첫째, 아파트로 대변되는 부동산이다. 보다 범위를 넓혀 개념 지으면 '돈'이다. 내가 사는 아파트의 가격이 뛰고 내려앉는 것에 일희일비한다면 가짜(기독교인)이다. 삶의 우선권이 개조된 기독교인에게 현실의 아파트 값은 아무 의미가 없어야 한다. 그런 면에서 부동산을 대량 보유한 기독교인은 의심의 대상이다. 아파트나 빌라를 여러 채 가진 이유가 집 없는 사람들을 보살피려 하는 것이 아닌 바에야 이러한 보유는 비성경적이다.

우리 사회 기독교의 두 번째 우상은 '자식'이다. 인간적으로 왜 자식이 예쁘지 않겠는가마는, 좋은 기독교인에게는 자식도 하나님 다음이다. 그게 아니라면 자식도 우상이다. 하나님 보시기에 내 자식이 하나님을 믿고 구원받는 일이 중요하지, 그가 어느 대학 출신인지가 무엇이 중요하랴. 그러니 정작 스스로를 기독교인이라 칭하며 자식을 대치동에 보내려고 돈을 써대는 사람 역시 가짜 기독교인이다. 자식의 장래를 지나치게 걱정하는 사람, 자식의 미래에 지나치게 투자하는 사람도 다 의심의 대상이다.

우리 사회 기독교인의 마지막 우상은 자신의 미래에 대한 지나친 걱정이다. 어느 정도의 노후 대책이야 당연하겠지만 과도한 대비는 비성경적이다. 하나님은 "하늘을 나는 까마귀도, 백합화도 들풀도 보살피신다"고 하셨다(누가복음 12장). 자신의 신앙이 정상이라면, 하나님의 자녀인 나의 경제적 장래는 걱정할 필요가 없다. 기독교에선 그러하다는 이야기다.

✤ 기독교 비즈니스

　성경에 "나를 사랑하는 자는 천 대까지 은혜를 베풀리라(출애굽기 20장, 신명기 5장)"고 하였다. 하지만 그 말씀이 당대에 억만금을 벌어 천 대까지 대를 이어 물질적으로 축복받게 한다는 뜻이 아니다. 조상의 신앙 덕에 후손이 물질적 축복을 받아야 한다면, 그건 하나님께서 그때그때 알아서 할 일이지 자녀에게 물려줄 것을 많이 만들어 놓아야 한다는 이야기가 아니다. 한국에 돌아와 살면서 부모들이 과도하게 유산을 물려주는 일에 집착하는 모습을 많이 보았다. 상속세를 절약하기 위해 아예 아이 때부터 아이의 이름으로 재산을 증식해 준다. 이런 현상은 기독교인이건 아니건 벌어지는 사회 현상이다. 천당에 가고 싶은 사람들은 더 이상 부의 증식과 상속을 그칠 일이다. 우상 숭배다.

　나는 가진 재산도 별로 없거니와 기독교적 신앙도 아직 물음표이다. 하지만 자식에게 뭘 물려주고 싶은 생각이 없다는 건 확실하다. 내가 죽으면 내 가진 모든 것은 아내에게 상속하게 되어 있다. 아내가 죽으면 모든 재산이 이 사회에서 가장 경제적 약자들에게 나누어지도록 제도적 장치를 마련해 놓았다.

　외람되게도 나는 위에서 한 나의 말들이 성경적 진리라 믿는다. 그런데 왜 고학력, 부자 중심의 대형 교회 목사들은 이런 류의 설교를 하지 않는 걸까? 내 비천한 짐작으로는 교회 '비즈니스'에 좋지 않기 때문이다. 위의 세 가지 이야기를 하면 '손님'이 떨어져 나간다. 많이 배운 사람, 현재 부자인 사람들은 위의 진리를 불편해한다. 포기가 안 되기 때문이다. 그러니 외형적으로는 대규모 신자를 자랑하는 대형 교회들이 엄청난 헌금과 더불어 교회당 건물이 바벨탑같이 올라가는데, 교회 내에서는 정작 기독교의 근본 이념을 가르치지 않는다. 감히 말하자면 유명 목사들이 '대형 교회 건물'이나 '교인의 숫자'

라는 우상을 좇으며 진짜 하나님은 후순위에 두는지도 모른다.

미국은 지금도 그렇지만 20세기 중반까지 인종 차별이 아주 심했고, 그러한 차별은 교회에서도 마찬가지였다. 만들어진 이야기이겠지만 재미있는 일화가 있다.

남부의 어느 시골 백인 지역에 사는 흑인 크리스찬이 있었다. 그는 일요일마다 동네에 하나밖에 없는 교회 밖에서 울어야 했다. 백인들이 그가 교회에 들어오는 것을 금했기 때문이다. 어느 날 그는 여느 때와 마찬가지로 교회 밖 계단에 앉아 하나님께 울면서 기도했다.

"하나님, 왜 나는 교회에 들어가지 못합니까?"

그날은 하나님께서 그의 기도에 응답하셨다.

"괜찮다. 나도 그 교회에 못 들어가 보았다."

웃자고 하는 이야기이지만 한국 교회에 울리는 경종이 있다. 오늘날 한국 교회는 하나님보다 앞서 말한 초대형 건물을 우상으로 섬기느라 변질되고 있지는 않은가?

결론적으로 하나님을 믿음으로써 구원받아 천당에 드는 일은 아주 큰 헌신(commitment)을 필요로 하며, 따라서 매우 어렵다. 스스로를 기독교인이라 믿는 사람들은 앞에서 내가 말한 '우상' 테스트를 한 번씩 해 보면 좋겠다.

✤ 이분법적 질서와 인간의 결정 이론

기독교는 그 교리로 보아 나같이 평생을 사회과학 공부만 한 사람들이 믿기에 아주 힘든 구조를 가지고 있다. 서구 사회과학에서는 신정(theocracy)에서 세속화(secularization)로의 움직임을 근대화라고 부른다. 그리고 근대화는 '민주주의의 기본'이다. 게다가 기독교의 교리는 이분법적이다. 정확한 흑백논리를 가진다. 성경에는 하나님 편이 아니면 사탄의 편이라 했고, 양이 아니면 염소라고 했다. 즉 둘 중 하나이고 중간은 없다. 그러니 하나님의 사람으로서 천당에 가려면 위에서 말한 우상들을 완벽히 포기해야 한다. 나와 같이 사회과학을 평생 공부하여 세속화에서 근대화로 이행하고 근대화의 요체가 민주주의라 믿는 사람에게는 참 어려운 종교다.

민주주의는 다양성을 인정한다. 그런데 기독교는 성경에 의해 무조건적인 죄로 정해진 것들이 있다. 그러니 다양성은 없다. 이러한 이분법적 질서에서 확고한 신앙심을 가지는 일은 인간의 심리 구조상 쉽지 않다. 경제학에서 주로 다루는 결정 이론, 게임 이론 등에서는 '개인의 결정'을 세 가지로 나눈다.

① 확실성의 결정(decision-making under certainty)
② 위험성의 결정(decision-making under risk)
③ 불확실성의 결정(decision-making under uncertainty).

먼저 '확실성의 결정'의 경우, 나의 결정이나 선택은 반드시 하나의 결과로 나타난다. 이런 세상은 주로 물리학적 힘의 영향을 받는데, 예를 들어 지구에 만유인력이 존재하는 한, 손에 잡았던 공을 놓으면 공은 땅으로 떨어진다. 이런 현상이 나타날 확률은 1이다. 예외가 없다. 하지만 인간의 결정 중 대부분의 경우 확률이 1로 나타나는 경우는 별로 없다.

인간이 하는 대부분의 결정은 '위험성의 결정'에 해당된다. 우리가 자각하지 못하는 자연 상태(State of Nature), 즉 어떤 결정을 좌우하는 환경적 요소에 확률을 부여한다. 이 자연 상태는 결정하는 사람이 확신할 수 없는 요소이다. 예컨대 A당과 B당을 선택하는 투표를 한다고 하자. 투표를 결정하는 중요한 요소는 선호하는 당의 정책과 더불어 양당이 각각 어느 정도의 지지를 받고 있는가 하는 데 있다. 이 정보는 여론 조사를 통해 일정 정도 확인할 수 있다. 개인의 투표가 가장 효력을 발휘할 때는 양당에 대한 지지가 50:50으로 나뉘었을 때이다. 이렇게 양당이 비슷한 지지율로 경쟁 중이면 투표율은 올라간다. 마찬가지로 일방이 90:10의 확률로 앞서 있다면 투표율은 떨어질 것이다. 그만큼 내 투표의 효용은 떨어진다.

그런데 100:0이라는 여론 조사가 세상에 있을까? 일방이 제 아무리 압도적이라 해도 승리 확률에 1을 부여하지는 않는다. 인간 세상에서 제 아무리 '확신'하는 사건이 있다 해도 1의 확률을 부여하지는 않는다는 의미다. 0.9 정도의 확률에 이르는 경우 우리는 '확실하다'고 표현한다. 그럼에도 1의 확률은 아니다. '확실성의 결정'과 '위험성의 결정'은 자연 상태(State of Nature)의 확률이 각각 1인 경우와 1보다 작은 경우에 일어나는 결정을 의미한다.

❖ 불확실성의 결정과 진정한 종교적 삶

'불확실성의 결정'은 그 확률을 알 수 없거나 확률 자체가 의미 없는 경우에 일어나는 결정이다. [그림 9.1]의 예를 보자.

자연 상태(State of Nature)에 두 가지 가능한 경우가 있다고 가정하자. 하나는 "하나님은 존재한다"와 다른 하나는 "존재하지 않는다"이다. 인간이 하는 결정은 위에서 주장한 바와 같은 "진정한 기독교인의 삶을 산다"와 "원하는 대로 먹고 마시며 즐긴다"라고 하자.

자신이 진정한 기독교인의 삶을 살아 천당에 간다면 그 효용은 긍정의 무한대(+∞)에 이를 것이다. 반대로 진정한 기독교인의 삶을 살았는데 천당이 없다면 뭔가 손해 본 듯 느껴질 테니 효용이 -100쯤으로 하자. 원하는 대로 먹고

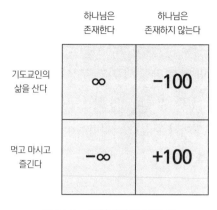

	하나님은 존재한다	하나님은 존재하지 않는다
기도교인의 삶을 산다	∞	−100
먹고 마시고 즐긴다	−∞	+100

그림 9.1 불확실성의 결정 예

마시며 행복하게 살았는데 죽어 보니 천당이 없다고 하자. 살아서 즐겼으니 긍정적 숫자 +100쯤을 부여하자. 그런데 원하는 대로 먹고 마시며 행복한 생을 살았는데 죽어 보니 지옥이라면 영원한 지옥불에 던져질 것이다. 이런 상황이라면 영낙 없는 부정의 무한대(−∞)이다.

이런 결정 상황에서 하나님의 존재에 대한 확률은 무슨 의미인가? 인류의 대부분에게 이 확률은 모르는 확률이다. 신이 존재할 확률을 논하는 자체가 의미 없는 일이다. 그런데 이런 상황에 해당되지 않는 두 부류의 사람이 있다. 그 하나의 부류는 '확실한 무신론자'들이다. 정말로 신은 존재하지 않는다(확률=0)고 확신하는 무신론자들이다. 내 경험상 이런 부류의 사람이 실제는 많지 않은데, 나는 이런 사람들을 진정으로 '용감한' 사람이라 생각한다. 나머지 하나의 부류가 상상이나 허구가 아니라 진실로 신은 존재하며 그 신은 '하나님'이라는 것을 진실로 믿는(확률=1) 기독교인들이다. 이 부류의 사람들은 앞서 말한 세 가지 우상을 이미 다 물리치고 오로지 하나님'만'을 위해 사는 사람들이다. 앞에서 나는 이런 결정은 물리학적 세계에서나 가능하다고 말했다.

현실 세계에서 이런 사람이 '많을' 확률은 매우 낮다.

늘상 교회를 찾고 전도하며 봉사에 나서는 기독교인은 주변에 많지만, 그들의 삶을 들여다보면 앞서 말한 세 가지 우상을 정리해 물리친 사람은 찾아보기 힘들다. 그러니 '진짜' 기독교인이 되는 길은 몹시, 몹시 힘들다는 이야기다. 스스로를 기독교인이라 자신하는 사람들이 비천한 나의 말을 한 번 생각이라도 해 보았으면 좋겠다.

북한을 어찌하랴

나는 비교 정치, 제도주의, 합리적 선택 이론과 게임 이론 등을 공부했다. 따라서 남북 문제에 직접적으로 정통한 전문가는 아니다. 비전문가라 할지라도 의견 개진은 얼마든지 가능하다. 여기서는 합리적 선택 이론의 틀을 이용해 북한 핵 문제 해결에 대한 내 의견을 스토리텔링 형식으로 풀어 보려 한다. 비록 이 분야에 대해서는 전문가라 할 수 없으나 내 이야기를 통해 독자들과 의견을 나눌 수 있길 바란다.

❀ 합리적 선택 이론과 협상의 조건

합리적 선택 이론(rational choice theory)은 다양한 의사 결정 과정에 미시 경제학 이론을 접목시킨 것이다. 이 이론에서는 '개인'을 주어진 목표 달성을 위해 최선의 수단을 선택하는 목적 지향적 개체로 전제*하여 방법론적 개

---

* Booth et al., 1993. van Winden, 1988

인주의(methodological individualism)를 가정한다. 방법론적 개인주의에 따르면, 모든 사회 현상의 과정과 결과물은 개인의 선호(preference)와 선택의 산물이다. 방법론적 개인주의에서는 행위자가 자기의 목적과 선호도에 따라 가능한 대안 중에서 선택할 수 있음을 주요하게 전제한다. 따라서 모든 집단의 선택은 궁극적으로 개인 선택의 관점에서 이해되어야 하며 인간의 행위는 특정 목표를 추구한다는 것을 가정한다. 사람들은 특정의 목적 달성을 위해 행동하며, 따라서 특정 행동을 이해하기 위해서는 그들의 목적을 먼저 이해해야만 한다.*

현재 남·북·미 사이에 진행되고 있는 대화 게임에 합리적 선택 이론을 적용해 보자. 먼저 북한이 원하는 조건은 어떻게 정의할 수 있을까? 그간 언론 보도와 전문가 의견을 종합할 때, 다음 두 가지 전제를 짐작할 수 있다.

① 북한의 체제 보장
② 경제 제재 완화 후, 궁극적으로 경제 교류 및 원조 등

여기서 북한이 원하는 북한의 체제 보장은 무엇을 의미할까? 먼저 우리는 다음의 전제를 생각할 수 있다.

① 북한이라는 국가의 유지를 보장하라.

이 전제는 북한이라는 영토에 현재 존재하는 조선민주주의인민공화국이라는 국가의 유지를 보장하라는 의미이다. 당연히 북한은 이 전제를 요구할 것이다. 그런데 북한 정권에게 이 정도를 보장한다고 하면 만족해 할까? 아래의 논의가 보여 주듯 실제 북한이 원하는 것은 이보다 훨씬 더 구체적인 것이다.

---

* Ordershook, 1986. 김희민, 2013

② 북한 정권의 유지를 보장하라.

이 전제는 미국과 국제 사회가 현재 북한 영토에 위치한 국가의 존속뿐 아니라 현재의 정치 체제 역시 그대로 존속할 수 있게 보장하라는 의미이다. 당연히 북한 정권은 이것을 원할 것이다. 이 정도의 보장이면 북한 정권이 만족하여 대화의 장에 나설까?

③ 김정은 정권의 지속성을 보장하라.

이 전제까지 이야기하면 독자들이 이미 짐작하듯, 북한이 말하는 체제 보장이란 위의 ①, ②번 전제뿐 아니라 현 정권 존속의 보장을 의미한다. 북한이라는 국가와 그 체제의 유지 보장뿐 아니라 김정은이라는 지도자까지 보장해야 대화에 나서고 북핵 문제 해결이 가능하다는 것을 의미한다.

✤ 합리적 선택 이론과 결정자 조건

북핵 문제 해결에 있어 북한 정권이 추구하는 바를 이해했다면, 이제 북한 정권의 핵 협상 참여 여부, 협상 시 입장, 협상 실패 시 대응 등에 관한 결정은 누구에 의해 결정될 것인지 따져 보자. 북한 의회, 노동당, 군부 등에서 형식적 논의는 가능하겠지만 궁극적 결정은 김정은 '개인'에 의해 이루어진다. 이러한 현상은 북한을 포함해 공산주의를 내세우는 권위주의 정권이 가지는 특성이다. 현재 북한 사회에서 국가 및 정권의 장래가 걸린 주요 의사를 김정은 외의 인물이나 제도가 결정하는 일은 상상할 수 없다.

그러므로 우리가 주목해야 할 결정자(decision-maker)는 김정은 '개인'이다. 결국 김정은의 선호와 결정 스타일을 분석하면 북한이라는 국가의 결정을 짐작할 수 있다. 김정은은 어떤 결정을 할까? 위에서 말한 북한의 두 가지 목표 외에 협의해야 할 여지가 있다면 국익보다는 김정은 개인의 이익에 따라 결정될 가능성이 높다. 어차피 '국익'은 추상적 개념으로 지도자 개인에게 유리한 결정을 국익을 위한 결정이라 포장할 수 있다.

이제 미국의 경우를 살펴보자. 북한과의 핵 협상에 있어 미국이 원할 만한 전제들을 정리하면 다음과 같다.

① 핵을 장착한 북한 장거리 미사일이 미국까지 도달해 미국의 안보를 위협하는 일을 막는다.
② 동북아 안보 혹은 인도-태평양 전략(주로 중국 포위 전략)에서 북한의 위치를 정립한다.

전문가들은 그 외에도 더 많은 미국의 목표들을 말할 수 있을 것이다. 북한에 대한 미국의 목표가 무엇이건 간에 대부분의 미국인들은 북핵 문제에 대해 잘 알지도 못할 뿐더러 관심도 없다. 언젠가 북한에서 발사한 핵무기가 미국으로 날아올 거라 생각하는 미국인은 거의 없다. 미국인들이 그 정도의 미미한 위협을 다 감지하며 살기에는 매일매일의 일상이 너무도 바쁘다.

이제 미국의 지도자들을 살펴보자. 먼저 도널드 트럼프 전 대통령은, 결론부터 이야기하자면 자신의 이익을 극대화하는 방향으로 외교 정책을 결정했다. 자신의 이익이 세상 모든 것에 우선한다는 것이 그의 몸에 밴 스타일이었고, 대통령이 되어서도 다르지 않았다. 자기 결정에 반대하는 참모들을 용인하지 못했고, 결국 임기 초반의 주요 참모들 중 임기 후반까지 함께한 사람은 별로 없다.

트럼프의 성향으로 보아 북핵 문제는 그 방식이 대화로 나타나건 분쟁으로 드러나건 어떤 형태로건 트럼프 자신의 정치적 이익에 복무해야 하는 것이었다. 가깝게는 2020년 재선에 도움되는 방향이어야 했다. 한편 트럼프는 북핵 문제를 해결하여 노벨 평화상에 도전할 의사를 숨기지 않았다. 불행히도 그는 그 뜻을 이루지 못했다. 결국 트럼프는 어떤 형태의 대북 정책을 선택하건 그것이 미국의 국익이라 포장할 것이다. 지금까지 논의로 보아 트럼프 행정부 시절 북한 핵무기를 둘러싼 대화에 김정은과 트럼프 개인의 이익을 살피지 않고서는 북핵 협상을 설명할 수 없다. 그러니 '미국, 북한, 한국'의 선호와 결정이라는 표현은 부적절하다.

합리적 선택 이론 자체도 추상적 집합체가 '결정'한다는 말을 부인한다. 예컨대 '국가', '정부', '의회'는 결정을 '못' 한다. 그 집단의 지도자 혹은 구성원, 즉 인간 개개인이 결정한다는 의미다. 트럼프 이후의 미국과 한국은 특정인이 자신의 이익 추구나 독단적 의사 결정 방식 대신 집단적 의사 결정 방식이 유지되었다. 누가 정권을 잡는가에 따라 추구하는 바와 방식이 달라진다.

✤ 마주칠 손뼉을 찾아

한국이나 미국의 전문가들 사이에 북한에 대한 두 가지 상반된 견해가 존재하는 듯하다. 하나의 견해는 북한의 핵무기 제거와 한반도 평화 유지가 제일 중요하며, 따라서 북한은 중요한 대화와 협상의 대상이라는 견해다. 다른 하나는 북한이 어떻게든 국제 사회를 기만해 핵무기를 개발하며 궁극적으로 대한민국을 군사적으로 위협할 것이므로 대화와 협상보다는 지속적인 경제 압박으로 맞서야 할 극복의 대상이라는 견해다. 그러면 북한과의 핵 협상에 진전을 보일 수 있는 한국과 미국의 정치적 조합이 존재할까? 아래의 과거 예들을 살펴 보자.

① 김대중-빌 클린턴(민주당) 조합

김대중-클린턴이 동시 집권하던 몇 년은 제네바협약 이후 남·북·미 삼국 관계가 무난하게 관리되던 시기였다. 영변 핵 시설 역시 감시되고 있었다.

② 노무현-조지 W. 부시(공화당) 조합

조지 W. 부시 집권 8년은 북한을 의심하던 미국에 의해 대화와 협상에 진전이 없던 시기였다. 북한에 대한 김대중·노무현 정부-부시 정부의 견해차로 북한과의 대화 및 협상은 물거품이 됐다.

③ 이명박, 박근혜-버락 오바마(민주당) 조합

이 세상 누구와도 대화하겠다던 오바마가 당선됐지만, 이미 한국은 이명박, 박근혜의 보수 정부로 이어졌다. 한·미의 지도자 간 궁합은 다시 엇나갔다. 한국 정부의 의지 부족에 더해 이른바 '전략적 인내'를 앞세운 오바마 대통령은 무관심 전략으로 대응했다.

그렇다면 북한과의 협상을 가능케 하는 한·미 간 정권의 조합은 한국의 양대 정당 중 민주당 계열의 정당과 미국 민주당의 조합인 듯 보인다. 그러면 문재인-트럼프(공화당) 조합은 어떠했는가? 앞서 언급한 조합이 아니었음에도 대화 시도는 있었다. 이는 앞서 살펴보았던 추론이 틀렸다기보다 트럼프가 사익을 추구했다는 방증으로 해석할 수 있다. 트럼프가 재선에 실패하면서 민주당 바이든 행정부가 출범하였다. 한국의 문재인 정부와 미국 민주당 정부가 잠시 겹쳤던 기간이 있었으나 곧 윤석열 정부로 바뀌었고, 대화와 협상에 바람직한 조합은 다시 무너졌다. 사회과학에서 어떤 가설을 내세울 때, "다른 조건은 다 같다고 가정(ceteris paribus, other things being equal)할 때"라는 표현을 자주 쓴다. 바이든 행정부 기간 중 러시아의 우크라이나 침공 및 미중 간 긴장의 고조로 "다른 조건이 동일하다"는 가정은 이미 불가능해졌다.

❧ 그럼에도 뚜벅뚜벅

이제 북핵 협상에 있어 가능한 방식을 살펴보자.

① 빅딜(Big Deal)
② 스몰딜(Small Deal, Middle Deal)
③ 노딜(No Deal)

우선은 협상이 진행되지 않고 북한이 핵 실험을 계속하고 있는 현상이 노딜이다. 딜(deal)이 없으니 현재의 대치가 계속된다. 하노이 회담 이후 트럼프는 갑자기 CVID(Complete, Verifiable, Irreversable, Destruction)를 기조로 하는 빅딜로 태도를 바꾸었다. 즉 북한의 모든 대량 살상 무기(플루토늄, 우라늄성 핵무기, 생화학무기 전체)를 포기하면 즉시 북한을 잘사는 나라로 만들어주겠다는 제안이다. 하지만 이러한 빅딜에는 성사될 수 없는 확실한 이유들이 있다. 1953년에 미국, 북한, 중국이 정전협정에 서명했다. 당시 미국의 아이젠하워 대통령은 미국이 원하는 조건에 정전이 합의되지 않는다면 북한과 중국에 핵폭탄을 떨어뜨리겠다고 위협했다고 한다(아이젠하워의 자서전).

3국이 조인하면서 정전협정으로 실제 휴전이 성사되었지만, 그후 북한 김일성 일가의 행보로 보면, 아직도 그들은 미국의 힘과 핵을 두려워하는 듯하다. 그래서 핵 개발에 나서는 건지도 모른다. 김일성 사후 세습된 김씨 일가의 결단에 핵의 '완전한' 포기는 애초에 없는 카드로 보인다. '자위'를 위해 뭔

가는 붙들고 있어야 한다는 믿음일 것이다. 북미 간 빅딜이 성사되지 못하는 이유는 또 있다. 북한 입장에서 판단하는 미국과 한국의 정치 체제의 문제이다. 정기적 선거를 통해 정권이 바뀔 수도 있는 민주주의 체제가 바로 협상을 주저하게 만드는 요인이다.

김정은 위원장이 트럼프의 제안을 받아들여 모든 대량 살상 무기 및 생산 시설을 폐기하고, 국제원자력기구로부터 감시 감독을 받기로 하고, 트럼프가 대북 경제 제재를 풀어 주변국의 손목을 비틀어 북한 경제를 키워 주기 시작했다고 가정하자.

① 다음 미국 대선에서 조지 W. 부시 유형의 인물이 당선된다면 이후 상황은 어떻게 전개될까?

② 다음 한국 대선에서 이명박 유형의 사람이 당선된다면 상황은 어떻게 전개될 것인가?

③ 미국이나 한국이 더 이상 얻을 게 없으니 제공하기로 했던 약속도 없었던 일로 하면 어찌하나?

④ 행여 한미 양측이 약속을 어겼을 때, 다시 대량 살상 무기 제조에 나서려 하지만 무자비하게 응징하겠다고 나오면 어떻게 하나?

게임 이론에서는 하나의 게임에서 나중에 결정을 내리는 자가 유리한 경우가 많다. 빅딜의 경우, 북한에 존재하는 모든 대량 살상 무기의 제거는 단시간 내에 가능하지만 경제적 지원은 장기간에 걸쳐 진행될 일이므로 미국과 한국이 나중에 결정을 내리는 구조와 유사하다. 김정은 위원장의 입장에서 보면, 선거 제도가 있는 민주 국가와의 협상은 몹시 위험하고 짜증스러운 일이다. 결론적으로 미국과 한국의 정권 교체 가능성이 북한 정권으로 하여금 '빅딜' 협상을 주저하게 만든다. 우리는 북한이 국제 사회를 계속 기만해 왔다고 여기지만 북한 입장에서는 2000년 미국의 정권 교체와 2008년 한국의 정권 교체 과정에서 자신들이 피해를 입었다고 생각할 수 있다. 그러니 비전문가인 나의 견해에선 한마디로 "빅딜은 없다."

❖ 천리길도 한 걸음부터

이제 북한의 핵 문제 해결을 위한 옵션은 '스몰딜'밖에 없다. 연속적인 스몰딜로 상호 신뢰를 구축해 나가는 방식이다. 경제 제재를 일부 완화해 주고 북한은 그에 상응한 하나의 조치를 취한다. 양측의 이행이 확인되면 다음 단계로 북한에 대한 투자 조치를 취하고, 북한은 또 그에 상응하는 다음 조치를 취하는 방식으로 여러 단계에 걸쳐 각 단계별 조치를 이행해 나간다.

그런데 지난 70여 년간 누적된 남·북·미 사이에 존재하는 상호 불신을 부정할 수는 없는 일이다. 단계별 스몰딜 하나하나에 동의하면서도 실제 이행 여부에 대한 끊임없는 의심이 존재할 수 있고, 그 이행 여부 및 세부 항목에 대한 견해차로 몇 년씩 갈등을 겪을 수도 있다. 실례로, 제네바 협정에 따라 북한은 IAEA(국제원자력에너지기구)에 의한 플루토늄 감시를 허용하는 한편, 국제 사회 모르게 우라늄을 농축하고 있었다. 마찬가지로 KEDO(미국, 일본, 한국 등이 북한의 경제 지원을 위해 설립한 기관) 또한 북한에 발전소를 지어 주기로 했던 합의를 흐지부지 무산시켰고, 매년 중유를 제공하기로 했던 약속 역시 지켜지지 않았다.

한편 앞서 말한 바와 같이 미국이나 한국에서의 정권 교체로 스몰딜 자체가 중단될 여지도 없지 않다. 금강산 관광 중단과 개성공단 가동 중단은 그러한 사례를 여실히 보여 준다. 이처럼 스몰딜을 통한 북핵 문제 해결 역시 장기간의 인내와 신뢰를 쌓아 가는 과정이 필요하다.

당위성을 떠나 현실적으로 미국과 한국에서 스몰딜이라도 계속 진행되기를 원하는 정권의 연속 집권 가능성 및 그간 누적된 상호 불신 등은 스몰딜조차 빅딜처럼 불가능까지는 아니더라도, 결코 쉬운 경로는 아니다.

정리하자면, 상호 대화를 통한 북핵 문제 해결에는 다음 조건이 성립되어야 한다.

① 한국에서는 진보 정부, 미국에서는 민주당이 장기 집권한다.
② 단계별 스몰딜 약속을 이행한다.
③ 협상에 나서는 북한의 입장이 진심이어야 한다.

세 가지 조건 중 하나라도 충족되지 않으면 협상은 힘들다. 앞에서 나는 한국과 미국이 북한을 대하는 두 가지 상반된 시각이 존재한다고 했다. 하나는 북한 핵 문제와 나아가 남북한 평화의 문제는 대화를 통해 가능하며, 경제 원조를 통해 북한의 핵 개발을 억지할 수 있다는 시각이다. 또 하나는 북한을 신뢰할 수 없고 제재를 통한 붕괴를 최상의 해결책으로 여기는 시각이다. 후자의 시각을 가진 사람들이 권력을 잡는 경우, 위의 세 가지 조건은 거론할 이유도 없다.

지금까지의 이야기를 요약해 보자. 먼저 현재 남·북·미를 포함하는 북핵 문제 해결은 합리적 선택 이론의 틀에서 해석하는 것이 합당하다. 그리고 정책 결정에 있어 한 사람 혹은 소수의 의견이 중요한 상황(김정은과 트럼프)인 경우, 해당 인물의 선호도와 선택지를 분석할 필요가 있다. 그리고 개인적 견해로 북핵 문제 해결에 빅딜은 없다. 앞서 한국과 미국에서 북한에 대해 대화의 상대와 극복의 대상이라는 두 가지 견해가 존재한다고 했다. 북한을 대화의 상대로 본다면, 한국에서는 진보, 미국에서는 민주당의 장기 집권이 필요

하다. 빅딜을 통한 북핵 문제 해결은 불가능하다 했으므로 여러 단계의 스몰
딜로 접근해야 한다.

그럼에도 북한의 유일한 협상 카드가 핵이라는 점, 한국과 미국에서 민주
적 절차를 통해 북한 관련 정책을 달리하는 정권이 집권하여 전 정권 정책을
변경할 가능성, 수십 년간 누적된 상호 불신 탓에 예기치 않은 작은 사건에도
크게 대응할 가능성 등으로 스몰딜을 통한 북핵 문제 해결도 그리 쉬운 경로만
은 아니다.

트럼프의 결정들

트럼프 정부 출범 후 트럼프와 다른 정책적 의견을 가졌던 사람들은 다 트럼프 행정부를 떠났다. 주요 인물만 보더라도 제임스 매티스 국방부 장관, 제임스 코미 FBI 국장, 제프 세션스 법무부 장관, 댄 코우츠 국가정보원장(Director of National Intelligence), 존 볼튼 백악관 안보 담당 보좌관, 마크 에스퍼 국방부 장관, 빌 바 법무부 장관 등이 그들이다. 이들이 무슨 사유로 직을 떠났는지에 대한 논의는 생략한다. 결국 트럼프 임기 말 백악관과 내각에는 예스맨(yes-man)들만 남았다.

취임하면서부터 트럼프 대통령은 북한을 대화를 통해 자신의 외교적 업적을 쌓는 것이 가능한 상대로, 이란은 적으로 간주하였다. 이란은 오바마 대통령 당시 체결된 미국, 유럽과의 핵 확산 방지 협약을 잘 이행하던 중이었다. 이란의 경우 아직 핵탄두도 없었고 북한보다 핵무기 개발 속도도 느렸다. 이란은 서구 사회와 맺은 합의를 잘 지키고 있었음에도 트럼프는 유럽연합의 반발을 무시하고 이란의 노력이 미흡하다며 합의에서 탈퇴하였다.

트럼프는 왜 이란을 적으로 규정하였을까? 트럼프는 사우디아라비아에 커다란 비즈니스 이권을 가지고 있었다. 사우디아라비아와 이란은 아랍 대 페르시아 민족, 수니파 대 시아파의 대립 속에 중동의 패권을 놓고 경쟁하는 국가이다. 사우디아라비아의 통치자는 살만 왕(King Salman)이었으나 오랜 지병으로 모하메드 빈 살만 왕세자가 실질적으로 통치하고 있었다. 2018년 사우디아라비아 출신《워싱턴포스트》의 칼럼리스트 자말 아크매드 카쇼기 사건이 터진다. 카쇼기는 오랫동안 사우디아라비아의 비민주성과 왕정에 대한 비판적 칼럼을 써 왔다. 결혼 후 찾은 튀르키예의 사우디 총영사관에서 납치된 카쇼기가 사살되었으며, 시체는 토막난 채 사막에 버려졌다는 게 미국 CIA가 결론지은 카쇼기 사건의 전모였다. 평소의 미국이라면 국제 사회에서 강하게 사우디를 비판했을 일이었다. 하지만 트럼프는 사우디와의 관계가 국익에 더 중요하므로 이 사건을 덮으려 하였다. 과연 그러한 트럼프의 결정이 미국의 국익일까, 트럼프의 사익이었을까?

빈 살만 왕세자가 한국을 방문했을 때, 한국 역시 투자 유치를 명분으로 대통령이 영접하고 재벌 총수들과 집단으로 만남을 가지기도 했다. 계속된 트럼프 행정부의 대 이란 제재는 결국 이란에 의한 호르무즈 위기로 이어졌다.

미국 대통령이 그렇게 좋으십니까?

2019. 11. 3.

어제는 강북에서 볼일이 있었는데, 저녁 시간에 택시를 타고 광화문을 지나는 우를 범했다. 토요일 저녁 시간의 광화문 길. 대로를 통제하는 바람에 내가 탄 택시는 한참을 정차한 후 결국 이리저리 돌아가야만 했다. 그 와중에 시위대 쪽에서 들려 오는 구호들은 이렇다.

"자유 대한민국 만세!"

"자유 민주주의 만세!"

이 구호까지는 그러려니 여겼다. 이어지는 구호는,

"건국 대통령 이승만 만세!"

"박정희 대통령 만세!"

흠, 이 부분은 사람에 따라 찬반의 여지가 있다고 생각했다.

하지만 다음에 들려 오는 구호에서는 도대체 이해할 수 없는 마음에 뜨악할 수밖에 없었다.

"미합중국 도널드 트럼프 대통령 만세!"

나와 가까운 지인들은 내가 도널드 트럼프라는 인간을 얼마나 '경멸'하는지 다 안다. 대한민국의 심장 광화문에 왜 그 사람의 만수무강을 축원하는 구호가 울려 퍼져야 하는지 나는 도대체 이해할 수 없다.

대로변 한쪽편에 '우리공화당 경남지부당'이라고 써 있는 버스들이 줄지어 서 있었다. 이 많은 버스가 당의 이름으로 동원되어 있었다. 듣자하니 꽤 오랜 기간 광화문에서 매주 토요일마다 이런 집회를 주최하는 모양인데, 알기론 국회의원 2명분인 당에서 이 막대한 비용을 어찌 감당하는지 문득 궁금해졌다. 한편 자신들이 추앙하는 대통령이 집권 시절에 광화문 대로를 차단해 이렇게 시위했다면 어떻게 대처했을까도 생각해 봤으면…. 내가 어렸을 때 광화문을 가로 막고 서 있던 두 대의 탱크가 문득 떠오른다. 지금 자신들이 누리는 자유가 어떻게 만들어진 건지 자각할 수 있길.

제2부 * 이상한 나라의 이방인

백세 시대, 죽음에 대한 단상

'백세 시대'라는 말은 이제 한국에서 흔히 듣는 이야기다. 우리 세대 이후는 백세 가까이 살아가야 할 경제적 대비를 해야 한다는 심리적 압박도 없지 않다. 예부터 장수(長壽)는 큰 복으로 여겨 왔다. 왕을 향해 외치는 "천세!", "만세!" 구호는 천 살, 만 살까지 살라는 축원이다. 그런데 '백세 시대'의 도래는 진정 축복인가. 나는 현재 시점에서 백세 시대는 축복이라기보다 저주에 가깝다고 생각한다. 적어도 98세까지 정신도 말짱하고 남의 도움 없이 거동할 수 있으며, 하고 싶은 사고와 활동에 제약이 없다면 백세 시대는 진정 축복이다. 후년의 20년을 치매를 앓거나 침대에 누워 남의 도움을 받아야 거동할 수 있는 100세의 삶이라면 축복일까. 국가가 20년간 이러한 노인들을 보살필 여력이 없는 현실에서 예컨대 50~70세 된 자식이 자신의 의지와 상관없이 경제적, 신체적, 정신적으로 부모 부양 의무를 떠맡는 상황은 더 이상 남의 이야기가 아니다.

✤ 존엄사와 안락사

2016년 1월 8일, 대한민국 국회에서 '호스피스·완화 의료 및 임종 과정에 있는 환자의 연명 의료 결정에 관한 법률안(웰다잉법)'이 표결에 참여한 의원 203명 중 202명 찬성, 1명 기권의 압도적 지지로 통과됐다. 이 법은 ① 회생 가능성이 없고, ② 급속도로 증상이 악화돼 사망에 임박해 있고, ③ 치료해도 회복되지 않는 환자를 대상으로 ① 심폐소생술, ② 혈액 투석, ③ 항암제 투여, ④ 인공호흡기 착용 등 4가지 연명 의료를 중단할 수 있도록 하는 내용을 담고 있다. 웰다잉법이 제정됐다는 소식에 의료계 및 환자 가족들은 "무의미한 연명 의료를 끝낼 수 있게 됐다"며 환영했으나 한국기독교생명윤리협회는 "본인의 결정이 아닌 가족이나 제3자의 대리 동의를 허용한 것은 환자의 생명권과 자기 결정권을 침해할 소지가 있다"는 등의 이유로 우려의 목소리를 냈다(경향신문, 2016. 01. 08.).

2017년 10월 23일부터 '존엄사' 선택이 가능해졌다. 심폐소생술 등 생명을 연장하기 위한 치료를 받지 않거나 중단해 '연명 의료' 대신 '존엄한 죽음'을 선택할 수 있게 된 것이다. 보건복지부는 환자 뜻에 따라 연명 의료를 중단할 수 있는 연명의료결정법 시범 사업을 2017년 10월 23일부터 2018년 1월 15일까지 실시하고, 2018년 2월부터 본격 시행한다고 밝혔다(조선일보, 2017. 10. 23.). 중단할 수 있는 연명 의료는 '심폐소생술, 인공호흡기 착용, 혈액 투석 및 항암제 투여의 의학적 시술'이며, 이를 중단하더라도 통증 완화를 위한 의료 행위, 영양분 공급, 물 공급, 단순한 산소 공급은 중단할 수 없다.

존엄사는 의학적 치료에 최선을 다했음에도 회복 불가능한 단계에 이르렀을 때, 오로지 현 상태 유지를 위해 이뤄지는 연명 치료를 중단해 '존엄한 죽음'을 맞이할 수 있게 하는 것이다(동아일보, 2016. 01. 11). 연명 의료의 중단은 담당 의사와 전문의 1명으로부터 임종 과정에 있다는 의학적 판단을 받아야 가능하다. 환자 본인이 직접 '사전 연명 의료 의향서'나 '연명 의료 계획서'를 통해 이를 원치 않는다는 의사를 밝혀야 한다. 환자가 의식이 없는 경우, 가족 2명이 이에 대한 환자의 의사를 표시하거나 가족 전원이 합의해야 한다(YTN, 2017. 10. 23). 이제 조건을 충족하면 한국에서 존엄사가 허용된다.

언론 매체 등을 통해 '안락사'라는 표현을 일상에서도 자주 듣게 된다. 존엄사와 안락사를 비슷하게 이해해 헷갈리기 쉽지만 실상은 전혀 다른 개념이다. 존엄사는 인간으로서의 존엄을 유지하며 죽는 것을 말한다. 회생 가능성이 없는 환자가 자신의 결정이나 가족의 동의를 거쳐 더 이상의 연명 치료를 거부할 수 있는 권리이다. 앞서도 이야기한 바와 같이 연명 의료를 중단하더라도 통증 완화를 위한 의료 행위나 영양분 공급, 물 공급, 산소의 단순 공급은 중단할 수 없다. 또한 '임종 과정에 있는 환자'인 경우에 선택할 수 있다. 임종 과정에 있는 환자란 회생 가능성이 없고, 치료에도 회복되지 않으며, 급속히 증상이 악화돼 사망이 임박한 상태에 있다는 의학적 판단을 받은 환자다.

안락사는 존엄사와 큰 차이가 있다. 존엄사가 죽음을 앞둔 환자를 대상으로 연명 치료를 중단하는 것이라면, 안락사는 약물 투입 등을 통해 고통을 줄이며 인위적으로 생을 마감하는 적극적 행위이다.

❧ 적극적인 또는 소극적인 안락사

죽음에 이르게 하는 수단에 따라 적극적 안락사(active euthanasia)와 소극적 안락사(passive euthanasia)로 나뉜다. 소극적 안락사는 환자의 소생 가능성과는 무관하게 환자나 가족의 요청에 따라 생명 유지에 필요한 영양 공급, 약물 투여를 중단해 죽음에 이르도록 하는 행위라고 구분한다. 비교하면 존엄사는 치료가 불가능한 환자의 자연적 죽음에 이르는 방식이지만, 소극적 안락사는 의도된 죽음에 이르는 행위라는 결정적 차이가 있다. 적극적 안락사는 약물 등을 사용해 환자를 죽음에 이르게 하는 행위이다. 적극적 안락사는 안락사를 수행하는 사람이 불치병 환자나 심한 고통을 겪는 환자, 의식이 없는 환자에 대해 그 생의 단절을 위해 의도적이고 구체적인 행위를 통해 능동적으로 행하는 안락사의 한 형태이다. 치사량의 약물이나 독극물을 환자에게 직접 주사하여 죽음으로 이끄는 경우가 그 한 예이다.

대부분의 국가에서 적극적 안락사는 종교적 또는 의학적 입장에서 허용되지 않거니와 법률적 입장에서도 허용되지 않는다. 환자의 '고통 제거 수단'으로 행한 행위라 하더라도 위법이다. 이러한 예의 경우, 환자의 명시적 청탁이나 촉탁이 있었다면 촉탁 및 승낙에 의한 살인죄, 없었다면 일반 살인죄가 성립된다. 소극적 안락사는 환자가 겪고 있는 질병 등의 원인으로 치료가 불가능한 과정에 들어섰을 때 안락사를 수행하는 사람이 죽음에 이르는 진행 과정을 일시적으로 저지하거나 연명시킬 수는 있지만 회복은 불가능하다는 판단에 따라 이러한 행위를 시도하지 않음으로써 죽음에 이르게 하는 경우이다.

적극적 안락사와 소극적 안락사의 차이점은 어떤 적극적 행위에 의해 생명을 끝내는지, 연명 치료를 제공하지 않음으로써 생명을 끝내는지에 따른 구분이다. 소극적 안락사를 존엄사로 보는 측면도 있다. 동의 여부에 따라 안락사는 다시 자발적 안락사(voluntary euthanasia)와 비자발적 안락사(involuntary euthanasia)로 나뉜다. 자발적 안락사는 환자의 직접적 동의에 의해 죽음에 이르게 하는 행위이고, 비자발적 안락사는 환자의 직접적 동의가 없음에도 가족의 요구나 국가의 요구에 의해 죽음에 이르게 하는 행위를 일컫는다.

전 세계적으로 안락사는 첨예한 논쟁 주제로 다루어진다. 그중에서도 적극적 안락사와 비자발적 안락사는 논쟁의 핵심이다. 어떤 경우의 안락사도 의료적 오판 가능성이나 존엄사의 '선한' 의도가 악용될 가능성으로부터 자유롭지 않다. 전문가들 사이에서는 '무의미한 연명 치료의 중단 = 존엄사 = 소극적 안락사'라 주장하는 이들도 적지 않다. 존엄사가 그 어떤 형식을 띠건 자연사와는 구분될 수밖에 없기 때문이라는 게 그들의 논거다. 가장 우려되는 대목은 존엄사, 혹은 무의미한 연명 치료 중단 논의가 확대될 경우, 결국 경제적 조건 등 외적 상황이 개입되면서 환자들을 죽음으로 내모는 사회적 분위기가 형성될 수도 있다는 점이다. 현재 대부분의 나라에서는 안락사가 허용되지 않는다. 존엄사와 안락사를 모두 합법화한 나라는 현재 네덜란드와 벨기에, 룩셈부르크 등이다.

❧ 어떻게 죽을 것인가

앞서 존엄사와 안락사에 대해 현실적·법적 개념에 대해 알아 봤다. 이제 내 개인적 의견을 이야기해 보려 한다. 우선 확실히 하고 싶은 것은 내가 가진 평소의 의견을 이야기할 뿐, 무엇이 옳거나 그르다는 결론을 내릴 의도는 전혀 없다는 사실이다. 또한 어느 쪽이건 내 의견을 독자들에게 설득하거나 강요할 의사도 없다. 한국에서 이방인으로 살며 이전에는 해 보지 않았던 생각들을 하며 쌓인 나의 의견을 나누고 독자들의 의견을 듣고 싶을 뿐이다.

현실을 되짚어 우리 자식 세대가 영위해 갈 앞날을 예측해 보자. 요즘은 대학을 졸업하고도 30세 이전에 정규 직장 얻기가 하늘에 별 따기처럼 힘들다. 30세 즈음에 제대로 취업했다 해도 결혼과 출산으로 가정을 이루면 자녀 교육비와 대학 등록금이 기다린다. 한국적 관습에서 벗어나지 못하면 결혼조차 허술히 치르지 못한다. 그러다 보면 50세를 훌쩍 넘길 테다. 그런데 이제 백세 시대가 현실이 되어 부모의 마지막 20년까지 책임져야 하는 상황이다. 그렇게 70세까지 쫓겨 살다 보면 정작 자신이 드러누울 때가 되어 버린다. 이것이 정작 바라는 인생이고, 추구하는 사회의 모습인가. 그런 의미에서 나는 의학의 혁명적 발전으로 98세까지 정정하게 뛰어다닐 수 있는 날이 되기까지 현실 속 백세 시대는 저주에 가깝다고 주장하는 것이다.

내 어머니는 92세를 일기로 돌아가셨다. 마지막 6~7년간 어머니는 정신이 혼미해지시고 혼자 거동을 못 하셔서 식사도 배변도 누군가의 도움이 있어야 해결할 수 있었다. 게다가 연하 운동*을 담당하는 근육마저 작동을 못했다. 음식을 삼킬 때 폐로 들어가는 것을 막아 주는 근육이 작동하지 않으므로 식도로 내려가야 할 음식물이 기도로 내려가 폐로 들어간다. 위험을 방지하기 위해 코에서 위까지 연결된 튜브로 액체화된 음식물을 공급해야 하므로 숟가락 들고 하는 식사는 더 이상 누릴 수 없었다. 이러한 상황 탓에 집에서 모시는 일은 현실적으로 불가능하다.

한국의 대형 병원 병실은 언제나 만원이며 대기 환자는 늘 넘쳐난다. 사정이 그러니 큰 병에 걸려도 위험스런 고비만 넘기면 강제 퇴원을 당한다. 그러고 나면 다음 목적지는 요양병원이라 불리는 곳이다. 어머니도 요양병원에 입원해 계셨다. 어머니를 뵈러 요양병원에 방문하면 많은 어르신들이 하염없이 누워 계신다. 대부분의 어르신들은 어머니와 마찬가지로 코에 튜브를 연결한 채였다. 그렇게 누워 계신 어르신들 대부분은 정신이 맑지 않다. 어머니도 하루 22시간을 누워 지내셨다. 나머지 2시간은 재활운동을 받으시는데, 사실상 자의로 하는 운동이 아니라 활동 부족으로 굳어져 가는 근육을 푸는 안마

---

* 음식물이 구강에서 식도를 통해 위로 전달되는 과정에서 일어나는 운동.

정도의 조치였다. 어머니 병실을 찾으면 나는 일단 어머니의 굳어진 손가락을 주무르며 펴 드렸다. 그때마다 어머니께서는 아프다 하셨다. 볼 때마다 마음이 짠하고 아팠다. 그렇게 지내는 동안 어머니는 행복해하셨을까? 그렇게 생을 연장해 가는 어머니의 삶의 질은 아들의 눈에도 행복해 보이지 않았다. 어머니를 모시느라 자식들의 삶의 질 역시 높을 수 없었다.

사회마다 시대마다 그 이름과 방식에서의 차이는 있겠지만 존엄사나 안락사 개념이 있었을 수도 있다. 어쩌면 이야기로만 전해지던 우리의 이른바 '고려장' 역시 사회적 삶의 조건과 노인의 건강을 반영한 비공식적 사회 제도는 아니었을까. 당시는 기대 수명이 지금처럼 길지 않았으니, 그러한 관습이 상민의 집안에서 장수하는 노인들에 대해 제한적으로 실행되었을 수도 있다.

어머니의 경우, 당신의 정신이 온전했을 때 스스로 존엄사에 대한 의사를 밝힌 적이 없다. 나는 당연히 어머니께서 자연사하시는 날까지 정성을 다해 모실 각오가 되어 있었다. 그것이 자식으로서 우리 세대의 운명이라 받아들였다. 하지만 내 자신의 경우는 다르다. 아직까지는 큰 사고 없이 정신과 신체가 멀쩡하다. 그래서 미리 밝힌다. 나는 정신이 맑지 못한 상태로 살고 싶은 생각이 없다. 또한 혼자 거동하지 못해 타인의 도움을 받아가며 연명하고 싶지도 않다. 불치의 병으로 죽어 간다 하더라도 상관없이 그렇다.

나는 이미 존엄사 이전에 안락사에 대한 마음의 준비가 되어 있다. 가능하다면 그 방식이 적극적 안락사였으면 더 바랄 나위 없다. 지금 한국의 제도로선 나의 생각을 실제 행위로 옮기는 일은 불법이므로 필요하다면 정신이 혼미하기 전에 네덜란드, 벨기에, 스위스로 날아 갈 준비가 되어 있다. 사실 내가 이런 생각을 하기 시작한 것은 몇 년이 되었다. 그런데 이런 생각이 나 혼자만의 것은 아니었다.

104세의 고령에도 아직 정신을 잃지 않았던 호주의 생태학자 데이비드 구달은 자기 삶의 매듭을 스스로 결정해 실행에 옮겼다. 나 또한 구달 박사와 같이 정신이 혼미해지기 전에 적절한 결정을 할 수 있길 바란다. 분명히 밝혔다시피 내 이야기의 목적은 특정의 입장을 두둔하거나 특정인에게 영향을 주려는 의도가 아니다. 다만 김희민이라는 한 개인이 그렇게 세상에서 퇴장하고 싶다는 포부를 밝힐 뿐이다. 혹여 나와 비슷한 바람을 가진 사람들이 있을 수도 있다. 나는 다만 사회적 비난을 받더라도 이런 나의 생각을 글로 옮길 뿐이다. 이 책은 애초에 출판을 작정하고 준비한 것은 아니었다. 한국에 돌아온 후부터 또 다른 이방인으로서의 삶을 살며 접했던 이슈들을 정리하여 그때그때 적어 두었던 글들을 모아 펴내는 것이다. 그러니 안락사 문제에 대한 나의 입장 역시 내 개인의 생각을 가감 없이 적어 둔 글이다.

지금쯤이면 책을 읽은 독자들이 다 아는 바, 나는 2019년 말에 발현한 망막 질환으로 시력과 시야를 급격히 잃게 되었고, 2020년 여름, 중증 시각 장애인 판정까지 받았다. 생애 가장 힘든 고난을 겪으며 종교에 대한 생각을 자주 하게 되었다. 나는 소위 모태신앙으로 성인이 될 때까지 교회를 다니다 미국 유학 중 싹튼 신앙에 대한 회의로 교회에 거의 나가지 않았다. 그런 삶은 나이 들어 한국에 돌아와서도 지속되었다.

이제 눈의 질병으로 고난을 겪는 나를 보며 주변 가족들은 이제는 돌아올 때라고 권한다. 예전의 나였으면 논거를 들어 반박하였을 터인데, 워낙에 힘든 기간을 보내던 처지여서 그랬는지 이번에는 마냥 부정할 수만은 없었다. 마침내 아내가 나와 코드가 맞을 만한 교회를 찾기 시작했다. 블루컬러들의 교회, 교인들과 함께 아파하는 교회, 목사의 설교에 타협이 없는 교회, 그리고 아마 목사 자신이 소유한 건물이 아닌 교회 등을 찾았을 것이다. 그렇게 인천에 자리 잡은 한 교회를 낙점했다. 한국에 있는 기간만이라도 교회에 성실히 나갈 것을 아내에게 약속했다. 멀쩡한 정신에 스스로 죽기로 결행하는 적극적 안락사는 기독교 교리에 따르면 분명 '죄'이다.

　나는 지금 혼돈에 놓여 있다. 앞서 적극적 안락사에 대한 나의 생각을 분명히 밝혔기에 그후 내가 혼돈에 빠져 있다는 사실도 밝혀야 할 듯해 솔직히 털어 놓는다. 혼돈의 상황에서 책을 내놓게 되어 독자분들께 송구스럽다. 하지만 이 역시 독자 여러분들의 몫이리라.

데이비드 구달,

104세에 '환희의 송가' 속에 영면에 들다.

몇 년 전 언론에 호주의 저명한 학자 데이비드 구달의 이야기가 전해졌다. 안락사를 결심하고 스위스행 비행기에 몸을 실은 호주 최고령 과학자 데이비드 구달 박사는 스위스 바젤에 있는 '라이프 사이클 클리닉'이라는 기관에서 진정제와 신경안정제 등을 투여받고 조용히 104세의 생을 마감했다. 마지막으로 눈을 감는 순간, 박사는 베토벤 교향곡 9번 〈합창〉의 끝 부분 '환희의 송가'가 흘러나오는 가운데 영면한 것으로 알려졌다.

저명한 생태학자였던 구달 박사는 안락사를 금지하는 호주의 법을 피해 스위스로 출발했다. 스위스에 도착하기 전 그는 프랑스에 들러 가족들과 작별 인사를 나눴다. CNN 인터뷰에서 박사는 "5년, 10년 전부터 삶이 즐겁지 않았다. 움직이는 게 불편해지고 시력이 나빠진 것도 일부 원인이기는 하다"며 "내 삶의 많은 부분이 야외 활동에 있었는데 지금은 밖에 나갈 수도 없다"고 했다. 84세가 되던 1998년에 자신의 운전 면허가 취소되면서 구달의 삶은 크게 바뀌었다. 혼자 움직일 수 없게 되면서 죽는 게 낫겠다는 생각이 들었다고 했다.

박사는 "내 나이가 되면 아침에 일어나 식사하고 점심때까지 앉아 있다. 그러고 나서 점심을 약간 먹고 다시 앉아 있다. 그게 무슨 쓸모가 있느냐"고 했다. "내가 집에서 생을 마칠 수 있었다면 모두에게 편한 일이었겠지만 그러질 못했다"며 안락사를 금지하는 호주의 법률 체계를 비판하고 호주뿐 아니라 다른 나라들에서도 안락사 입법이 이뤄지기를 바란다고 강조했다. '이터널 스피릿' 측은 구달 박사가 마지막 순간 진정제 등을 혼합한 정맥 주사의 밸브를 스스로 열어 생을 마감했다고 전했다(연합뉴스, 2018. 05. 10. 23:57 송고).

제3부

이방인 십년 살이

전화 녹음과 불신 사회

2022. 3. 17.

지난 대선 과정을 보며 든 한 가지 다짐이 있다.

'아무리 가깝고 신뢰할 수 있는 사람일지라도 나의 치부나 비밀은 절대 공유하지 않는다. 어떤 이유에서건 반드시 이야기해야 하는 경우가 있다면, 먼저 상대방의 전화를 빼앗아 꺼 버리고 나서야 대화를 나눌 일이다.'

국정 농단 사태 때도 그랬지만, 한국에선 가까운 사람과의 대화 녹취록이 사람 잡는 일이 허다하게 벌어지곤 한다. 이제는 누구도 믿을 수 없을 듯하다. 아이폰은 전화 녹음 기능이 없다. 반면 삼성 제품 스마트폰은 전화 통화 중 버튼만 누르면 녹음이 가능하다. 애초에 자동 녹음 설정까지 가능하다 한다. 이것이 미국과 한국의 법적 차이 때문인지, 아니면 문화 차이에서 기인한 것인지 확신할 수는 없다. 만약 법적 차이라면, 한국도 법을 만들어 '일방적' 통화 녹음을 금지하는 게 어떨까. 하긴 요즘 올라오는 기사들을 보면 범죄를 밝혀 내는 순기능도 없지 않겠으나, 사회 전체를 불신의 길로 유도하는 역기능이 훨씬 크다는 생각은 나만의 생각일까?

이방인 하루 살이

    2012년과 2022년 사이 10년간 한국에서 이방인으로 살며 특정 일자에 떠올랐던 특정의 생각들을 그때그때 짧은 글로 정리하여 모아 놓았다. 그중 일부는 SNS에 게시되었거나 일부는 매체를 통해 소개되기도 했다. 상당수는 이 책을 통해 처음 소개하는 글이다. 재미에 더해 유익함을 공유할 수 있다면 바랄 나위가 없다.

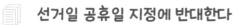

선거일 공휴일 지정에 반대한다

2012년 12월 18일.

대한민국 선거일이 왜 임시 휴일인지 나는 아직도 이해되지 않는다. 연고지에서 하는 투표는 1시간도 안 걸리는 일인데, 그 시간을 위해 왜 온 나라가 하루를 쉬어야 할까? 대한민국 유권자는 4,000만 명이 넘는다. 그중 2,000만 명이 하루 8시간 일한다고 하면, 투표로 인해 생기는 노동 시간 손실은 1억 6,000만 시간이다. 엄청난 국가적 손실이다.

공휴일로 지정해 투표 참여율이 확실히 높아진다는 경험적 증거가 있는 것도 아니다. 공휴일로 지정함으로써 오히려 '노는 날'이라는 생각을 조장하는 건 아닌지. 모든 직장이 1시간 정도 출근 시간을 늦추거나 퇴근 시간을 한 시간 정도 앞당기는 걸 허용하는 방안이 차라리 나아 보인다. 오후 6시에 투표를 마감할 이유도 없다. 더 늦은 시간에 투표하게 허용해도 좋을 텐데. 공휴일이 아니어서 투표를 못 하겠다는 유권자라면 그냥 놔두면 될 일이다. 투표에 참여하지 않는 사람의 후보 선호도, 궁극적으로 그의 정책 선호도는 반영될 필요가 없다. 참여하지 않는 자는 스스로의 선호도 반영 기회를 포기한 것이기 때문이다.

하나님 뜻

　　언론 보도에 의하면 문창극 국무총리 내정자가 과거 자신이 장로로 있던 교회의 강연에서 "일제 식민 지배는 하나님의 뜻이었다. 한국 전쟁도 하나님의 뜻이었다"라는 취지의 발언을 했다고 한다. 먼저 문창극이 장로로 있던 온누리 교회는 꽤 괜찮은 대형 교회로 알려져 있다. 얼마 전 타계한 하용조 목사는 신도들로부터 존경받던 분이셨다. 가수 윤복희 씨가 해당 교회 권사로 있는 것으로 알려져 있다. 그 정도 교회에서 장로로 임명되었다면 문창극의 기독교적 '내공'은 상당하리라 믿어 의심치 않는다.

　　어려서부터 집 안팎에서 "하나님 뜻"이란 말을 많이 듣고 자랐다. 하나님 뜻이란 강조는 실제 기독교인들이 일상적으로 쓰는 표현이다. 그런데 하나님 뜻을 알고 그 뜻을 강변하는 사람들은 누구일까? 첫째, 실제 기독교적 하나님과 대화 가능한 사람들을 생각할 수 있다. 고린도전서 12장, 소위 '은사' 장에 보면 방언, 꿈, 기도 중에 혹은 독대(예컨대 모세의 경우)를 통해 하나님과 소통하거나 그 뜻을 알 수 있는 은사를 가진 이들이다. 성경에도 그런 선지자들이 등장하고, 우리 사회에서도 그런 은사를 받았다는 사람들이 꽤 있다. 둘째, 많은 기독교인 중에는 논리적 설명이 어렵거나 자기 편의에 따라 하나님 뜻을 갖다 붙이는 사람들이 있다. 하나님 뜻이라니 반발하기 어렵다.

　　문창극이 첫째 유형이라면, 대단한 기독교인이다. 하지만 반드시 좋은 민주주의자라 할 수는 없다. 정치학에서 민주주의는 근대화와 함께 이루어졌다. 그리고 근대화는 신정, 즉 종교의 통치로부터 인간의 통치(secularism)로의 변화를 의미한다. 만약에 문창극이 두 번째 유형이라면, 문제는 더 심각하다! 첫 번째 유형인지, 두 번째 유형인지 내가 확신할 수는 없지만, 문창극 씨는 지금 자신의 국무총리 취임이 '하나님 뜻'이라 확신하고 있을까?

해명과 사과 표명

내일 박근혜 대통령이 해외 순방에 나서는데, 오늘 문창극 국무총리 내정자가 갑자기 기자회견을 열고 문제가 된 일련의 발언, 일제 식민 지배가 하나님 뜻이며, 위안부 문제에 대한 사과는 필요 없다는 발언과 김대중, 노무현 대통령에 대한 비하 발언 등에 대해 해명하고 사과의 뜻을 표명했다고 한다.

이 사건은 적어도 나에게 있어 문창극이 앞에서 말한 두 번째 유형의 기독교인이라 결론짓게 해 준다. 진정 하나님과 소통하는 그리스도인이라면 목에 칼이 들어와도 하나님 뜻이란 믿음을 해명하거나 사과하지는 않을 것이기 때문이다. 문창극에게는 현세의 국무총리 자리가 '하나님 뜻'보다 더 중요해보인다. 창세기에서 야곱의 아들 요셉이 하나님 뜻을 부인하거나 해명을 통해 애굽의 총리가 된 것은 아니었다. 스스로 원해서 된 것도 아니었다. 바로 '하나님 뜻'에 따라 유대인을 탄압했던 애굽의 총리가 되었다.

사과한답시고 나섰으나 그의 진면목을 본 것 같아 오히려 씁쓸하다. 그런데 해당 사과 발언을 자세히 들으니 자신이 했던 '식민지론, 전쟁론, 하나님 뜻' 발언에 대한 사과가 아니었다. "교회 강연은 저희 교인들을 대상으로 한 것"이라는 발언이었다. 더 답답하다. '하나님 뜻'은 교회 안에서나 밖에서나 '같다'. 하나님 뜻이 교회 밖으로 나오면 달라지는 게 '아니다'. 논란을 피해 가려는 논리가 점점 더 궁핍하다.

요구받지 않은 사과, 요구한 사과　　　　　　　　2015년 9월 29일.

오늘 자 오마이뉴스 기사는 그 내용이 실로 충격적이다.

베트남 전쟁 중 한국군이 사살한 베트콩이 4만여 명인데, 지금까지 밝혀진 것만으로도 그중 1/4 가까이는 '양민'이었다고 한다. 당시 학살에 참여했던 사람이 지금 우리 주변에도 있을지 모른다. 그런데 40~50년이 지난 지금 한국인들은 베트남에 진출해 기업을 운영하고, 베트남으로 여행을 간다. 그리고 베트남인들은 당시 학살에 대한 사과를 요구하지 않는다.

한국 전쟁 시기에 미군에 의한 양민 학살 진상이 밝혀졌을 때 우리는 분노했다. 한편 일본에서 정권이 바뀔 때마다 우리는 새 총리를 향해 과거 식민통치에 대한 정중하고 성의 있는 '사과'를 기대한다. 일본 정부가 위안부 문제를 인정하고 진정한 사과에 나설 것을 요구한다. 일본의 독도 발언, 교과서 왜곡, 우익에 의한 재무장 시도 등에 대해 분노한다.

미국은 베트남의 한 마을에서 자행한 학살 사실이 밝혀지자 형식상일지언정 사과했다고 한다. 베트남인들 사이에서는 기왕 죽임을 당했을 바에야 한국군보다는 미군에게 당했던 편이 나았다는 푸념이 회자된다고 한다. 미국은 사과라도 했으므로. 바라는 바, 국제 사회에서 한국의 민주화와 경제 성장을 인정받으려면, 세련된 세계 시민이 되려면, 먼저 베트남 국민들에게 정중하게 사과하고 그에 따른 보상이 이루어져야 하지 않을까. IT나 자동차 기술 등에 대한 자부심보다, K-pop의 세계화에 대한 뿌듯함보다, 새마을 운동 수출 시도보다 우리 스스로의 과오를 국제 사회에 인정하는, 역사적 교훈을 새기는 게 먼저다.

같이 고생한 사람에 대한 보상　　　　　2015년 10월 2일.

　　오늘 자 한 조간 신문에 따르면, 청와대가 공천 문제로 여당 대표와 무리한 갈등을 빚는 이유가 청와대 참모 16명을 대통령 퇴임 전에 챙겨 주려는 배려 탓이라고 한다. 당 대표가 추진하는 국민 공천제에서는 자기 사람을 꽂는 전략 공천이 불가능하므로 어떤 형태로건 국민 공천을 막고자 한다는 것이다. 물론 이런 일들은 아랫사람들이 알아서 기기 때문에 발생하기도 하겠지만, 이 순간 대통령이 대인배적 발상을 보였으면 어떨까 생각한다. 잠시 돌이켜 생각해도 대통령은 이미 '객관'(예컨대 "증세 없는 복지 힘들다")과 '배신'을 한 번 혼동했다. 이제 다시 '의리'와 '비리'를 혼동하는 일이 없길 바란다.

　　장삼이사의 입장에서는 대통령과 함께했던 측근들은 이미 몇 해를 청와대 수석이나 비서관으로 임직했으니 호사를 누린 셈이다. 실세로 달콤한 권력의 단맛도 보았다. '의리'로 더 챙길 일이 아니다. 그냥 놔둔다 한들 다른 사람들이나 조직들이 알아서 챙긴다. 하다못해 대학들조차 전직 수석을 교수나 총장으로 영입하는 일이 허다하다. 그렇게 초빙해 만들어지는 특임교수, 겸임교수, 초빙교수 등등의 이름은 아직도 내게는 생소하다. 재계나 법조계 등에서는 훨씬 더 심하다. 대통령이 나서 챙기지 않아도 그냥 놔두지 않는 곳은 많다는 이야기다.

　　한국은 행정부 관료들의 선거 개입을 법으로 규제한다. 대통령도 예외는 아니다. 공천 또한 선거의 일부다. 대통령은 앞날에 대한 계획은 잠시 내려 놓고, 현재 펴고자 하는 정책들을 맘껏 펼치는 데 전념하라. 대통령 지지율 50%에 이르는 데 무슨 일이건 못 할까. 1970년대나 횡행했을 법한 '의리'가 2010년대 들어서는 '비리'로 비춰질 수 있음을 꿰뚫어 아래 소인배들에게 귀 기울이지 말고, 대인배 모습을 보여 주는 것은 어떠할까.

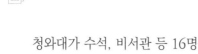
무언가 안 맞는다

청와대가 수석, 비서관 등 16명을 공천하려 한다는 기사를 인용하여 비판했다. 기사에 대한 청와대 반응은 신속했다. 청와대 출신은 내년 총선에 단 3명만 출마할 것이며, 당장 해당 인사들의 사표를 수리한다고 했다. 청와대 참모들의 출마에 대해 비판의 포스팅을 올렸던 내 입장에선 그나마 다행인 기사였다. 그런데 뭔가가 안 맞는다.

최근 언론 추이를 보면 청와대와 특히 '친박'이라 불리우는 사람들이 여당 대표를 압박하는 모양새다. 하루 전 친박계 큰형으로 인정받는 한 의원은 당 대표가 국민 공천제 등을 포함해 마음대로 밀어붙이면 "용서하지 않겠다"며 으름장을 놓았다. 무서운 말이다. 그런데…, 왜 그러는 거지? 국민 공천제를 실시하면 후일까지는 모르겠지만, 실시 첫 경선에서는 현역이 확실히 유리하다. 현역 의원의 공천 확률이 높아진다. 말하자면 친박이나 비박 모두 현역에게 유리한 제도인 것이다. 그런데 친박은 왜 사생결단하듯 이 제도에 반대할까?

여당은 컷 오프(현역 의원의 공천 배제)를 추진하고 있다. 현역인 자신들에게 유리한 국민 경선을 극렬히 반대하는 이유가, 국민 경선을 하면 그들이 공천에서 배제하려는 유 모 의원을 포함하는 비박계 의원들의 제거가 불가능해지기 때문이 아닐까?

개인적으로 나는 국민 공천제와 전략 공천 모두 반대한다. 두 방식 모두 민주주의와 정당 정치에 대한 몰이해에서 나온 결과라 생각하기 때문이다. 그 이유와 내용에 대해서는 이후에 천천히 밝히겠다. 정치적 원죄가 많은 할아버지 친박 의원들에게 인간적 연민을 느끼게 되는 하루다.

대통령의 공감력

2월 16일, 제9차 무역투자진흥회의를 주재한 박근혜 대통령은 규제 개혁의 대전환을 예고했다. 박 대통령은 신산업에 투자하려는 기업이 제기한 애로 사항으로서의 제도적 규제는 사실 관계 확인 시 즉시 개선을 원칙으로 한다고 말했다. 이 발언은 완전 개방에 가까운 규제 완화를 천명한 것이다.*

외국 기업들과의 경쟁에서 한국 기업을 살리기 위해 보수 정부 수장이 규제 완화를 천명한 발언은 하나도 이상할 일이 아니다. 문제는 대통령이 사용한 표현이다. 대통령은 "신산업 육성을 가로 막는 규제로 의심되면 일단 모두 물에 빠뜨려 놓고, 꼭 살려 내야만 할 규제만 살려 내겠다"고 발언했다.

일반적으로 대통령의 연설이나 발언은 작성자가 따로 있고 대통령이 최종 검토하는 것으로 알려져 있다. 대통령 발언 부분을 보면서 나는 해당 발언을 기안한 작성자는 바로 해고해야 한다고 생각했다.

한국민들 마음속에 끔찍하고 애통하게 자리잡은 '물'에 대한 트라우마를 대통령은 아직도 감지 못하는 건가. 아직도 그 사건에 대해 대통령이 설명해야 할 부분이 남아 있다고 다수 국민들이 생각하고 요구하는 사실을 모르는 건가. 대통령의 감수성이 이 정도 수준이라면 노동 3법을 통과시켜 달라고 요구하기 전에 타인과 공감하는 감성 교육이 우선되어야 한다. 2년 전 누가 차가운 바다에서 꽃다운 목숨을 잃었고, 그 참혹함 속에서 살아 남았던 자는 누구였던가?

---

* https://www.newdaily.co.kr/site/data/html/2016/02/17/2016021700101.html

문화적 차이?

야당이 국회에서 필리버스터 중이다. 그 내용을 보도한 어느 신문 제목이 내 눈길을 끈다. 기사 제목을 보면서 미국과 한국의 정치-언론 문화의 차이를 실감했다. 필리버스터 현장을 묘사한 기사 제목은 '가녀린 50대 여 의원'으로 시작되었다. 한국에서는 이런 제목이 눈길을 끄는 것일까? 미국의 신문 제목에는 의원이 '가녀'린지, '50대'인지, 또 '여' 의원인지 다루지 않는다. 행여 당사자가 90대쯤 되는 노익장을 과시하는 인물이라면 관심을 끌었을까. 나는 이 글에 대해 어떠한 가치 판단을 하고 싶지는 않다. 다만 한국 사회에서 느끼게 되는 일종의 '다름'을 새길 뿐이다. 한국 남성들이 여성을 더 아껴 이런 제목을 뽑을 수 있는 것일까?

요즘 TV에서 '슈퍼스타 K'라는 경연 프로그램을 자주 보게 된다. 한국에는 정말 노래 잘하는 아이들이 많으며 그들을 상품화하는 기술 역시 첨단을 달리는 듯하다. 프로그램 자체에 대한 재미와 별개로 내 눈에 늘 거슬리는 부분이 주로 기획사 대표들로 구성된 심사위원들이다(유희열은 빼자). 이 심사위원들이 주로 10대 중반에서 20대 초반 여성 참가자들에게 내뱉는 평가의 말들이 내겐 매우 부적절하게 들린다. 외모에 대한 표현, 특히 섹시해졌다느니, 다리가 어떻다느니, 미성년자까지 포함된 출연자들에게 지나친 막말을 자연스럽게 한다. 그들에게는 출연자들이 모두 돈을 만들어 주는 상품으로 비칠지 몰라도 출연자들 모두 귀한 존재이며, 누군가의 귀한 자식이다.

미국의 TV 프로그램에서 미성년자 출연자를 대상으로 심사위원들이 이처럼 성적 코멘트를 아무렇지 않게 내뱉었다면 진즉에 퇴출되었을 일이다. 한국인들이 미국을 매우 자유로운 사회라 착각하는 경향이 있는데, 사실 미국은 사회적으로 매우 보수적인 나라이다.

알파고 대 이세돌 대결의 교훈

세상이 온통 알파고와 인공 지능 이야기다. 알파고와 이세돌의 다섯 차례 대국 과정에서 쏟아진 수많은 말들 중 가장 중요한 말은 이세돌 자신이 한 말일 것이다.

"알파고를 보며 기존 수법에 의문이 들었다. 더 연구해 봐야 될 것 같다."

이게 바둑에만 해당되는 말일까? 바둑 초보에게 "이거는 안 되는 수다", "이 상황에서는 이 길이 정석이다"라고 훈수 두는 말을 많이 들어 봤을 것이다. 사람을 대하는 법, 예의, 출세 등 거의 모든 분야에서 우리는 해야 할 것과 하면 안 되는 것을 '배워'왔다. 이제 '안' 되는 것의 족쇄를 풀자. 젊은이들에게 그동안 안 된다고 했던 것들을 해 보고 실패할 수 있는 기회를 주자(물론 범죄적 활동은 당연히 안 된다). 되고 안 되는 것을 일방적으로 정하고 나서 "요즘 애들은 창의력이 없다"고 푸념하는 말은 그만하자.

그동안 대한민국의 국가적 패러다임은 '성장'이었다. 이제 패러다임을 바꾸자. 그동안 성장과 수출, 부동산 정책 등, 쏟아내는 정책에 발맞춰 정말 발버둥치며 살아왔지만 대부분의 시민들이 느끼듯 한국의 국민 행복도는 세계 꼴찌 수준이다. 이러한 현실에 대해 과거에 비하면 엄청난 발전이라는 식의 주장은 정치적 '나태'이거나 기회주의이다. 각각의 개인은 남은 삶을 하루하루 행복하게 보낼 방법을 생각해야 한다. 그 생각의 과정에서 기존 공식을 파괴하는 용기를 가져야 한다. 정부 또한 민주화 이전부터 이어져 내려오던 국가적 목표를 재고할 수 있어야 한다. 개인이건 국가건 패러다임 시프트가 필요하다.

알파고와 이세돌의 바둑 대국이 인간 지능과 인공 지능 관계에 대한 엄청난 관심을 불러일으켰지만, 한편으로 인간 관계와 우리 삶에 주는 교훈 역시 크다고 생각하는 오늘이다.

한국 정당의 대통령 후보 지명 코미디

2017년 2월 17일.

더불어민주당이 대통령 후보 선출을 위한 '완전 국민 경선제'를 실시한다고 한다. 다른 정당들 역시 따라할 가능성이 있어 보인다. 이 방식을 전제로 역선택이니 전략 투표니 구구하게 분석하지만, 오늘은 정당의 본래 개념으로 이러한 현실을 평가해 보려 한다.

정당은 사상, 이념, 정책적 선호를 같이하는 사람들의 결사체로 선거에서 승리해 자신들의 정책을 펴 보이려는 집단이다. 물론 연정 등의 방식을 구사할 수도 있지만, 그건 정당의 정체성이 확실하게 구축된 후의 이야기다. 정당의 개념 규정에 동의하면, 한 정당의 대통령 후보는 해당 정당의 이념과 정책 방향을 가장 잘 대표하는 사람을 선택해야 한다. 그러므로 특정 정당의 대통령 후보는 해당 정당의 당원들, 조금 더 확장하면 해당 정당 지지자들에 의해 정해지는 게 이치에 맞다.

그런데 전 국민을 대상으로 완전 국민 경선을 한다고 한다. 정당의 대통령 후보를 전 국민 인기 투표로 정한다는 이야기에 다를 바 없다. 그렇게 진행되는 이른바 인기 투표는 해당 정당의 지지자뿐 아니라, 전혀 지지하지 않는 반대 진영 지지자도 참여할 수 있다. 그 결과 선출되는 후보를 해당 정당의 정체성을 반영하는 진정한 후보라 할 수 있을까? 언론이나 많은 사람들이 미국에서 진행되는 오픈 프라이머리에 빗대 이야기한다. 미국의 경우, 성인이 되면서부터(혹은 시민권을 취득하면서부터) 각 유권자를 분류하는 방법부터 상향식 공천 과정, 각 선거구의 분위기 등 선거 관련 모든 면에서 한국의 그것과는 다르다. 그러니 한국 정당에서 치르는 완전 국민 경선제는 인기 투표로 본선을 두 차례에 걸쳐 진행하는 것에 다를 바 없고, 정당 내 예선은 사실상 없는 것이나 마찬가지다.

물론 한국 정치사를 보건대, 과거 독재적 정당 체제에서 일방적으로 후보
가 결정되었던 시절이 있어 완전 국민 경선제 자체를 진일보한 시스템으로 보
는 견해가 있을 수 있다. 하지만, 작금에 거론되는 완전 국민 경선제는 정당 스
스로 정당이기를 포기하는 일에 다름 아니라 생각한다. 이러한 발상들이 한국
의 정당들로 하여금 정책적 색깔을 무시한 인물 중심 정당 운영 행태를 반복하
게 만드는 요소라 생각한다. 한국 정치 제도가 여러 분야에서 낙후되어 있지
만, 그중에서도 '정당' 운영 시스템이 제일 낙후되어 있다는 생각이다. 정당인
들이 정작 정당의 개념을 제대로 이해하지 못하는 것 같아 안타까움이 이는 오
늘이다.

팩트 체크(Fact-check)　　　　　　　　　　2017년 2월 어느 날.

　　여권 일각에서 박근혜 대통령으로 하여금 탄핵 결정 이전에 하야하는 방안을 흘려 본 모양이다. "대통령이 실제로 탄핵되면 국격이 추락한다", "미국도 실제 탄핵된 대통령은 없다", "탄핵 인용과 기각으로 대립하면 아스팔트에 피를 뿌리게 되니, 닉슨 모델을 따르면 어떠냐?" 등의 말들이 언론에 떠돈다. 이 주장에 의하면 닉슨도 의회에서 탄핵이 통과되었지만 마지막 결정 전에 사임하고 사면받았다고 한다. 나는 이 자리에서 박 대통령이 어찌하리라는 예상이나 어떤 게 바람직하다는 의사 표현 대신, 미국 사례에서의 사실 관계만 이야기하려 한다.

　　한국의 경우 탄핵은 두 단계 과정을 거쳐 이루어진다. 먼저 국회 재적의원 2/3 이상 찬성을 얻은 후, 헌재 심판을 거쳐 인용되어야 최종 파면에 이른다. 미국 역시 두 단계 과정을 거치는데 그 주체가 다르다. 첫 번째 단계, 즉 의회에서의 의결은 한국 국회와 마찬가지다. 그런데 미국 의회는 양원제이므로 이 첫 단계는 하원이 담당한다. 그 다음 2단계는 한국처럼 사법부로 이월하지 않고 상원이 결정한다. 다만 이 단계의 의사 진행은 대법원장이 한다. 하원에서의 의결을 영어로는 impeachment라 하고, 상원의 판결은 conviction이라 한다. 상원에서 한국의 헌법재판소에서와 같이 유무죄를 가리는데, 이게 한국 표현으로 인용과 기각이다.

　　미국 하원의 의결 과정에서 실제 탄핵에 impeach되고 상원에서 판결받은 미국 대통령은 둘밖에 없다. 앤드류 존슨과 빌 클린턴이 그 주인공이다. 어제 종편 방송에서 소위 정치 평론가들이 계속 '앤드류 잭슨'이라고 하였는데, 틀린 말이다. 앤드류 존슨과 앤드류 잭슨 모두 미국 대통령이었지만 전혀 다른 인물이다. 어쨌건 존슨과 클린턴 모두 하원에서 탄핵안이 통과돼 상원으로

회부되었으나, 모두 끝까지 버텨 싸웠다. 그리고 두 경우 모두 상원에서 하원의 탄핵 결정을 '기각'했다. 이 경우를 군이 한국 사례와 비교하자면, 노무현 대통령 탄핵 결과에 비교할 수 있다.

한국 언론이 닉슨의 경우를 예로 들면서 의회의 탄핵을 받은 이후 사임하고 사면받은 것으로 묘사하지만 실제 미국 의회가 닉슨 탄핵안을 통과시킨 적은 없다. 닉슨은 탄핵이 거론되는 와중에 의회 내 동료 공화당 지도자들과 상의한 결과, 하원에서 투표하면 탄핵이 의결될 것이라는 예측이 나오자 사임해 버린 것이다. 그러니 닉슨의 경우 하원 투표는 물론, 상원에서의 심리도 없었다. 박근혜 대통령의 탄핵안은 국회에서 투표로 의결된 후 몇 주째 헌법재판소에서 숨가쁘게 심리가 진행되고 있다. 닉슨은 그 단계에 들어서기도 전에 미리 사임한 것이지 마지막 순간에 사임한 것이 아니라는 말이다. 그러므로 탄핵 정국으로 미국민들이 관심을 쏟거나 그에 따른 갈등이 있었던 기간은 박근혜 탄핵에 비해 닉슨 쪽이 훨씬 짧았다.

이제 사면 후의 과정을 비교해 보자. 미국은 대통령 궐위 시 부통령이 승계하여 남은 임기를 마무리한다. 그러니 닉슨이 자신의 죄를 사면받고자 한다면 러닝메이트였던 당시 제랄드 포드 부통령과의 딜이 성사되면 끝나는 일이었다. 한국은 대통령 궐위 시 두 달 내에 새로운 임기의 대통령 선거를 치러야 한다. 탄핵받은 대통령이 사면을 원해도 그 사면의 주체가 명확치 않다. 사면을 약속해 줄 사람이 없는 것이다.

* 덧붙이는 글: 이 글을 처음 작성할 때는 앞의 정보가 정확했다. 그런데 이 글 작성 후 도날드 트럼프 대통령의 탄핵안이 두 번이나 미국 하원에서 통과되었다. 하지만 두 번 모두 상원에서 기각하여 구제되었다. 이제 미국 하원에서 탄핵이 의결된 대통령은 3명이고, 탄핵 의결 횟수는 4회로 기록되게 되었다.

📑 김종필을 생각한다

2018년 6월 23일.

3김씨의 마지막 생존자 김종필 씨가 오늘 별세했다고 한다. 너무도 오랜 기간 한국 정치에 영향을 미친 인물이었으므로 정치에 대해 말 좀 한다는 사람이라면 그 주인공에 대해 할 말이 많을 것이다. 학술적 측면은 차치하고 단순 사실적 측면, 인간적 측면에서 김종필이라는 인물을 내게 요약하라면 "세 명의 대통령을 만들고 세 명 모두에게 배신당한 사람"이라 표현할 수 있겠다. 그 과정을 요약하면 다음과 같다.

5·16 쿠데타의 얼굴은 당시 박정희 소장이었지만 그 설계자, 진짜 브레인이 김종필이라는 것은 대개의 사람들이 아는 사실이다. 쿠데타 후 1963년, 박정희가 민정 이양을 고려할 때도 군인이 계속 한국 정치를 담당해야 한다고 설득한 이도 김종필이다(이 자리엔 젊은 장교 전두환이라는 이도 있었다). 쿠데타 후 박정희 군부가 만든 헌법은 대통령 중임제를 기본으로 4년 임기에 1차례 중임할 수 있었다. 당시 공화당 내에 벌어진 일련의 정황들을 종합하면, 김종필은 박정희 8년 집권 후 다음 차례는 자신이라 믿었던 듯하다. 하지만 박정희와 처삼촌 조카 관계이기도 했던 김종필은 정권 핵심으로부터 뒤통수를 맞는다. 집권 8년이 다가오면서 박정희는 3선 개헌에 나섰고, 세 번째 당선 후 유신헌법을 통과시켜 종신 집권을 가능케 함으로써 김종필의 집권을 원천 봉쇄했다.

박정희 사망 후 전두환의 신군부가 득세하며 정치 질서는 완전히 바뀌었다. 87년 6월 항쟁 후 양 김씨의 분열로 당선된 노태우 정권하의 총선에서 여소야대 구도가 형성되었다. 박정희, 전두환에 비해 강권 통치에 대한 강단이 없던 노태우는 집권 후 정국 운영 및 퇴임 후 신변 보장에 관심을 가진다. 대개의 한국인이 알다시피 김종필은 일본 정치의 영향을 받은 내각제 예찬론자다.

이 상황에서 노태우, 김영삼, 김종필 3자의 내각제 개헌을 밀약으로 한 3당 합당이 이루어졌다. 하지만 3당 합당으로 민자당이 탄생한 후, 김영삼은 내각제 개헌은 불가하다며 스트라이크에 나섰다. 어쩔 것인가? 당을 다시 쪼갤 것인가? 김영삼은 당내 정치력을 발휘하여 민자당 대통령 후보가 되고, 본선에서 김대중, 정주영을 꺾고 대통령에 당선된다. 김영삼의 당선 자체가 3당 합당에 근거하여 이루어진 일이었으므로 김종필은 결국 그 과정에서 도와주고 뒤통수 맞은 격이었다.

1997년 대선이 다가오면서 여당에 이회창이라는 강력한 후보가 부상했다. 아직 야권의 맹주는 호남을 기반으로 하는 김대중과 충청권을 기반으로 하는 김종필이었다. 많은 사람들의 예상을 뒤엎고 김대중과 김종필이 선거 전 연합을 통해 김대중을 야권의 대표 주자로 대통령 선거에 나섰다. 두 사람의 이념적 성향으로는 상상이 어려운 조합이었다. 선거 결과는 김대중 후보가 이회창 후보에 불과 1.5% 차이 신승이었다. 김종필과 충청의 지지가 없었다면 이회창 후보가 당선되었을지 모를 결과였다. 이 김대중-김종필 연합(DJP연합)의 기반 역시 내각제 개헌이었다고 한다. 그리고 김종필은 또 다시 토사구팽 당한다. 김대중과 결별한 김종필은 충청권을 기반으로 했던 자민련의 총선 패배로 충청권 맹주의 자리마저 내려놓고 야인 생활로 돌아간다.

한국 현대 정치사에서 그 누구보다 중앙 정치 무대에 오래 머무르며, 중앙정보부장과 국무총리를 2차례 역임하고 9선 의원을 지냈으니 부귀영화를 누린 것이 맞다. 하지만 인간적으로 볼 때, 이처럼 철저히 이용당한 사람이 있었나 싶을 정도의 그의 삶은 과연 행복한 삶이었을까, 불행한 삶이었을까?

그와 관련해 한 가지 흥미로운 점은 2016~2017년 사이 한국에서 벌어진 국정 농단 사태를 처리하는 과정에 대두되었던 개헌 화두가 이원집정부제 혹은 내각제가 포함되었다는 사실이다. 개헌은 제왕적 대통령제 극복을 명분으로 제기되었다. 그런데 박근혜 탄핵 후 치러진 대선에서 문재인 정부가 들어서면서 대통령 중심제를 유지하고 국민 여론 또한 대통령 중임제가 압도적 지지를 얻는 걸로 드러났다. 대통령의 인기는 참 많은 것을 할 수 있는 무기이기도 하다. 하지만 진정한 민주주의적 방식의 개헌은 각 제도의 장단점, 한국 정치에서의 적합도를 국민들에게 제대로 설명하고, 정확한 정보를 가진 국민의 지지에 힘 입어 추진되는 방식이어야 한다.

밥 우드워드(Bob Woodward)가 쓴《Fear》라는 책을 읽고 있다. 밥 우드워드는 칼 번스타인(Carl Bernstein)과 과거 〈워싱턴포스트〉에서 한 조로 활동한 것으로 잘 알려져 있다. 우드워드와 번스타인은 1972년 닉슨 재선 후, 워터게이트 사건이 터지자 백악관 내 정보원을 인용해 닉슨 행정부가 국민을 속이고 이른바 '워터게이트'를 극복하려던 시도를 폭로하여 닉슨의 하야를 이끌어 낸 기자로 유명하다. 그들은 또 확실하지 않은 센세이셔널리즘 대신 철저히 검증된 사실만을 보도하여 미국 언론계의 전설이 되었고, 노인이 된 지금까지도 언론인들의 존경을 받고 있다. 그런 우드워드가 현재 백악관 내의 정보들을 바탕으로 트럼프 백악관이 어떻게 운영되었는지를 고발한 책을 펴냈다. 이 책의 출판은 한국에서도 보도된 바 있다.

책의 서문은 한국 이야기로 시작된다. 대통령이 된 트럼프는 대한국 무역 적자가 180억 달러에 이르고, 미군을 한국에 주둔시키는 데 1년에 35억 달러씩 쓰고 있는 사실에 분개했다고 한다. 이를 뒤집는 트럼프의 방식은 한미 FTA를 없었던 일로 해 버리는 것이었다. 2017년 9월 어느 날, 백악관 경제 보좌관 개리 코헨(Gary Cohen)은 대통령 책상 위에서 우연히 하나의 문서를 보게 된다. 트럼프가 문재인 대통령에게 보내는 편지로 한미 FTA를 일방적으로 폐기하는 내용이었다. 편지를 본 코헨은 경악했다.

정보에 의하면, 북한이 ICBM을 완성하고 핵탄두를 장착하면 미 본토 공격이 가능한데, 북한에서 발사한 핵미사일이 38분이면 LA까지 도달한다고 한다. 현재 미국이 한국에 들여놓은 장비와 정보력은 북한에서 미사일을 발사하면 7초 후에 확인할 수 있다고 한다. 미군이 발사 사실을 한국 내에서 감지하지 못하고 알래스카에 구축된 장비로 추가 파악하는 데는 15분이 걸린다고 한다. 북한의 핵 개발이 사실상 미국에 있어 한국을 매우 중요한 존재로 만들어 준 것이다. 북한에서 미사일 발사 후 7초만에 확인할 수 있다면, 날아오는 미사일을 격추하는 일은 현재 미군의 기술력이면 충분하다.

코헨은 이런 상황에서 한국과의 통상 마찰이 안보 문제로 이어지면 미국의 이익에 큰 타격이 올 것이라 보았던 것이다. 코헨은 대통령의 책상에서 이 편지를 훔쳐 숨겨 버렸다. 코헨은 정국 상황으로 머리가 복잡한 트럼프가 편지가 없어졌다는 걸 알아차리기까지는 오랜 시간이 걸릴 것이라 판단했다. 만약 코헨이 이 편지를 제거하지 않아 대통령이 서명해 보냈다면, 한미 관계와 문재인 행정부의 모습은 아마 크게 달라질 수도 있는 상황이었다. 북미 대화 역시 매우 다른 양상으로 흘렀을 일이다. 대통령의 편지를 숨겨 버린 경제 보좌관의 행동은 한미의 외교사를 바꾸어 놓았다.

사색의 시간이 필요하다

2019년 9월 7일.

　오늘 SNS에 올라온 글들을 읽으며 짐작은 했지만 내심 놀라움을 감출 수 없었다. 내 지인들 사이에도 조국 사태를 보는 견해가 거의 정확히 양분되어 있다는 사실 때문이었다. 조금 더 지켜보자는 사람은 아무도 없었다. 최근 정치학에서 가장 중요하게 여기는 개념에는 '정보'와 '결정'이 포함된다. 그럼에도 나를 포함해 이번 조국 사태의 모든 측면에 대해 완벽한 '정보'를 가진 사람은 아무도 없다. 그런데 거의 모든 사람들이 이미 마음의 '결정'을 내린 후, 자신은 확실히 맞고 정의의 편이라 확신하고 있다. 모두 차분히 긴 숨을 쉬고 생각해 보았으면 한다.

　조국 사태의 원인을 먼저 살펴보자. 지금 나에게 떠오르는 원인을 꼽자면 개인적으로는 다음과 같이 정리할 수 있겠다.

① 조국이라는 인물이 인생을 잘못 살았다.
② 문재인 정권을 싫어하는 사람(예컨대 야당, 보수 언론, 우파 성향 시민)들이 다른 인물이었다면 넘어갈 수도 있는 이슈들을 부풀려 이번 사태를 '만들어' 냈다.
③ 조국으로 대표되는 검찰 개혁에 대한 검찰의 반격이다.
④ 노무현 대통령이 못 다한 기득권 청산에 대한 싸움의 재기이다. 문재인 정권은 이 싸움을 끝내려 하고, 기득권은 노무현에 이어 문재인도 좌절시키려 한다.

　내가 생각할 수 있는 사태 전개의 이유는 이 정도다. 물론 달리 생각하거나 또 다른 이유를 생각하는 이도 있을 것이다. 이 중에 어떤 게 정답인지 100% '알고' 있는 사람이 있을까? 아마 없을 것이다. 추측건대 위의 설명 중

두어 개 이상의 원인이 합쳐져 사태가 전개되었을 것이다. '위험성하의 의사 결정(Decision-making under risk)'은 여러 원인이 결합되어 어떤 사건이 일어날 때, 각 원인의 확률을 조사하여 분석하는 기법이다. 그렇다면 사태가 전개된 각 원인에 따른 확률을 아는 사람이 있을까? 없을 것이다. 그러니 이 사태를 정확히 분석하여 마음을 정한 사람은 아무도 없다고 봐야 한다. 결국 각자의 평소 성향에 따라 어느 한 원인의 확률을 높이는 방식으로 마음을 정했을 뿐이다. 그리고는 자신의 '결정'이 맞다고 확신한다.

사태의 와중에 조국 자신은 물론 가정마저 산산조각났다. 그 차원에서 나는 조국을 동정하고, 잘 극복하길 바란다. 나 같았으면 벌써 사퇴했을 일이었다. 아니, 처음부터 시작도 않을 일이었다. 조국 후보자가 이런 시련에도 끝까지 버티는 건 또 무슨 까닭일까?

① 가족의 희생이 따르더라도 장관이 하고 싶다. 그후에는 더 큰 것을 바라볼 수도 있다.
② 검찰 개혁과 기득권 청산에 대한 신념으로 희생될 각오가 되어 있다.

여러분은 조국의 마음을 안다고 확신하는가? 나는 모른다. 아마 조국 자신도 모를 수 있다. 잠재의식의 기저에 ①이 자리할 수도 있고, ①과 ②의 합성일 수도 있다. 그럼에도 사람들은 그의 심리를 다 파악한 듯 이야기하고 주장한다. 모두 자신에게 보다 솔직해지자. 보다 성숙해지자.

조국 후보자의 장관 임명 건은 조국 개인만 '만신창이'로 만든 게 아니라 온 나라를 만신창이로 만들어 놓았다. 조국 후보자의 법무부 장관 임명 여부에 상관없이 이 나라의 혼란은 계속될 것이다. 조국이 장관으로 임명되면 적격성 여부에 대한 갈등이 지속되고, 법무부 장관과 검찰 사이의 팽팽한 긴장감은 더 상승할 것이다.

청와대와 여당이 이 사안에 대해 양보하여 물러서지 못하는 이유로 "여기서 밀리면 정국 주도권을 잃고 내년 총선에서 막대한 손해를 볼 것이다"는 이야기가 많이 거론된다. 나에게는 이 말이 몹시도 유아적으로 들린다. 만약 문재인 대통령이 지금까지의 인사 정책에 문제점이 있었다고 인정하고 국민들 앞에 "죄송하다" 사과했다 치자. 국민이 여당을 심판할까? 내 입장이라면 오히려 존경심이 더해질 일이다. 만약 야당이 지금의 정쟁을 멈추고, 정치적 계산이 아닌 진정한 보수 재건(과거 청산, 극단적 그룹들과의 연합 포기, 진정한 보수의 개념에 대한 이해 증진과 그 이념에 합치하는 사람들로 보수 그룹 재구축하기 등)에 주력하는데도 국민이 야당을 심판할까? 나는 그렇게 생각하지 않는다.

이러한 상황일수록 시민들은 흥분을 가라앉혀 차분히 지켜보았으면 한다. 리더들 또한 장기적으로 진정한 지지를 받는 길이 무엇인지 깊은 사색의 시간을 가졌으면 한다. 우리 모두 너무도 피곤하다.

대통령 선거, 이건 아니지

2021년 9월 28일, 10월 8일.

소위 '화천대유' 사건이 일파만파로 커지는 지금, 국민의힘 대통령 후보 경선에서 윤석열 후보가 화천대유의 몸통은 이재명 지사라고 주장하면서 일 갈했다.

"내가 대통령이 되면 화천대유의 주인은 감옥에 갈 것이다."

헌법에 의해 권력이 분립되어 있는 대한민국에서 대통령이 누구를 감옥에 보낼 권한은 없다. 누구를 구속하거나 유죄를 인정하여 감옥에 보내는 권한은 대통령에게 있는 게 아니라 사법부에 있다. 그래서 피의자의 구속 적부심이나 재판에서 판사의 동의를 얻기 위해 검사와 변호사들은 각자의 입장에서 노력한다. 그게 삼권분립이고 법치주의다.

흔히들 한국의 대통령제를 일러 '제왕적 대통령제'라고 한다. 나는 그동안 계속해서 한국 정치 체제의 문제는 '제왕적' 대통령제가 아니라 제왕적 지위를 가졌다고 착각하는 대통령들과 그걸 감히 막지 못하는 위정자들의 문제라 주장해 왔다. 평생을 검사로 살아 왔던 사람이, 그리고 검찰의 수장인 검찰총장을 직전까지 역임한 사람이 자신을 대통령으로 뽑아 주면 특정 인물과 그 주변 인물들을 감옥에 보내겠다고 한다. 아직 대통령으로 뽑힌 것도 아니지만, 설령 대통령으로 당선되어 취임한다 해도 할 수 없는 일을 국민에게 약속한다. 조금만 생각해 봐도 자기 발언의 부당함을 쉽게 알 수 있는 일이다. 그 발언이 무의식에 잠재해 있던 대통령의 권한에 근거하고 있다면, 한국민들은 또 과거로의 회귀를 염려해야 할 일이다. 참고로 나는 이재명 후보의 지지자가 아니다. 아래 글은 위의 글을 쓴 뒤 며칠 간 한국의 대선 후보 경선 과정을 지켜보며 든 생각을 실없이 덧붙인 글이다.

12 ＊ 이방인 하루 살이　　**209**

① "내가 대통령이 되면 화천대유의 주인은 감옥에 갈 것"이라며 "화천대유의 몸통은 이재명 지사"라고 주장한 윤석열 후보를 비판한 바 있다. 헌법상 대통령은 누구를 감옥에 보낼 권한이 없기 때문이다.

② 이번 대선 전에 대장동 건이나 고발 사주 건으로 후보 중 한 명, 혹은 그 이상이 더 이상의 새로운 의혹에 휩싸이거나 기소되지 않는 한, 한국의 다음 대통령은 이재명, 윤석열, 홍준표 중 한 사람이 될 것은 거의 확실시된다.

③ 며칠 전 대구에서 열린 국민의힘 당원과의 만남 자리에서 홍준표 후보는 "이재명은 뻔뻔해. 내가 대통령이 되면 잡아 넣을 것"이라고 발언했다. 이로써 대통령이 될 만한 사람 3인 중 적어도 2인은 헌법상 대통령의 권한을 잘 모르거나 알아도 지킬 생각이 없는 것으로 드러났다.

④ 만약 차기 대통령이 지금까지의 대통령들이 그러했던 것처럼 헌법이 보장하지 않는 권력을 휘두를 것이라면, 이재명 후보는 떨어져서는 안 될 강력한 동기가 생겼다. 그들 주장대로라면 이재명 후보가 집권에 실패하는 경우 이미 '감옥행'이 정해져 있기 때문이다. 이번 한국 대선이 정상적인 선거가 될 수 없는 이유이다.

민주당 대선 후보 경선 풍경

2021년 10월 11일.

이재명 후보가 더불어민주당의 대통령 후보로 최종 확정되었다. 최종 득표율은 50.29%. 이낙연 후보와의 결선 투표를 겨우 면했다. 앞서의 경향과 달리 3차 국민 경선 결과는 이재명 후보가 이낙연 후보에게 대략 20:60으로 완패했다. 이 결과는 점점 더 확대되던 대장동 사태에 따른 이재명 후보에 대한 지지 철회나 유보의 결과로 볼 수도 있다.

이즈음, 이낙연 후보가 애당초 경선 룰의 불공평성을 주장했고, 캠프 내에서는 불복 주장이 높아지는 분위기조차 감지되었다. 경선에 나섰던 정세균, 김두관 후보가 중도 하차했는데, 이들이 얻은 표를 무효표로 처리하면서 그런 주장이 불거지기 시작한 것이다. 중도 사퇴한 후보들이 얻은 표를 무효 처리 않고 합산하면 이재명 후보의 득표가 50.29%가 아니라 49.32%로 떨어진다는 주장이다. 이 경우 이재명 후보의 과반 득표 실패로 이낙연 후보와 결선 투표를 치러야 한다. 2인 경선으로 치러지는 결선이라면 3차 국민 경선 결과에서 보았듯 이낙연 후보가 유리한 결과를 얻을 수도 있다는 주장인 것이다.

하지만 나는 이낙연 후보가 최종 경선 결과를 수용해야 한다고 생각한다. 거듭 말하거니와 나는 이재명 후보의 지지자가 아니다. 이낙연 후보가 결과를 수용해야 한다고 주장하는 이유는 다음과 같다.

앞으로 몇 달 후면 끝날 문재인 정권에 대한 평가는 사람마다 다를 것이다. 한국에서는 새 정권이 출발하면 전 정권을 악마화하는 경향이 있다. 차이는 있겠지만 어느 정권이나 치적과 실정은 다 존재한다. 문재인 정부의 실정을 이야기하는 사람들은 제각각 부동산 문제, COVID-19 팬데믹 대처 문제, 남북 관계 문제, 내로남불(공정을 이야기하면서 정작 그 잣대를 자신들에게는 들이대지 못하는 점) 등을 꼽는다. 민주주의를 연구하는 사람으로서 나는 다른 문제를 꼽고 싶다. 바로 '게임의 법칙 파괴(rule breaking)'이다. 촛불 이후 온 국민의 기대를 안고 출범한 문재인 정부는 한국 민주주의를 공고화하는 데 있어서만은 역대 어느 정부보다 잘하리라 생각했다. 하지만 놀랍게도 문재인 정부는 게임이 시작된 후, 자기편이 불리하면 중간에 게임의 룰을 바꾸는 데 주저하지 않았다. 예컨대 선거법 개정이 그러했고, 총선에서 국민의힘을 따라 이른바 비례 위성 정당(열린민주당)을 창당하거나 서울, 부산에서 치러진 시장 보궐 선거에서 당규를 깨고 자당 후보를 낸 일 등이 그러했다.

정치에서 게임이 시작된 후 룰을 바꾸는 일은 독재로 가는 지름길이다. 예컨대 대통령 연임제가 헌법에 규정된 룰이었던 당시 "이 나라를 위하여 십자가를 지겠다"며 박정희가 3선 개헌을 하고, 연이어 1971년 대선에서 정적이었던 김대중 후보가 예상보다 선전하자 유신헌법이라는 새로운 룰을 만들어 대통령 직선제를 없애 버린 일이 오래 지나지 않은 한국에서 일어났던 사례이다. 이렇게 게임의 룰을 파기하거나 혹은 변경했던 역사적 사실들을 한국인들은 지금 어떻게 평가하는가?

본론으로 돌아가 내가 이낙연 후보에게 경선 결과를 받아들여야 한다고 주장하는 이유는 이렇다. 더불어민주당 대선 경선에서 무효표 처리 규정 등을 담은 특별 당규는 이해찬 당 대표 시절에 결정되어 이낙연 전 대표가 선출된 전당대회에서 추인됐다고 한다. 이낙연 후보가 이 사실을 모를 수 없다. 다른 경선 주자들 역시 이 룰을 처음부터 알고 있었을 것이다. 게임 시작 전에 이 룰에 문제가 있다고 주장하여 동의를 얻어 룰을 바꾼다면 전혀 문제의 소지가 없다. 하지만 이낙연 캠프는 선거 막바지에 와서야 해당 룰이 자기들에게 불리한 점을 알고 끝나 가는 게임의 법칙을 변경해 다시 붙자고 한다. 이러한 논리는 받아들여져서는 안 되는 주장이다.

민주주의를 공고히 다져 나가는 데 있어 자신에게 불리하면 게임의 법칙도 바꿀 수 있다는 선례를 다시 만들어선 안 된다. 이는 이미 만들어져 시행되고 있는 게임의 법칙이 좋건 나쁘건 상관없이 해당된다. 민주당을 위해서도, 한국의 민주주의의 미래를 위해서도 결코 바람직하지 않다. 대부분의 나의 글이 그렇듯, 내가 하는 말은 어려운 말이 아니다.

[시나리오 1]

　　나는 S대학을 나오고, 나의 사업체를 운영하는 프로페셔널이다. 나는 문재인 정권이 너무 싫다. 사업 확장을 위해 부동산을 취득하였는데, 뭔 놈의 보유세를 이렇게 때리나. 강남에 집 있는 게 죄냐고. 은행 대출을 받고자 해도 이 정권의 규제 탓에 담보 대출로 모자라 신용 대출까지 보태야 했다. COVID-19 팬데믹 정국에 사업체를 유지하자니 보유세에 이자 갚기도 벅차다. 하지만 양도세가 무서워 팔지도 못한다. 상속세가 무서워 상속은 언감생심이다. 그러니 사업체의 문을 열어 놓아도 문제고 처분도 못한다. 이렇게 사람들 살기 어렵게 만들어 놓고 그 일당의 내로남불은 정말 가관이다. 이재명이라는 사람도 너무 싫다. 딴에는 겉으로 공정과 복지를 강조하는데 속은 아무래도 빨갱이인 것 같다. 대장동 건으로 얼마나 드셨을까? 그러니 딴 사람을 찍어야 하는데 누가 있나? 윤석열? 전직 대통령을 둘이나 잡아 감옥에 넣고(사실 안 보내도 되는 것 아니었나?) 문재인 정부의 탄압에도 굴하지 않고 맞서 싸운 최고의 투사다. 정치꾼이 아니니 깨끗한 모습도 보여 줄 성싶다. 정적들이 실체도 없는 고발 사주 건을 이야기하는데 그 정도 모함에 눈 하나 깜빡할 사람도 아니다. 그러고 보니 나는 원래 윤석열 지지자였던 듯싶다. 쓸데없이 이재명 생각에 마음만 상했다. 난 윤석열 검찰총장이 조국, 추미애 등과 싸울 때부터 이 사람이 대통령감이라 생각했다. 기억을 더듬어 보니 난 그때부터 윤석열 지지자였다. 나는 과거에도 미래에도 영원한 윤빠이다. 절대로 이재명이 싫어 윤석열 찍는 것 아니다(음···. 맞는 것 같다).

[시나리오 2]

나는 S대학을 나오고, 나의 사업체를 운영하는 프로페셔널이다. 나는 문재인 정권이 너무 싫다. 사업체 확장을 위해 부동산을 취득하였는데, 뭔 놈의 보유세를 이렇게 때리는지. 강남에 집 가진 게 죄냐고. 은행 대출을 받고자 해도 이 정권의 규제 탓에 담보 대출로 모자라 신용 대출까지 얻어야 했다. COVID-19 팬데믹 정국에 사업체를 유지하자니 보유세에 이자 갚기에도 벅차다. 하지만 양도세가 무서워 팔지도 못한다. 상속세가 무서워 상속도 언감생심. 그러니 사업체의 문을 열어도 문제고 처분도 못하고 있다. 사람들 살기 어렵게 해 놓고 그 일당의 내로남불은 정말 가관이다. 이재명이라는 사람도 너무 싫다. 딴에는 공정과 복지를 강조하지만 속은 아무래도 빨갱이인 듯싶다. 대장동 건으로는 얼마나 챙겼을지. 그러니 딴 사람을 찍어야 하는데 누가 있나. 홍준표? 모래시계 검사. 뭐든지 시원하게 직구로 쏘아대는 한국의 대표 '사이다' 정객이면서 경험도 많고…. 말이 조금 거칠다지만, 우리나라 70대 영감치고 그리 말하지 않는 사람이 드문 것은 사실이잖아. 후보 중 제일 깨끗해 보이고 20~30대의 지지도 받고 있다. 그러고 보니 나는 본래 홍준표 지지자였던 것 같다. 쓸데없이 이재명 생각에 마음만 상했다. 난 5년 전 홍준표가 대선에 나왔을 때부터 시원시원한 그의 화법이 좋았다(그때 홍준표 찍었나? 음…, 기억나지 않는다). 아무리 생각해 봐도 난 그때부터 홍준표 지지자였다. 나는 과거나 미래나 영원한 홍빠다. 절대로 이재명이 싫어 홍준표 찍는 것 아니다 (음…, 맞는 것 같다).

[시나리오 3]

나는 경기도에 거주하는 직장인이다. 뭐, 직장이라고 하지만 10년째 계약직을 전전하고 있다. 대선이 몇 달 후이니 대선 주자들을 좀 둘러보아야겠다. 윤석열, 문 대통령이 키워 주었더니 배신을 때린 자다. 조국 일가에 대한 과도한 수사와 추미애 법무부 장관에 대한 반항은 계속 이어졌다. 키워 주었더니 야당의 대선 주자로 나오는 찌질한 인간. 무식하기까지 하다. 홍준표? 수소 경제에서 수소가 뭔지도 모르는 자. 말 실수를 한두 번 했나? 나이도 많다. 평생을 기회주의자로 산 인간. 윤, 홍, 둘 다 너무 싫다. 여당 후보는 이재명. 솔직히 그에 대해 많이는 모르지만…, 불우한 시절을 보냈다지. 그 어려운 상황에서 검정고시를 거쳐 사법고시까지 합격한, 영재는 맞는 듯하다. 성남 시장, 경기도 지사를 하면서 없고 가난한 사람(예컨대 장기 계약 노동자들) 편에 섰다지. 생각해 보니 나는 예전부터 이재명을 지지했던 것 같다. 우리 지역의 행정 수장이고(도지사 선거 때 내가 이재명 찍었던가? 음…. 기억이 안 난다). 복지는 전 국민을 대상으로 한다지. 그럼, 나도 이미 몇 번 받았잖아. 이런 사람이 대통령이 되어야 계약직 노동자도 먹고 산다. 지금은 악랄한 정적들에 의해 대장동 건으로 음해를 당하고 있지만 이재명은 절대, 그런 사람이 아니다. 생각할수록 매력 있는 인물이다. 나는 과거나 지금이나 영원한 이빠다(명빠가 맞는 건가?). 절대로 윤석열, 홍준표가 싫어 이러는 것이 아니다(음, 맞는 것 같다).

* 덧붙이는 글: 이 글에서 특정 대학과 특정 직업의 정당 지지를 일반화할 생각은 전혀 없음을 밝힌다.

존경과 용기

요즈음 온·오프라인을 통해 나에게 존경스럽다고 말하는 사람들이 더러 있다. 유전성 망막 질환이 있었으며 그 탓에 시력이 갑자기 나빠져 중증 시각 장애인 판정까지 받았음에도 새로 익혀야 할 배움에 나서고, 새로운 생의 목표를 잡고 계획에 따라 열심히, 그리고 웃으며 살아가는 모습이 존경스럽다는 것이다. 온라인이건 오프라인이건 시력이 상실되어 간다는 사실을 내색하지 않고, 지금 할 수 있는 일들에 적극적으로 나서며 열심히 산다는 말이었다.

이 자리에서 내 입장을 밝히자면, 그리 존경스러워하지 않아도 된다. 2019년 말 시작된 내과 및 안과적 질병으로 사실 2020년의 절반을 완전한 좌절 속에 보냈다. 사람도 만나지 않았다. 만나서 이야기했어야 했는데, 마침 그 시점에 터진 COVID-19 팬데믹으로 만나고 싶어도 만날 수 없었다. 2020년 후반부에는 시각 장애인 복지관에서 진행된 교육 과정을 통해 남은 인생을 꾸려 가는 데 필요한 기술을 익혔다. 그중 제일 유용했던 일이 컴퓨터 화면을 읽어 주는 소프트웨어를 익힌 덕에 글을 읽고 쓰는 게 가능해졌다는 것이다.

다시 '존경'이라는 개념으로 돌아가, 나를 존경할 일이 아니라고 강변하는 이유는 내 성격에 비춰 남은 삶을 가장 효율적이면서 행복할 수 있는 길을 찾아 스스로 따라갈 뿐이기 때문이다. 이렇게 하지 않았으면 죽을 때까지 방구석에 처박혀 주위 사람들을 괴롭히며 살아갈지도 모를 일이다. 평소의 내 성격에 비춰 그런 생활은 오히려 나에게 더 큰 고문이 될 것이다. 그러니 내가 열심히 사는 것은 뭐, 누구에게 모범을 보이자는 일도 아닐 뿐더러 고매한 인격을 가져서는 더더욱 아니다. 다른 길에 비해 이 길이 나를 제일 편안하게 해 줄 뿐이기 때문이다. 내 이익을 극대화하는 행위일 뿐이니, 그게 어디 존경받을 일인가.

또 어떤 이들은 내게 용기 있다고들 말한다. 시각 장애 사실을 드러내 밝히는 일이 쉬운 일이 아닐진대, 페북이건 카톡방이건 누구나 볼 수 있는 공간에 내가 잘 보지 못한다는 사실을 먼저 밝히기 때문이란다. 사람들은 이러한 나의 행위를 용기라고 인정해 주는 듯싶은데, 여기서도 나는 내게 용기 있어 그런 게 아니라고 밝힌다. 사실 내가 아는 사람을 헤아리자면 아마도 수천 명은 될 터, 한 명 한 명 만날 때마다 나의 발병부터 시각 장애까지의 긴 스토리를 다 설명하는 일이 오히려 피곤하다. 그러니 미리 드러내 놓고 알림으로써 그 번거로움을 피하고자 하는 내 삶의 방편인 것이다. 번거로이 수천 번 설명해야 할 일을 한 번에 알림으로써 보다 쉽게 가자는 이기적 생각인 것이다. 그러니 이것 역시 나의 이기심일 뿐 용기와는 하등 상관없는 일이다.

지난 여름, 미국에서 3개월을 보내며 생각도 많이 하고, 결정도 많이 하고, 사람도 많이 만났다. 어느 날 LA에서 잘 아는 부부와 식사를 함께했다. 늘상 그렇듯, 그날도 테이블의 대화가 하나로 모아지지 않고 남녀 간 다른 주제로 떠들고 있었다. 그때 문득 내 귀에 들리는 이야기가 있었다. 무서운, 나의 '사모님'이 다른 사람들 앞에서 "남편이 존경스럽다"고 이야기하는 것이었다. 내가 헤쳐 왔던 지난 과정을 옆에서 보고 느낀 감정을 새삼스레 털어놓은 모양이다. 무서운 나의 사모님은 내가 다른 대화에 몰입 중이라 못 듣는 걸로 생각해 한 말 같은데…, 하지만 나는 똑똑히 들을 수 있었다. 허허. 그 말이야말로 내게 있어 진정 '중요한 존경'으로 받아들일 만한 말이다. 지난 40년을 함께하며 무서운 사모님으로부터 "존경한다"는 말을 들은 적은 한 번도 없다. 40년 만에 무서운 사모님이 흘리는 말을 내가 듣고 말았다. 앞서 "나를 존경할 일이 아니다"라고 말했지만, 무서운 사모님으로부터 받는 존경은 언제나, 진심으로 환영이다. 설마, 존경하는 사람을 구박하지야 않겠지.

윤석열과 안철수

지난 대선 시기에 윤석열 후보는 안철수 후보(혹은 국민의 당)와 공동 정부를 약속해 이루어진 단일화 끝에 선거에서 승리할 수 있었다. 대통령제하에서 공동 정부라는 개념이 흔한 것은 아니어서 이 상황을 뾰족하게 설명할 이론이 얼른 떠오르지 않는다. 비슷한 경우를 찾으라면, 아마도 의원내각제하의 연립 정부(coalition government)를 들 수 있겠다. 연정 결성에 있어 가장 중요한 요소는 연립의 크기(즉 연립을 구성하는 정당들의 의석 수)와 정당 간 이념의 거리이다. 두 번째 개념인 정당 간 이념의 거리를 처음 주창한 이는 로버트 엑셀로드(Robert Axelrod, minimum connected coalition)인데 여기서 그 내용은 건너뛴다.

연정의 크기는 의회 의석의 과반을 넘되, 너무 확대되면 성립하기 힘들다는 개념이 그 유명한 '최소 승리 연합(minimum winning coalition, William Riker)'이다. 즉 승리 연합 내에 너무 많은 정당이 있으면 각 정당이 가져가는 전리품(주로 장관 자리)이 적어진다. 따라서 큰 정당이 자체 과반 획득이 불가능할 때 작은 정당과 연립하여 과반을 살짝 넘기는 승리 연합을 결성한 후, 전리품 배분 시 작은 정당에 몇 석만 주면 되는 것으로 개념 정리되어 왔다.

그런데 거대 양대 정당이 있고, 이 정당들이 이념 및 여러 측면에서 너무 먼 경우, 서로 소수 정당을 끌어들이려 한 결과 소수 정당은 대개 합리적이라 생각되는 결과보다 더 많은 전리품을 얻어 낼 수 있다. 내각책임제의 경우 정부 출범 뒤에도 소수 정당이 "우리 안 해" 하며 정부를 떠나 버리면 연정은 붕괴되고, 다시 연정을 꾸리는 협상에 나서야 하거나 심지어 선거 자체를 다시 실시해야 하는 경우도 있다. 그러니 정치학자들이 일반적으로 예상하는 상황보다 소수 정당의 힘이 셀 수 있다는 이야기다.

예를 들어, 이스라엘에서 노동당과 리쿠드당으로 첨예하게 대립하던 시절이 있었다. 두 정당은 의석의 대부분을 양분하면서도 항상 과반은 넘지 못해 군소정당을 끌어들여 연정을 맺어야 집권할 수 있었다. 당시 노동당이나 리쿠드가 구애해야 했던 정당으로 '아구닷 이스라엘'이라는 종교 정당이 있었다. 양대 정당 모두 이 소수 정당을 끌어들여야 집권 가능했기에 대개 합리적이라고 예상되는 이상의 전리품을 양보해야 했다. 그 결과 정치적으로 이미 세속화(secular)된 이스라엘에서 20세기 후반까지 돼지고기 식용이 법으로 금지되었으며, 포르노 잡지도 불법으로 금지되었다.

다시 한국의 현실로 돌아와 지난 대선을 살펴보자. 대선 전 여론 조사상으로는 윤석열과 이재명 후보 모두 과반 득표와는 거리가 멀었고, 정의당은 어차피 자신들의 길을 갈 것으로 예상되었다. 하여 안철수 후보와 국민의당이 포섭 대상이 되었다. 결과적으로 단일화 이후 윤석열 후보는 이재명 후보에 0.73% 득표 차로 신승하였다. 단일화 전 안철수 후보는 여론조사에서 대략 4~5% 정도의 지지를 얻었다.

단일화 이후 안 후보 지지자들에겐 '기권, 윤석열 지지, 이재명 지지'의 세 가지 선택지가 있었다. 기권하지 않았던 안철수 지지자 중 '(윤석열 지지자 − 이재명 지지자) > 0.73%'라면, 윤석열 후보의 승리는 결국 안철수가 만들어 준 결과로 해석된다. 그리고 그 가능성은 아주 높다. 이 과정을 방금 앞에서 이야기했던 내각제 연정의 경우에 대입하면 안철수 후보는 지지율이 낮았지만, 그 지지율이 윤석열 후보로 이동함으로써 선거의 향배에 결정적 영향을 미쳤다 봐야 하고(정치학에서 이런 행위자를 pivotal player라고 한다), 안철수 후보는 현실적으로 큰(그리고 많은) 보상을 받아야 한다. 그런데 현실은?

선거 후 인수위원장을 맡은 안철수의 국무총리 임명설이 나오는 상황에서 이른바 윤핵관(윤석열 핵심 관계자를 일컫는 별칭) 중 누군가가 "안철수는 욕심이 너무 많다"고 했다. 사실 인수위원장이라는 자리는 대통령이 취임하고 나면 없어지는 자리 아닌가. 그리고 그 많은 장관 자리와 대통령실에 안철수계 인사라 할 만한 인사는 한 명도 못 들어갔다. 결국 안철수는 분당에서 지역구 국회의원에 당선된 후 당권에 도전하는 길로 들어섰다.

경제학 이론에서 "미래에 일어날 수도 있는 이벤트의 가치는 현재의 그것보다 낮다." 미래에 일어날 수 있는 일의 확률은 1보다 낮기 때문이다. 그러니 안철수 후보는 일어날지도 혹은 안 일어날지도 모르는 당권 획득을 위해 다른 모든 것을 포기(당)한 셈이다. 위에서 말한 내각책임제하의 소수 정당과 달리 안철수가 당시 "나, 안 해" 하며 튀어나간들 정권은 붕괴되지 않는다. 그렇다면 안철수 후보로선 어떻게 했어야 했나? 선거 전 단일화 합의 시점에서 안철수 후보는 승리 시 보장받을 내용을 명시했어야 했다. 그리고 그 사실을 시민들이 알고 투표하게 만들어야 했다. 지금 윤석열 대통령이 안철수를 잘 대하지 않는다고 흥분할 국민은 없다.

1990년대 초반 3당 합당 당시 노태우, 김영삼, 김종필 3인은 비밀 합의 각서를 만들었다. 말 그대로 비밀에 붙여질 사안이었음에도 김영삼이 각서의 존재를 폭로하면서 내각책임제로의 개헌을 저지하여 대통령에 당선되었다. 김대중-김종필 연대가 이회창을 꺾었을 때 역시 비밀 각서는 있었고, 김종필은 국무총리에 임명되었다. 정치적 상황에 따라 언약이 비밀에 붙여져야 할 수도, 공개되어야 할 경우도 있겠지만, 어쨌건 단일화를 위해 양보하는 후보는 그 보상에 대한 약속이 반드시 필요하다. 선거에 나선 정치인들이 지나치게 상대를 신뢰할 필요는 없다(이 글을 쓰는 즈음 갑자기 어디선가 윤-안 합의 각서라도 툭 튀어나온다면, 앞에 쓴 나의 글은 다 무효다).

10년 전 내가 귀국했을 때, 안철수라는 의사이자 IT 업계에서 신화를 일군 벤처 사업가가 정치에 도전한다 해서 관심을 가졌었다. 그의 이후 행보는 내가 한국 정치에 관해 외부 강연에 나설 때마다 정치하고 싶은 사람이 있다면 정치를 시작하기 전에 먼저 공부를 해야 한다고 늘 강조하게 된 계기가 되었다. 10년이 흘러 두 번째 대선 후보자 토론에서 본 안철수 후보는 정책적으로는 성장한 듯 보였다. 그러나 일련의 과정을 통해 안 후보가 정책 면에서는 따라잡았는지 모르겠으나 정치력은 아직 못 미친다는 결론에 이르렀다. 삐치면 출근하지 않는다던가, 미국이나 유럽에 나가 안 돌아오는 행보 정도가 그가 쓸 수 있는 전술적 카드(strategy set)의 전부였다.

한편 안철수는 정치인으로서 남의 말을 안 듣기로 유명하다. 안철수와 잠시라도 함께해 본 사람들의 이야기를 들어 보면 그렇다는 이야기다. 실제 내 기억에 그와 함께 오래 일했던 인물은 없다. 지난 대선 역시 안철수 후보의 결단으로 단일화는 물론 심지어 합당에까지 이르렀지만, 기존에 함께했던 인사나 국민의당 당원들이 얻은 게 무엇인지 확인할 길 없다. 혹여 안철수가 대선 후 당권을 잡고 다음 대선에 국민의힘 주자가 될 수도 있다는 희미한 확률이 있었다면, 기존 국민의당은…, 흔적이라도 남았나. 물론 안철수가 당 대표가 되어 자기를 지지해 따라온 과거 국민의당 지역위원장 출신들을 대거 공천하는 날이라도 온다면, 지금 나의 비판이 근거 없다는 격렬한 비난을 받아들일 용의는 있다.

이방인 낙서

특정 일자에 상관없이 미국에서 한국인으로, 한국에서 미국인으로 살았던 이방인의 입장에서 바라본 현상 비교를 중심으로 서술한 글들이다. 때로는 강의나 강연에서 대중들과 호흡하며 했던 이야기도 정리했다.

✍️ 결혼 반지

얼마 전 한 후배 교수가 자신의 결혼 반지 이야기를 내게 건넸다. 그의 이야기가 나의 결혼 반지에 대한 기억을 떠오르게 했다. 지금 내 손에는 반지가 없다.

20대 초반에 난 대책 없이 결혼했다. 그러다 보니 결혼식 비용 중 내가 감당할 수 있는 건 아무것도 없어 부모님이 모든 것을 다 감내해야 했다. 아내 역시 마찬가지 신세였다. 유학 가서 보니, 다이아몬드 결혼 반지를 끼고 다니는 사람은 학교 전체를 통틀어 한국 유학생들이 거의 유일했다. 형편상 자연스레 학생 신분을 면할 때까지 결혼 반지를 낄 수 없었다. 미국에서 교수가 되어 살펴도 동료 교수 중 비슷한 류의 결혼 반지를 낀 사람은 아무도 없었다. 그래서 다시 나의 반지는 서랍 속에 머물러야 했다. 점점 나이 들어가면서 손가락이 굵어지니 이제는 어차피 반지가 안 들어간다.

몇 해 전, 아직은 미국에 살던 중 한국에 잠시 들어오면서 서랍 속에 잠자던 반지를 가지고 와 한 보석상에 요청해 보석을 빼내 여자 반지 하나를 만들었다. 그리고 그 엄한, 나의 사모님께 하나 더 쓰시라 갖다 바쳤다. 어차피 돌아가신 장인 어르신께서 사 주신 반지, 그 따님 손가락에 채워 드렸다고 설마 내게 섭섭해하시지는 않을 성싶었다.

그러다 보니, 내겐 없다. 결혼한 지 40여 년인데 결혼 반지를 껴 본 적이 거의 없으니 몹시 수상쩍은 유부남이다.

✍️ 사랑의 순위?

이 글은 남녀 간 사랑에 관한 글이 아니다. 남녀 관계가 아닌 3자, 가족 또는 서로 가까이 느끼는 이들 간의 사랑을 생각하며 쓰는 글이다. 거듭 말하거니와 한국에 나와 10여 년을 살며 보고 느끼게 된 점들이므로 순전히 내 개인적 견해다.

첫째, 입으로 외치는 사랑, 가장 낮은 단계의 사랑이다.

영어 표현에 'cheap talk'라는 말이 있다. "말로 하는 데는 돈이 안 든다"는 이야기다. SNS에서만 보더라도 얼굴 한 번 안 본 사람들 사이에 찬사가 차고 넘친다. 이들의 관계는 실제 상대가 어떤 어려움에 처했을 때 서로 도울 수 있는 관계일까? 비슷한 맥락에서 나는 한국 교회를 시점으로 온 사회에 퍼진 "사랑해요"라는 말의 남발에도 거부감을 가진다. 어떤 교회에서 몇 번 얼굴 마주한 사람이 나에게 "사랑한다"고 말하면, 나는 "정말요?" 하며 물어볼 듯하다. TV 출연자들에게 자식이나 부모님께 한마디하라고 요청하면, 대한민국 국민의 공식인 손 하트를 만들며 입으로 "사랑해요" 한다. 내 요지는 입으로 하는 사랑이 제일 쉽고, 많은 사람들이 이 정도의 사랑을 말하는 데 전혀 문제를 못 느끼는 것 같다는 말이다(진정성 문제는 여기서 생략하기로 하자).

둘째, 돈으로 하는 사랑, 비교적 높은 단계의 사랑이다.

어떤 관계에 있는 사람을 위해 내 돈을 써야 한다면? 예를 들어 부모를 봉양하기 위해 자식들이 돈을 써야 한다면? 지난 몇 년간 관찰한 바에 의하면, 이 단계에서 상당수 가족들이 분란을 겪는다. 집안 식구 중 떼부자가 있다면 이 분란은 피할 수 있다. 대한민국 대부분의 사람들이 '입으로 하는 사랑'은 잘하는데 이 단계부터는 인색해지기 시작한다.

셋째, 몸으로 하는 사랑, 최고의 사랑이다.

누군가를 사랑하기 위해 내 몸이 희생되어야 한다면? 내가 본, 대한민국 고학력자들, 사회 중상층 사람들은 몸이 희생되어야 하는 사랑을 하면 큰일이라도 나는 줄 안다. 돈을 쓸지언정 몸으로는 절대 희생하지 않는다. 그러니 전 세계 나라 중 유독 한국에서 가장 번창하며 등장한 업종이 '간병인'이다. 인력이 모자라 해외에서 수입하는 한이 있더라도 자신이 직접 나서지는 않는다. 한국에 재입국할 당시 어머니가 입원하셨는데, 간호사에게 도와달라 청했다 거절당한 후 몹시 당황스러운 적이 있었다. 자기 일이 아니라는 대답이었다. 후에 안 일인데, 미국에서 보호자와 간호사가 '함께' 담당하는 일의 상당 부분을 '간병인'들이 담당하고 있었다. 간호사 업무 영역이 미국보다 훨씬 좁으니 병원은 미국보다 적은 수의 간호사를 고용하여 비용을 절감하는 구조다. 즉 대한민국 중상류층이 몸으로 희생하는 사랑에 대한 무관점이 경제적으로는 ① 병원을 부자 만들어 주고, ② 간병인 산업을 키워냈다.

물론 여러 사정이 여의치 않아 못하거나 몸으로 희생하는 진정한 사랑을 실천하는 사람들은 얼마든지 있다. 부인을 먼저 떠나 보낸 내 지인은 장인, 장모님이 돌아가실 때까지 혼자 모셨다. 이런 사랑이 진정한 사랑 아닌가. 교회에서건 인터넷에서건 입에 '사랑'을 달고 다니는 이들, 조용히 몸으로 실천하는 이들 앞에 부끄러워해야 한다. 물론 나도 그중 한 명이다. 그러니 이 글은 자기 고백이자 자기 반성이다.

✍️ 영어식 조어가 싫다

"이게 경제학자들이 이야기하는 '미끄러운 언덕'이라는 건데요."

TV에서 유시민 전 장관이 한 이야기다. '미끄러운 언덕'이라는 표현은 영어 'slippery slope'을 직역한 것이리라. 한국에 와 살다 보니 영어 표현을 직역하여 한국어 표현으로 사용하는 경우를 많이 경험한다. 대개는 언론에서 처음 사용하면서 퍼지는데 내겐 은근히 거부감이 든다. 세월이 흘러 그 표현이 정착될 때는 한국어의 일부가 되겠지만, 처음 시도되는 경우에 영어를 직역하기보다 가능한 기존의 한국어 표현을 활용하면 안 되나.

이런 표현은 헤아릴 수 없이 많다. 예컨대 병목 현상(bottleneck), 뜨거운 감자(hot potato), 찻잔 속 태풍(tempest in a tea pot), 악마는 디테일에 있다(the devel's in the detail) 등등. 이제 '미끄러운 언덕'까지 그 반열에 들지 모르겠다. 짐작건대 언론에 자주 나오는 사람들의 현학성이 이런 현상을 만들어 낼 텐데, 처음의 표현이 일반에 굳어지기까지 그 의미를 정확히 이해하지 못하는 사람들은 얼마든지 있을 수 있다. 예컨대 "이번 정상회담에서 … 비핵화에서 보상이 뜨거운 감자로 등장했다"라는 기사를 읽는 어느 누군가는 '핵무기하고 감자가 뭐?' 하며 헷갈리는 상황이 얼마든지 가능하지 않겠는가. 대응할 한국어 표현이 애초에 없다면 모르되, 대개의 경우 기존 표현으로도 얼마든지 가능하다. 앞서 든 예를 다시 쓰면, "정상회담 … 비핵화에서 보상의 문제가 큰 문제거리(혹은 골치거리, 걸림돌)가 되고 있다" 뭐, 이렇게 쓰면 안 되는 건가. 거기에 꼭 감자가 필요한 건 아니지 않은가.

보통의 한국 사람보다 한문에 약한 나로선 한국어에 한자어가 너무 많다고 생각한다. 거기에 영어 표현까지 더 얹어 놓으면 진짜 한국어는 누가 쓰나.

✍️ 교육과 기득권

몇 해 전 서울시에서 당해 연도 초등학교 교사 임용고시 인원을 0명 뽑는다고 해서 난리가 난 적이 있었다. 서울시 초등교사를 가장 많이 배출하는 서울교육대학교 학생들이 특히 크게 반발했다. 이와 관련해 학령 인구가 급격히 감소하는 인구 사회학적 기류에 대한 고려 없이 지난 몇 년간 과도한 인원을 교사로 뽑은 서울시 교육청이 먼저 비난받아 마땅한 일이다. 그런데 언론 기사나 인터넷에서 피력되는 의견들에는 지방 임용을 거부하는 서울교대 학생들의 이기성을 비난하는 의견도 만만치 않았다.

나는 이런 의견에 동의하지 않는다. 사람은 누구나 법적 한계에서 자신의 이익을 추구할 권리가 있다. 지금 서울에 거주하는 사람들 대부분은 기회를 좇아 지방에서 서울로 상경해 정착한 사람들의 후예이다. 내 부모님만 해도 약 70년 전에 지방에서 서울로 이주했다. 한국의 교육 현실에서 많은 지방 소재 고등학교 졸업생들은 할 수 있다면 수도권 소재 대학 진학을 위해 서울로 서울로 몰려든다. 그들의 첫 번째 선택은 어떻게든 수도권에서 살아남아 보는 것이다. 생활 여건이 상대적으로 나은 곳에 살고자 하는 욕망은 국민 각자의 선호이자 권리이다.

서울교대 졸업생들이 흔쾌히 지방 임용을 지원할 수 있게 하려면, 지방을 살기 좋게 만들거나 지방 근무에 상대적 보상이 주어지는 게 당연하다. 인간의 보편적 속성을 따르는 그들을 일방적으로 욕할 게 아니라는 이야기다.

앞서 나는 인구 사회학적 변화를 무시하고 정책을 펼쳐 왔던 서울시 교육청이 먼저 비난받아 마땅하다고 했다. 하지만 교육 정책에 대한 비판과 개선으로 이러한 현상을 끝맺음할 수 있을까? 나는 그렇게 생각하지 않는다. 학생들 또한 자신의 미래 설계에 있어 시장 파악이 우선되어야 한다. 사실 이러한 움직임은 진작 시작되고 있었다. 추세에 따르면, 교권 추락과 더불어 2024년 대학 입시 수시 모집에서 전국의 교대들이 정원을 채우지 못하고 있다. 학령 인구가 줄어드는 추세에서 교사 정원 감소는 상식의 영역이다. 전국 교대 입학 정원에 대한 과감한 조정 등 대비가 있어야 했다. 지금이라도 정원을 조정하거나 교대 간 통합이나 사범대 편입(예컨대, 사범대 초등교육과) 등의 방식으로 구조 조정에 나서야 한다.

기왕 사범대 이야기가 나온 김에 한 가지만 더 이야기하고 넘어가자. 잦은 대학 입시 제도의 변동으로 수능시험에서 학생들이 선택하지 않아 중고등학교에서 더 이상 신경 써 가르치지 않는 교과목들이 있다. 중등 교육 현장에서 해당 분야 교사의 수요가 줄어든 교과목들이 있다는 이야기다. 말하자면 시장성이 없어진 것인데, 그럼 관련 학과들이 정원을 줄이거나 없어졌을까? 물론 아니다. 여전히 신입생들을 뽑고 있다. 해당 학과 교수가 정년 등에 따라 은퇴하는 경우도 교수 충원을 조정하지 않은 채 규모를 유지한다.

이렇게 '상식'적이어야 할 구조 조정이 왜 안 되는 걸까? 대학 구조 조정과 관련해 2023년 12월 29일, 교육부는 대학이 자유롭게 학과를 신설, 폐지하고, 정원을 개정하는 등 대학의 자율적 구조 조정이 가능하도록 교사(건물), 교지(땅), 교원, 수익용 기본 재산 등 4대 요건에 대한 규제를 완화하는 '대학 설립, 운영 규정에 관한 전부 개정안'을 입법 예고했다. 이 법이 시행되면 대학은 교원 확보율에 관계없이 학과의 신설, 폐지가 가능하게 되었다. 대학 간 자율적 통폐합 촉진을 위해 통폐합 시 일률적 정원 감축 의무를 삭제하는 내용도 담고 있다(유스라인 2024.1.4.). 대학 구조 조정이 과거보다 쉬워진다니 반길 만한 일이다. 그런데 이런 대학 구조 조정이 현실적으로 생존이 불분명한 지방 소재 대학 중심으로 시행되고 수도권 소재 대규모 종합 대학에서는 현상의 합리성에 상관없이 기존 지위가 유지될 것이란 불길한 예감이 드는 것은 기우일까?

✍️ 우리의 소원은 통일

'우리의 소원은 통일'은 한국인이라면 어렸을 적 배워 누구나 부르던 노래였다. 우리 세대에는 초중등 과정에서 도덕, 국민윤리 같은 과목을 통해 반공과 통일 교육을 일상으로 받아들였다. 모든 한국민에게 '우리의 소원은 통일'이어야만 했다. 대중 앞에서 통일을 반대한다고 주장하는 사람은 별로 없다.

최근의 실상은 어떤가? 2023년 서울대학교의 조사에 따르면 "통일이 필요한가?"라는 질문에 "매우 그렇다"와 "약간 그렇다"라는 응답을 합친 비중이 43.8%로 역대 최저치라 한다(서울대학교 통일평화연구원 '2023 통일 의식 조사'). 이 조사 방법을 약간 바꿔, 통일의 필요성을 묻기 전에 통일이 될 경우 한국민이 치러야 할 경제적 대가와 통일에 따르는 불확실성(군사력 사용, 외세 개입 등) 등을 정확히 인지시킨 후에 다시 물었을 때, "강력히 동의한다"는 응답 비율이 얼마나 될까? 짐작건대 얼마 남지 않은 이산가족을 제외하고는 '통일의 시급성'에 대한 물음에 "매우 찬성한다"는 응답 비율은 그리 높지 않을 것이다.

현실적으로 이런 나의 짐작이 이상할 이유는 없다. 먼저 경제적 측면에서 남한이 북한 주민을 포용해 함께 먹고 살 공존의 준비가 되어 있는지 따져 봐야 한다. 게다가 한국은 정치 문화적으로 두 개의 뚜렷한 하위 문화가 형성되어 가는 사회다. 충분한 사회적 동의 없는 통일이 급하게 다가온다면 이미 언급한 경제적·군사적·외교적 위험성 등에 더해 대책 없이 또 하나의 하위 그룹이 더해지는 상황이 된다. 그야말로 '신삼국시대'가 도래할지 모른다.

노무현 전 대통령이 세종으로 수도 이전을 추진하려 했을 때, 주요한 반대 요지 중 하나가 "통일에 대비하여 수도는 한반도의 중심에 있어야 한다"는 주장이었다. 당시 수도 이전에 반대하여 그 주장을 펼친 사람들, 그대들은 지금 한시라도 빨리 통일되어야 한다고 주장하는가?

✍️ 사랑의 양적 통계학

돌아보면 기독교적 관점의 글을 쓰는 내 자신이 우습기는 하지만 그건 오롯이 나 자신의 문제이므로, 그리고 '사랑'에 관한 짧은 생각이므로 옮기자면 이렇다. 언젠가 온라인으로 예배를 보는 아내를 곁에서 무심히 지켜보던 내 마음에 다음 성경 구절이 꽂혔다.

> 37. 예수께서 이르시되 네 마음을 다하고 목숨을 다하고 뜻을 다하여 주 너의 하나님을 사랑하라 하셨으니
> 38. 이것이 크고 첫째 되는 계명이요
> 39. 둘째도 그와 같으니 네 이웃을 네 자신같이 사랑하라 하셨으니
> 40. 이 두 계명이 온 율법과 선지자의 강령이니라
>
> (마태복음 22장 37-40절)

나의 어리석은 성경 해석으로는 기독교에서 어떤 가치보다 제일의 가치는 ① 하나님을 사랑하고, ② 이웃(주위의 사람)을 사랑하라이다. 그 외의 가치와 자질들은 모두 이차적이다.

여기서 또 나의 분석적 습관이 도져 통계를 찾아 보았다. 아시아 국가별 인구 대비 기독교인 비율이었다. 아시아 국가 중 중동 국가들과 소련에서 독립한 공화국들은 제외했다. 이들 국가는 국민의 압도적 다수가 무슬림으로서 대부분 신정 국가 형태를 띠며 기독교의 존재 자체가 미미하다. 대상 국가들은 아시아 비교 연구에 흔히 포함되는 대부분의 국가들이다.

대상 국가 중 인구 대비 기독교인 비율은 동티모르와 필리핀이 압도적 비율로 1, 2위를 차지한다. 이 결과는 식민 시대 어떤 나라의 통치를 받았는지에 따른 일종의 착시 효과이다. 예컨대 중남미 국가들의 종교 현황을 확인하면 구교 신자가 압도적으로 많은 비율을 차지하는 것과 같은 맥락이다. 식민 통치

표 13.1 아시아 국가에서의 인구 대비 기독교인 비율

국가명	기독교인 비율	국가명	기독교인 비율	국가명	기독교인 비율
동티모르	98%	베트남	8.3%	북한	1.7%
필리핀	85.3%	스리랑카	8%	라오스	1.5%
대한민국	29.2%	대만	4.5%	네팔	1.4%
싱가포르	18.9%	미얀마	6.2%	캄보디아	1%
홍콩	11.7%	중국	3~5%	부탄	0.9%
브루나이	10%	인도	2.3%	태국	1.17%
말레이시아	9.10%	몽골	2.1%	튀르키예	0.2%
마카오	9%	일본	2%		

(출처: 위키피디아. 2023년 12월)

에 따른 선교의 역사를 보정하고 보았을 때, 분석 대상 국가들 중 가장 기독교화된 국가는 한국이라 해석해도 무리 없다. 한국을 식민 통치했던 일본은 기독교 국가가 아니었기 때문이다. 기독교인의 비율이 두 자리 수치를 점하는 국가는 식민 통치 역사에 따라 기독교화된 동티모르와 필리핀을 빼면 4개국밖에 없고, 그중 싱가포르와 홍콩은 도시 국가다. 그러니 어떤 이유에서건 한국에서 특히 기독교가 부흥했다는 사실이 확인된다. 이 주제 역시 매우 흥미로운 연구 주제이지만 오늘 다룰 주제는 아니므로 건너뛰고 앞서의 성경 구절로 돌아가 기독교의 가장 큰 진리는 하나님 사랑과 이웃 사랑에 대해 이야기를 이어가자.

위 통계에 따르면, 아시아에서 한국이 이웃 간 사랑이 가장 넘쳐 흘러야 한다(물론 이웃 간 신뢰를 높이는 다른 변수들이 모두 통제되었다고 가정한다). 그런데 나는 왜 한국 사회를 '불신 사회'라 느낄까? 어째서 나는 한국에서 이웃 간에 사랑보다 불신이 많으며, 왜 이웃 간에 오히려 경계하는 사회라고 느낄까? 나의 이런 감정이 우리 사회의 공통의 감정이라면, 한국의 기독교는 어떤 고민을 하는 것이 맞을까?

어제 오늘을 돌아보며,
그리고 더 나은 내일을 고대하며

　이 책에 담긴 내용은 지금 시기 출판을 준비하여 작성된 글이 아니다. 2011년 귀국 후, 그때그때 우리 사회를 접하며 든 생각의 기록이었고, 꽤 오랜 기간 모은 글이 책이 되었다. 그러니 어느 날부터 시각 장애가 발현되어 마치 세상이 끝난 듯 좌절했던 기간, 그리고 다시 정신 차리고 할 수 있는 일을 해 보자며 이런저런 배움에 투자한 기간, 특히 문재인 정부 후반기의 사회 상황은 이 책에 반영하지 못했다.

　나의 생각들을 모아 책으로 내기로 결심한 2023년 어느 날부터 기존에 갈겨 썼던 글들을 정해 목차를 정하고, 시원치 않은 실력의 한글 문장을 가다듬고⋯. 그러는 와중에 또 하나의 강적을 만났다. 바로 출판사 대표 편집자였다. 머리말에서 털어 놓았다시피 이 책은 내가 처음으로 쓴 대중서다. 이미 꽤 여러 권의 학술 서적을 출판하는 동안, 그게 미국이건 유럽이건 한국이건 나는 압도적 '갑'이었다. 내 책을 펴낸 어느 출판사도 그 내용이나 표현에 토 달지 않았고, 초고가 한두 달의 작업 끝에 바로 책이 되어 서점에 깔렸다. 그런데 처음 접하는 대중서 출판의 세계는 너무도 달랐다. 각설하고 출판사 대표 편집자와 머리를 맞대고 원고의 양과 표현의 수정에 1년 가까운 시간을 보냈다. 그런데 책의 출판을 눈앞에 두던 2024년 하반기 오늘은 책에 실은 이야기들과는 언뜻 보기에 또 다른, 너무도 변해 버린 세계로 보인다. 그리하여 나는 다시 이 에필로그를 추가함으로써 독자들을 향해 약간이나마 면을 세우고자 한다.

✤ 정치적 하위 문화가 만든 오늘의 두 세계

책에서 지적했듯, 나는 10여 년 전부터 한국 사회가 당면한 가장 심각한 문제는 경제 성장의 문제도, 남북 통일의 문제도 아니라 두 개의 하위 문화 (sub-culture)로 나뉘어 고착되어 가는 정치 문화에 있다고 진단했다. 최근 들어 학회와 언론에서 양극화의 심각성을 많이 언급한다. 양극화는 주로 경제적·이념적 표현인 반면, 정치에서의 하위 문화 분화는 경제·이념뿐 아니라 종교·인종·지역·남녀·도농 간 분화를 포괄하는 일반 개념이다.

시각 장애 문제로 방황하다 정신을 차리고 보니, 내가 연을 맺어 '이방인'으로 살아 온 두 나라의 정치가 다 이상하게 돌아가고 있었다. 한국에서는 좋은 검사였었는지는 모르나 대통령의 역할과 책임에 대한 아무런 의식도, 준비도 안 된 인물이 대통령에 선출되었다. 거기에 더해 선출되지 않은 권력이 정치와 정책마저 좌지우지하는 현실을 목도하고 있다. 미국에서는 얼마 전 내가 그리도 혐오하는 트럼프가 차기 대통령으로 두 번째 당선되었다. 이런 일들이 어떻게 가능했을까?

　미국인 대부분은 도널드 트럼프가 민주주의자가 아니며, 자신의 이익을 위해서는 무슨 일이건 할 수 있으며, 입만 열면 거짓을 불문하고 쏟아낸다는 사실을 부정하지 않는다. 끊임 없이 남을 비하하며 때와 장소를 불문하고 비속어를 쓰는, 품위라고는 눈을 씻고 찾을 수 없는 인물이다. 그런데 미국인들은 왜 그런 인물을 다시 대통령으로 뽑았을까? 내가 생각하는 간단한 답은 미국민의 낮은 시민성(civility)에 있다. 실제, 트럼프의 주요 지지층은 저학력 백인, 흑인 남성, 히스패닉(중남미계 이민자들)을 중심으로 한다. 2016년 선거부터 트럼프는 "흑인은 범죄자요, 멕시칸은 강간범"이란 말을 주저없이 뱉어 왔다. 이번 선거에서는 베네주엘라를 비하하고, 하이티 출신 이민자들이 오하이오 주에서 "이웃 집 반려견과 반려묘를 잡아 먹는다"는 거짓 소문을 퍼뜨렸으며, 그의 유세에 동참한 한 코메디언은 푸에르토리코를 "쓰레기"라고 칭해 논란을 불러일으키기도 했다. 그럼에도 흑인 남성과 히스패닉들은 왜 트럼프를 지지했을까? 그러니 미국인들의 낮은 시민성 탓이라는 단순한 이유로 트럼프 현상을 설명하기엔 부족함이 있다. 나의 견해로, 문제를 제대로 이해하기 위해서는 1980년대 정도로 돌아가야 한다.

✤ 문제의 지점들

　미국과 소련을 양대 축으로 세계를 양분했던 자본주의와 공산주의의 양극 체제가 1980년대 후반 들어서며 붕괴되기 시작했다. 소련은 해체되어 사라지고, 위성 국가 공산 정권들 역시 대부분 붕괴되었다. 그 결과, 그 동안 블력 내에서만 이동하던 자본과 노동, 원자재, 완성재가 이제 전 세계 시장으로 이동하기 시작했다. 이른바 국제화, 세계화의 바람이었다. 자본, 노동, 원자재의 자유로운 이동은 전 세계 생산과 유통의 효율성을 제고해 세계적 호황으로 이어졌다. 닷컴, IT, AI 등 인간의 한계가 어디인지 궁금할 정도의 과학 기술의 발전이 이 추세에 기름을 부었다. 하지만 많은 사람들이 간과한 것이 있었다. 이런 커다란 진보의 열매가 누구에게나 골고루 분배되지는 않는다는 사실이었다. 새로이 창출된 엄청난 부는 극히 일부 계층의 천문학적 자산 축적으로 이어졌지만, 상대적으로 더 많은 사람들은 그 과정에서 소외되었다.

과거 미국 민주당은 저소득자 및 저학력 블루 컬러 직업군을 대변하는 정당인 반면, 공화당은 자본가와 고학력 화이트 컬러 직업군을 대변하는 엘리트 정당이었다. 말하자면, 대부분의 미국인들의 이익이 정당 체제에 의해 대변되었다는 의미다. 그런데 냉전의 종식과 세계화에서 비롯된 효율성, 정보 기술의 발전에서 비롯된 넘쳐나는 부에 대부분의 미국민과 정치권이 취해 버렸다. 민주당의 정책들 역시 효율성과 과학 기술의 발전에 편중되었다. 공화당의 그것과 별반 차이가 없게 된 것이다. 새로이 도래한 핑크빛 사회가 많은 사회적 낙오자를 양산했음에도 그들의 존재는 정치에서 간과되었고, 그 여파는 새로운 하위 문화의 형성으로 이어졌다. 문제는 인구통계학상 이 하위 문화 그룹의 인구가 엘리트 정치인들의 예상보다 훨씬 많다는 데 있다. 이렇게 만들어진 정치 지형에서 포퓰리즘적 선풍을 일으키며 이들에게 다가선 이가 바로 트럼프였다. 워싱턴 정치에 한 번도 발을 들인 적 없던 그의 연기는 대중에게 제대로 먹혀 들었다. 새로운 부와 경제 질서로부터 소외된 사람들의 분노는 생각보다 컸다. 이들에게는 트럼프가 독재자이건, 욕을 잘 하건, 거짓말을 잘 하건, 품위가 없건 문제되지 않았다. 이제 미국 민주당은 트럼프의 야만성에 대한 공격보다 자신들이 누구인지에 대한 성찰이 필요한 때이다.

지난 며칠 동안 언론을 통해 소위 전문가연하는 이들의 트럼프 당선이 한국에 미치는 영향에 대한 의견을 충분히 들었다. 내 생각에 모든 평가는 시기상조이다. 본문에서 살펴 보았듯, 트럼프의 모든 결정은 자신의 손익에 귀결된다. 트럼프의 이익은 외부 환경적 여건에 따라 변할 수 있으므로 트럼프의 대한국 정책 방향도 변할 수 있다. 게다가 트럼프는 인격적으로 아부에 아주 약하다.

트럼프 1기 때 미국의 대북 정책을 살펴보면 어느 정도 답이 보인다. 취임 초기 김정은을 비하하는 발언을 쏟아내던 트럼프가 북미 대화에 뛰어든 큰 이유는 하나였다. 그리고 그것은 미국의 국익과는 아무 상관이 없었다. 트럼프는 김정은과의 대화를 통해 북핵 문제를 해결함으로써 노벨 평화상을 받고, 차기 대선 성공의 지렛대로 삼으려 했다. 그런데 트럼프 입장에서 눈엣가시가 있었으니 바로 문재인 대통령이었다. 문 대통령에게도 북핵 문제 해결이라는 엄중한 목표가 있었으므로 적극적으로 나섰다. 싱가폴 회담에서 하노이 회담으로 이어지는 과정에서 이해 못 할 일들이 벌어졌는데 이 또한 문 대통령에 대한 트럼프의 불신과 전혀 무관하지 않다.

현재의 각국 지도자 중 트럼프와 가장 가까운 사람은 러시아 푸틴과 사우디아라비아 왕세자이다. 트럼프의 돈줄이라 할 수 있는 앨런 머스크는 이번 대선 전 푸틴과 여덟 차례 대화를 가졌다고 했다. 트럼프는 자신이 대통령이었다면 러시아-우크라이나 전쟁은 일어나지도 않았을 것이라 주장했다. 한편 나토 회원국들의 군사비 기여가 낮다며, 푸틴이 서유럽에 들어와 마음대로 해도 미국은 개입하지 않겠다고 공개적으로 선언한 바 있다. 이미 피아가 불분명한 세계 질서이다. 푸틴의 북한 방문 후, 북한이 우크라이나 전에 군을 투입

했다고 한다. 한국과 미국은 전통적 군사 동맹국이다. 그런데 2025년 벽두에 임기를 시작할 미국 대통령은 푸틴과 친하다. 푸틴은…. 북한은…? 이 쳇바퀴 속에서 우리의 선택은 어떠해야 할까? 나의 판단에 이제 우리에겐 흉중에 능구렁이 대여섯 마리는 들어 앉았음직한 노련한 외교 수장이 필요하다. 아마추어가 골프 연습 열심히 한다고 될 일이 아니다.

✿ 한국, 오늘을 뚫아 내일로 나아가야

이제 한국의 상황으로 돌아와 보자. IMF 위기 극복 과정에서 빈부 격차가 더 벌어진 것은 주지의 사실이다. 당시 기회를 노려 바닥에 주저 앉은 부동산을 취득한 사람들은 그후 큰 부자가 되었다. 본문에서 이야기했듯, 나는 박근혜 정부 때 이미 한국이 정치·문화적으로 양분된 사회로 들어섰다고 경고한 적이 있었다. 그후 광장의 촛불이 있었고 탄핵이 있었다. 탄핵이라는 정치적 불행 이면에는 한 가지 순기능이 있었다. 50:50으로 나뉘었던 시민 사회가 무법한 지도자에 대항하여 80:20 혹은 90:10으로 뭉쳤다. 이 기회를 이어 받아 온 국민을 하나로 이끌고 나아가기를 기대했던 정권은 온갖 논란 끝에 국민을 다시 50:50으로 갈라 놓고 역사의 뒤안길로 퇴진했다. 그 결과는 "살아 있는 정권에 맞섰다"는 현직 검찰 수장을 대통령으로 만든 것이었다. 리더의 자질에 대해 주장했듯, 리더는 긴 세월에 걸친 학습이 필요하다. 그 학습의 대부분은 리더가 되기 전에 이루어져야 한다. 하지만 정권에 반기를 들었다는 이유만으로, 그리고 비호감 상대 후보에 따른 반대급부로 만들어진 대통령은, 준비 안 된 리더가 사회에 어떤 해악을 끼치는지 오늘도 여실히 증명하고 있다. 그의 성정 또한 리더의 그것과는 거리가 멀고, 가족의 행위 또한 리더로서는 도대체 상상조차 할 수 없는 지경이다.

한국에서 여야를 가르는 두 개의 정치적 하위 문화는 정치학자인 나의 고개를 갸웃거리게 한다. 이념 분포에 대한 데이터는 양당 지지자들이 양봉분포로 나타나지 않는다. 한국은 지도자도, 정당도, 유권자도 이념적으로 줄 세우기 어려운 측면이 있다. 좌와 우가 혼재되어 있는 이념적 분포에 상관 없이 니편, 내편이 정해진다. 태어나면서부터 호남 사람은 진보, 영남 사람은 보수인가? 세대 간에도 뚜렷한 분열이 보인다. 사회선택이론(Social Choice Theory)이 보여 주듯, 국민을 갈라치는 이슈들, 균열의 지점이 많을수록 평형점을 찾기 어렵다. 혼돈(chaos)의 시대이다. 그간 우리 안에 내재되어 있을지언정 대놓고 드러내지 않던 또 하나의 균열점을 지난 대선에서 리더라 행세하는 자들이 꺼내 들었다. 남녀 간 균열이다. 지난 대선 이후 한국의 젊은 남녀 사이에 극한 대립 양상이 드러나고 있다. 이런 행위가 선거에 도움이 될지는 몰라도 사회 전체로 보면 균열을 하나 더 늘리는 매우 유해하고 치졸한 행위이다.

한국 정치 문화를 양분하는 하위 문화는 이념, 지역, 세대, 성별 등으로 표상되어 보이지만, 그 어느 하나와도 정확히 맞아 떨어지지 않는 묘한 특성을 가지고 있다. 위의 균열 요인에 대충 맞아 떨어지는 듯한 상황에서 어떤 뚜렷한 사연을 지닌 지도자가 나서면 그 뒤를 따르는 정파적 요소가 강하게 돌출되는데, 이때 상대 하위 문화에 대한 상당한 분노도 동반된다. 양대 하위 문화 간 대화가 불가능한 작금의 현실이 그 증거이다.

윤석열 대통령에 대한 반대, 혹은 가능할지도 모르는 탄핵 시도가 우리 국민을 다시 하나의 봉우리로 정렬해 줄 수도 있겠다. 하지만 한 번 경험했듯, 그러한 과정에서 나타나는 통합은 금세 깨지기 쉽다. 정치 문화의 분열 해소는 시민 교육과 훌륭한 자질의 리더를 통해 가능하다. 시민 교육에 대해 이 책에서 내가 한 모든 말들은 여전히 유효하다. 리더에 대해 한 말 역시 그러하다.

이번 정권에서의 기대는 이미 글렀고, 다음 나올 리더는 상대에 대한 악마화를 중단하고, 가능한 한 정책 결정에 상대방을 동참시켜야 한다. 유능한 상대 인사에게 장관 자리를 나누거나 국무회의, 또는 국회에서 상대의 의사를 경청한 후, 자신의 생각을 설득하거나 설득당하며 중간에서 접점을 만드는 과정이 관습으로 자리 잡아야 한다.

✤ 더 나은 내일을 준비하며

돌아보니, 10여 년 전 한국에 돌아와 정치적 하위 문화 형성에 대해 걱정을 시작했을 때나 지금이나 사회적 사건은 많았으되 그 근본 문제들은 하나도 변함이 없어 보인다. 그러니 이 책을 통해 내가 제시했던 처방 역시 유효하다. 기대하건대, 시간이 지나면서 하위 문화가 공고해지고 상대에 대한 분노와 적개심이 더 강해지기 전에 현명한 지도자가 나타나길, 시민들이 그에 부응하기를 바랄 뿐이다.

마지막으로 두 가지만 다시 강조하며 이야기를 맺고자 한다. 첫째, 우리는 각자가 믿고 일상에서 이야기하는 정보들의 정확성을 의심해 볼 필요가 있다. 요즘 한국이나 미국에서 특히 정치, 정치인, 정치 체제에 대한 믿기 힘든 정보를 지나친 확신으로 이야기하는 사람들이 있다. 표정과 말투는 영락 없이 직접 목격하거나 확인한 진실이다. 하지만 조금만 추적해 보면 그 정보의 근원지는 대개 SNS, 인터넷, 그리고 많은 경우 유튜브에 기원한다. 유튜브 뉴스의 경우 방송국 채널이라면, 정치적 성향이 다른 몇몇 채널만 교차 확인해도 정보의 진위 여부는 가늠할 수 있다. 문제는 개인 유튜브 채널들이다. 특히 극우 또는 극좌로 일컬어지는 유튜브 채널에서 생성되는 정보들은 일단 걸러 들어야 한다. 해당 유튜브 운영자들은 자신이 취급하는 정보를 온전히 믿을까? 그렇지 않다. 대부분은 이념적 확신보다 이윤 추구에 급급한 모습들이다. 조회 수와 구독자 수가 돈으로 환산되는 세계에서 많은 사람들이 혹할 만한 이야기를 떠들어대는 열정일 뿐, 그 정보의 정확성에는 관심이 없다. 관람 수익을 위해 과장하는 연기자다. 편견에 기운 듯한 개인 유튜브 채널은 구독하지 않는 것이 정신 건강에 이롭다. 민감하고 자극적인 정보를 얻었다면, 반드시 교차 확인해 봐야 한다. 혹시라도 타인과의 대화에서 그렇게 얻은 정보를 자신의 논거로 삼는 일은 조심해야 한다.

둘째, 국제화·세계화의 물결 속에서 우리 자신의 정체성에 대한 시민적 합의가 필요가 있다. 세계화의 진행은 국가 개념을 희석하고, 애국이라는 개념을 퇴색시키고 있다. 미국의 경우 세계화·정보화의 격랑에서 낙오한 사람들을 대상으로 "미국 우선주의(America First)!"를 외치던 트럼프가 두 번의 선거에서 승리하여 재선 대통령이 되었다. 한국의 경우, 우리의 정체성에 대한 이견이 하위 문화를 공고히 다지기 전에 '우리는 누구인가'에 대한 공적 논의가 필요하다. 과거와 마찬가지로 국가가 제일 중요하여 충성이 중요한지, 아니면 세계화 시대에 걸맞는 평등한 세계 시민화가 바람직한지에 대해 이야기할 때이다. 이런 논의와 합의가 없다면, 위기 상황에서 국가건 사회건 쉽게 무너질 수 있다. 이런 논의와 합의가 있는 사회는 문제 있는 인물이 어느날 갑자기 리더로 등장하는 역사의 비극을 통제할 수 있다.

여기까지 읽어 주신 모든 독자들께 고마운 인사를 전한다. 〈끝〉

수능을 잘 보는 아이들

5장에서 언급한 논문에 사용된 데이터는 한국직업능력개발원 한국 교육 고용 패널 조사의 2005년과 2008년도 수능 성적에 기초한 설문 결과를 분석한 것이었다. 한국 교육 고용 패널 조사는 최근까지도 계속 진행되는 조사이므로 이 주제에 관심이 있는 연구자라면 최근의 데이터를 토대로 내 방법론에 기초해 다시 분석해 보아도 좋은 주제일 것이라 생각한다.

이미 밝힌 대로 5장에서 제시한 분석은 2012년 호주 멜버른대학교에서 열린 제6차 세계 10대 선도 사범대학 컨퍼런스에서 서울대학교 대표로 참가하여 발표한 〈Educational Disadvantage and Access to the Best Universities in Korea〉라는 논문의 일부를 포함한다. 그 모임에 미국을 대표하여 참석한 University of Wisconsin의 Carl Grant 교수가 나의 발표를 듣고 자기가 상호 교체 현상(혹은 효과, Intersectionality)애 대한 책을 기획하고 있는데 그 책에 나의 글을 하나 넣고 싶다는 의사를 밝혔다. 하여 나는 같은 데이터를 사용하지만 5장에서 보인 분석보다 더 세련된 통계학적 기법을 사용하여 논문을 한 편 더 쓰게 되었다. 그 결과로 미국에서 출판된 *Intersectionality and Urban Education: Identities, Policies, Spaces & Power*라는 서적에 포함된 나의 논문 ⟨Academic Performance and Intersectionality between Atypical Sub-dimensions in Korea⟩의 내용을 아래에 짧게 소개한다.

아이의 수능 성적을 좌우하는 요인들

❖ 엄마의 교육 수준 및 가계소득과 수능 성적

먼저 엄마의 교육 수준 및 가계소득과 아이의 수능 성적 간 관계를 2005년 데이터를 기초로 추적했다. 분석 결과, 국어와 영어 과목에서 엄마의 교육 수준 및 가계소득과 상호 교차(interaction) 관계를 보인다. 신기하게도 수학 과목에서는 이 상호 교차 효과가 존재하지 않는다(표 A.1). 이 상관성을 더 직관적으로 이해할 수 있게 그래프로 나타내면 [그림 A.1]과 [그림 A.2]와 같다.

우리는 먼저 엄마의 교육 수준이 아이의 영어 성적에 미치는 영향을 가계 수입 규모가 어떻게 조절(condition)하는지 분석했다(그림 A.1). 우선 가계 수입 규모의 크기에 상관없이 엄마의 교육 수준은 아이의 수능 영어 성적에 긍정적 영향을 미친다(그래프와 95% 신뢰 구간이 모두 y축의 0보다 위에 위치한다). 뿐만 아니라 엄마의 교육 수준이 아이의 영어 성적에 주는 영향은 가계소득 수준의 증가에 따라 더 커지는 성향이 있다. 예를 들어 집안이 부유할수록 엄마의 대학 졸업 여부가 아이의 영어 성적에 주는 영향은 증가한다. 이 상관 관계는 국어 성적의 경우에도 거의 똑같은 양상으로 나타났다.

표 A.1 상호 교차 모델(Intersectionality Model), 2005년

변수s	국어		수학		영어	
아침 식사	0.2811 (0.0575)***	0.2776 (0.0575)***	0.3117 (0.0624)***	0.3080 (0.0625)***	0.2989 (0.0561)***	0.2935 (0.0560)***
예체능계	-0.7556 (0.1396)***	-0.7500 (0.1396)***	-0.9238 (0.1744)***	-0.9170 (0.1744)***	-1.1665 (0.1373)***	-1.1561 (0.1371)***
혼자 공부한 시간	0.1417 (0.0180)***	0.1416 (0.0180)***	0.1542 (0.0189)***	0.1546 (0.0189)***	0.1813 (0.0175)***	0.1813 (0.0175)***
성별	-0.2081 (0.0805)***	-0.2090 (0.0804)***	0.0286 (0.0854)	0.0289 (0.0854)	-0.2408 (0.0784)***	-0.2418 (0.0783)***
사교육비 수준	0.0014 (0.0009)	0.0015 (0.0009)	0.0019 (0.0010)*	0.0019 (0.0010)*	0.0019 (0.0009)**	0.0020 (0.0009)**
가계소득	0.0000 (0.0002)	-0.0011 (0.0008)	0.0004 (0.0003)	-0.0006 (0.0009)	0.0004 (0.0002)	-0.0015 (0.0007)**
엄마의 교육 수준	0.2127 (0.0340)***	0.1518 (0.0523)***	0.1404 (0.0361)***	0.0873 (0.0558)	0.2665 (0.0332)***	0.1629 (0.0510)***
엄마의 교육 수준 × 가계소득 수준		0.0003 (0.0001)*		0.0002 (0.0001)		0.0003 (0.0001)***
상수항	2.8275 (0.2151)***	3.1497 (0.3009)***	2.6960 (0.2302)***	2.9828 (0.3254)***	2.2583 (0.2098)***	2.8049 (0.2928)***
R제곱값	0.12	0.13	0.12	0.12	0.20	0.21
개수	1,653	1,653	1,503	1,503	1,649	1,649

$*p<.01, \quad **p<.005, \quad ***p<.001$

다음으로 가계소득이 아이 영어 성적에 미치는 영향을 엄마의 교육 수준이 어떻게 조절하는지를 보인다(그림 A.2). 국어 성적 역시 이와 같은 양상을 보인다. [그림 A.2]에 따르면 가계소득 증가가 반드시 아이의 영어 성적 향상으로 나타나지는 않는다(그래프가 y축의 0 이하에서 출발해 수평축 X축을 관통한다). 가계소득은 엄마의 학력 수준이 높을 때만 아이의 성적 향상에 긍정적 효과를 주는 것으로 나타났다. 놀랍게도 엄마의 학력 수준이 아주 낮을 경우 가계소득 증가는 아이의 영어 성적에 오히려 부정적 영향을 미치는 것으로 나타났다. 말하자면, 대졸 이상의 학력을 가진 엄마들은 가계소득이 증가할 때 아이의 성적을 향상시킬 방법을 찾는 반면, 평균 수준 이하의 학력을 보유한 엄

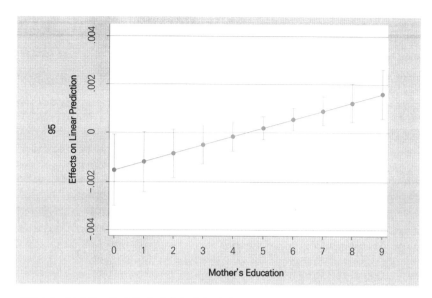

그림 A.1　엄마의 교육 수준이 아이의 영어 성적에 미치는 평균 한계 효과(95% 신뢰 구간)

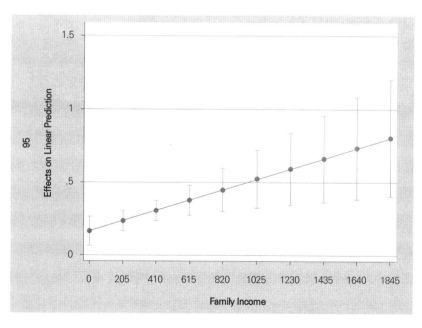

그림 A.2　가계소득이 아이의 영어 성적에 미치는 평균 한계 효과(95% 신뢰 구간)

마들은 가계소득이 증가하면 굳이 아이의 성적을 저하시키는 방법을 찾는 듯 보인다는 얘기다. 늘어나는 가처분 소득으로 학업과는 상관없는 아이의 소비적 활동을 지원하는 게 아닐까 굳이 유추할 수 있겠다. 그렇지 않다면 교육 비용을 아끼지 않는다 하더라도 그 내용과 효과가 부실한 사교육을 맹신하는 건 아닐까 하는 짐작도 가능하다.

✤ 거주 지역 및 사교육비와 수능 성적

앞서 언급한 모든 기초 변수들 중 거주지와 사교육비와 아이의 성적 간 상호 교차항(interaction term)을 포함하는 모델을 분석하였다(2008년 자료). 결과는 [표 A.2]와 같다.

[표 A.2]의 각 과목 밑 왼편 행들을 보면 모든 변수들이 우리가 예상한 결과를 보였다. 표의 오른편에 있는 행들을 보면 영어, 수학 과목에 있어 거주지와 사교육비 사이에 상호 교차항이 존재한다. 그런데 이 교차 효과가 국어 과목에는 존재하지 않았다. 같은 모델을 분석했을 때 2005년도 데이터도 거의 같은 결과를 보였다. 앞서와 마찬가지로 상호 교차항에 대한 보다 직관적 이해를 위해 그래프로 분석했다.

사교육비가 학생의 수학 성적(그림 A.3)과 영어 성적(그림 A.4)에 미치는 영향을 거주 지역이 어떻게 조절하는지 살펴본 결과, 수학과 영어의 경우 패턴이 거의 비슷하게 나타났다. 거주 지역에 상관없이 사교육비 규모는 학생의 수학 성적과 영어 성적에 긍정적 영향을 미친다(그래프와 95% 신뢰 구간 모두 수평 축의 0 위에 존재한다). 예외적 상황은 대도시 지역에서는 사교육비의 증가가 수학 성적에 별 영향을 미치지 못한다는 점이다(그림 A.3). 수학과 영어 성적 모두 지방(1)에서 대도시(4)로 갈수록 사교육비의 효과가 감소한다. 말하자면 사교육비 한 단위의 증가가 수학 성적에 미치는 영향은 대도시보다는 지

표 A.2 상관 관계 모델(An Intersectionality Model), 2008

변수	국어		수학		영어	
아침 식사	0.1516 (0.0396)***	0.1494 (0.0397)***	0.2152 (0.0386)***	0.2111 (0.0385)***	0.1876 (0.0383)***	0.1845 (0.0383)***
예체능 계열	-1.1220 (0.2534)***	-1.1091 (0.2535)***	-1.7304 (0.2652)***	-1.7231 (0.2642)***	-1.2006 (0.2452)***	-1.1830 (0.2452)***
혼자 공부한 시간	0.0370 (0.0036)***	0.0371 (0.0036)***	0.0362 (0.0035)***	0.0363 (0.0035)***	0.0400 (0.0035)***	0.0401 (0.0035)***
성별	-0.4753 (0.1169)***	-0.4763 (0.1169)***	-0.1648 (0.1134)	-0.1653 (0.1130)	-0.3946 (0.1127)***	-0.3958 (0.1126)***
가계소득	0.0005 (0.0002)**	0.0005 (0.0002)**	0.0008 (0.0002)***	0.0007 (0.0002)***	0.0007 (0.0002)***	0.0006 (0.0002)***
엄마의 교육 수 준	0.1166 (0.0290)***	0.1170 (0.0290)***	0.0917 (0.0281)***	0.0926 (0.0280)***	0.1361 (0.0279)***	0.1365 (0.0279)***
거주지	0.0957 (0.0622)	0.1480 (0.0732)**	0.1123 (0.0605)*	0.2199 (0.0710)***	0.1371 (0.0599)**	0.2051 (0.0705)***
사교육비 수준	0.0024 (0.0015)	0.0083 (0.0047)*	0.0042 (0.0015)***	0.0164 (0.0045)***	0.0058 (0.0015)***	0.0136 (0.0045)***
거주지 × 사교 육비 수준		-0.0019 (0.0014)		-0.0039 (0.0014)***		-0.0025 (0.0014)*
상수항	3.3605 (0.2600)***	3.2309 (0.2771)***	2.8834 (0.2535)***	2.6149 (0.2694)***	2.7454 (0.2506)***	2.5784 (0.2665)***
*R*제곱값	0.21	0.21	0.25	0.26	0.28	0.28
개수	1,031	1,031	1,004	1,004	1,022	1,022

$*p<.01,\ **p<.005,\ ***p<.001$

방으로 갈수록 더 크다(그래프가 오른쪽으로 갈수록 단조 감소 함수 형태를 띤다).

결과적으로 '사교육비의 한 단위 증가'는 대도시보다는 지방에서 더 많은 '사교육' 구매 욕구를 불러일으킨다. 하지만 유능하고 비싼 사교육 강사들은 대부분 대도시에 있고, 한국의 부모들은 '한 단위 이상의 (비싼)사교육'을 구매할 준비가 되어 있다. 이러한 행태가 대도시에서 수학 과목에서 사교육의 한 단위(값이 싼 사교육) 구매가 별 의미를 갖지 못하는 비효율적 사교육 시장을 만들어 내는 것이다.

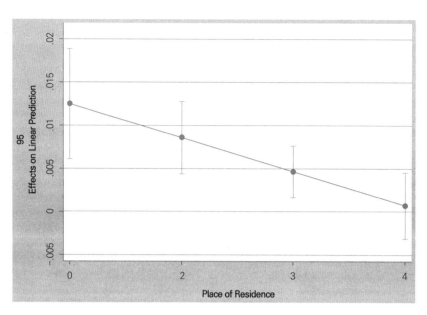

그림 A.3　수학 성적에 대한 사교육비의 평균 한계 효과(95% 신뢰 구간)

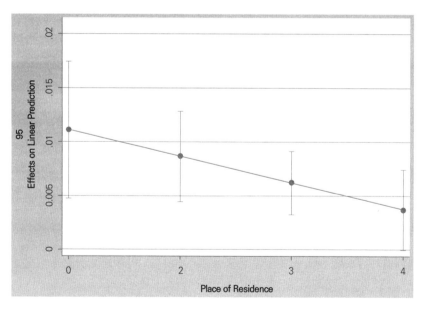

그림 A.4　영어 성적에 대한 사교육비의 평균 한계 효과(95% 신뢰 구간)

삐딱한 이방인, 불편한 시선: '어쩌다' 이방인 정치학자의 한국 사회 변화의 모색